Anne da Ilha

LUCY MAUD MONTGOMERY

Anne da Ilha

Tradução
Max Welcman

Ciranda Cultural

Traduzido do original em inglês
Anne of the island

Texto
Lucy Maud Montgomery

Tradução
Max Welcman

Preparação
Karoline Cussolim

Revisão
Mariane Genaro

Produção, projeto gráfico e edição
Ciranda Cultural

Ilustração da capa
Beatriz Mayumi

Dados Internacionais de Catalogação na Publicação (CIP) de acordo com ISBD

M787a Montgomery, Lucy Maud

Anne da Ilha / Lucy Maud Montgomery ; ilustrado por Beatriz Mayumi. - Jandira, SP : Ciranda Jovem, 2020.
256 p. ; 16cm x 23cm. - (Anne de Green Gables)

Inclui índice.
ISBN: 978-85-380-9334-3

1. Literatura infantojuvenil. I. Mayumi, Beatriz. II. Título. III. Série.

2020-142 CDD 028.5
CDU 82-93

Elaborado por Vagner Rodolfo da Silva - CRB-8/9410

Índice para catálogo sistemático:
1. Literatura infantojuvenil 028.5
2. Literatura infantojuvenil 82-93

1ª edição em 2020
www.cirandacultural.com.br

SUMÁRIO

A

todas as garotas do mundo que "queriam mais" histórias sobre Anne.

Toda preciosidade enfim descoberta
Surge para aqueles que a procuram,
Pois o Amor trabalha junto ao Destino,
E despe o véu do valor oculto.

TENNYSON

A SOMBRA DA MUDANÇA

"Encerrou-se a colheita e findou-se o verão", citou Anne Shirley, contemplando com olhar sonhador os campos aparados. Ela e Diana Barry haviam colhido maçãs na horta de Green Gables e agora repousavam de seus afazeres em um canto ensolarado, onde cardos[1] inundavam o ar nas asas de um vento de verão ainda doce pelo aroma das samambaias do Bosque Assombrado.

No entanto, toda a paisagem em torno das duas moças já anunciava o outono. O mar bramava alto ao longe; os campos estavam desnudos e murchos, salpicados de arnica; o vale do riacho que corria sob Green Gables cobria-se de flores de uma etérea cor púrpura e o Lago das Águas Reluzentes havia-se tornado azul, azul, azul, não o inconstante azul da primavera nem o pálido azul-celeste do verão, mas um azul límpido, imutável e sereno, como se a água, superando todas as mudanças e tensões, houvesse pausado em uma tranquilidade impossível de ser rompida por sonhos vãos.

– Foi um verão agradável – disse Diana sorridente, girando o novo anel que usava na mão esquerda. – E o casamento da senhorita Lavendar parece ter coroado a estação. Suponho que o sr. e a sra. Irving estejam a essa hora na costa do Pacífico.

– Creio que já houve tempo suficiente para darem a volta ao mundo – suspirou Anne. – Difícil acreditar que faz apenas uma semana desde

---

1 Nome dado a algumas espécies de plantas de folhas espinhentas ou ásperas. (N.E.)

o casamento. Tudo mudou. A senhorita Lavendar e o sr. e sra. Allan foram embora, como a paróquia parece deserta com todas as janelas fechadas! Eu passei por lá ontem à noite e me senti como se todos lá dentro estivessem mortos.

– Nunca teremos um pastor tão bom quanto o sr. Allan – disse Diana, com uma sombria convicção. – Creio que no inverno teremos toda a classe de substitutos e na metade dos domingos não haverá nenhum sermão. E com você e Gilbert distantes, será horrivelmente maçante!

– Fred estará aqui – insinuou Anne, discretamente.

– Quando a Senhora Lynde se mudará? – perguntou Diana, como se não houvesse escutado o comentário de Anne.

– Amanhã. Estou feliz que ela venha, embora isso signifique outra mudança. Ontem, Marilla e eu esvaziamos o quarto de hóspedes. Você não pode imaginar como eu detestei a tarefa. Sei que é bobagem, mas pareceu que cometíamos um sacrilégio. Aquele velho quarto de hóspedes sempre foi como um templo para mim. Na infância, eu o considerava o lugar mais bonito do mundo. Lembra-se do quanto eu desejava dormir na cama de um quarto de hóspedes? Mas jamais no quarto de hóspedes de Green Gables, jamais! Haveria sido terrível, não pregaria o olho nem por um segundo de tanto fascínio. Eu nunca andava por aquele quarto, quando Marilla me mandava fazer algo ali, ficava na ponta dos pés, prendendo a respiração como em uma igreja e me sentia aliviada quando saía. Os retratos de George Whitefield e do duque de Wellington, um de cada lado, me encaravam se eu ousasse olhar no espelho, aliás, o único em toda a casa em que meu rosto não se refletia nem um pouco torto. Fiquei surpresa que Marilla tenha ousado limpar aquele quarto. E agora não está apenas limpo, mas completamente desocupado. Whitefield e Wellington foram aprisionados no andar de cima. "É assim que acaba a glória deste mundo" – Anne concluiu com uma risada um tanto melancólica. Não é agradável profanar nossos ídolos antigos, mesmo que tenhamos abandonado-os.

– Ficarei tão sozinha quando você se for – lamentou-se Diana pela centésima vez. – E pensar que partirá na próxima semana!

– Mas ainda estamos juntas – disse Anne alegremente. – Não devemos deixar a semana futura roubar nossa alegria da semana presente. Eu detesto a ideia de partir, pois meu lar e eu somos ótimos amigos! Você fala em sentir-se solitária! Eu que deveria lamentar. *Você* estará aqui, rodeada de um grande número de seus velhos amigos e Fred! Enquanto eu vou estar entre estranhos, sem conhecer uma única alma!

– Exceto Gilbert e Charlie Sloane – disse Diana, imitando a ênfase e malícia de Anne.

– Charlie Sloane será um grande conforto, certamente – concordou Anne, com sarcasmo.

Então as duas donzelas irresponsáveis riram. Diana sabia exatamente o que Anne pensava de Charlie Sloane, mas apesar de várias conversas confidenciais, ela não sabia exatamente o que Anne pensava de Gilbert Blythe. Nem a própria Anne tinha certeza sobre isso.

– Pelo que sei, os meninos ficarão do outro lado de Kingsport – continuou Anne. – Fico feliz em ir para Redmond e tenho certeza de que, depois de certo tempo, vou gostar. Mas sei que as primeiras semanas serão difíceis. Não terei nem mesmo o consolo de ir para casa aos fins de semana, como quando fui à Queen's. E parecerá que ainda faltarão mil anos para chegar o Natal.

– Tudo está mudando ou vai mudar – disse Diana com tristeza. – Sinto que nada será como antes, Anne.

– Chegamos a uma separação dos caminhos, suponho – disse Anne, pensativa. – Tivemos que chegar a isso. Diana, você acha que ser adulto é realmente bom como imaginávamos quando éramos crianças?

– Eu não sei. Há algumas coisas boas – respondeu Diana, novamente acariciando seu anel com aquele pequeno sorriso que sempre fazia com que Anne se sentisse repentinamente deixada de fora e inexperiente. – Mas há muitas coisas intrigantes também. Às vezes, a ideia de crescer me assusta e me faz querer dar tudo para ser uma garotinha novamente.

– Acho que vamos nos acostumar a ser adultos com o tempo – disse Anne alegremente. – Não haverá muitas coisas inesperadas no caminho. Apesar de tudo, acho que são as coisas inesperadas que dão tempero à vida. Temos dezoito anos, Diana. Em dois anos, teremos vinte. Quando eu tinha dez anos, pensava que ter vinte era ser velho. Em pouco tempo, você será uma matrona séria e de meia-idade, e eu serei a boa e velha criada tia Anne, vindo visitá-la nas férias. Você sempre manterá um canto para mim, não é, Di querida? Não o quarto de hóspedes, é claro. As criadas velhas não podem almejar o quarto de hóspedes, e eu serei tão humilde quanto Uriah Heep e me contentarei com um pequeno buraco na varanda ou o canto de algum cômodo.

– Não diga bobagem, Anne! – Diana riu – Você se casará com um homem bonito, elegante e rico. Nenhum quarto de hóspedes em Avonlea lhe será luxuoso o suficiente, e empinará o nariz ao encontrar seus amigos de juventude.

– Seria uma pena, pois meu nariz é bonito, mas empiná-lo para os outros o deixaria feio – disse Anne, apalpando o nariz afilado. – E eu não tenho tantos membros bonitos a ponto de poder estragar um e de qualquer forma, mesmo que eu me case com o rei da Ilha dos Canibais, prometo que não empinaria o nariz para você, Diana.

Deram outra risada animada e separaram-se: Diana voltou para a Rampa da Horta e Anne foi ao correio. Havia uma carta esperando por ela. Quando Gilbert Blythe passou por ela na ponte sobre o lago das Águas Reluzentes, a moça ficou exultante de excitação.

– Priscilla Grant também vai para Redmond! – ela exclamou. – Não é fantástico? Esperava que ela fosse, mas não achava que seu pai deixaria. Mas ele consentiu e iremos juntas. Com uma colega como Priscilla ao meu lado, sinto-me capaz de enfrentar um exército, ou todos os professores de Redmond de uma vez.

– Acho que gostaremos de Kingsport – disse Gilbert. – Disseram-me que é uma vila boa e antiga, com o parque natural mais bonito do mundo. Ouvi dizer que tem uma paisagem magnífica.

– Duvido que seja, ou que possa ser, mais bonito do que isso – Anne murmurou, olhando em volta com o olhar amoroso e encantado daqueles para quem o lar é o lugar mais bonito do mundo, não importando que paraísos possam existir sob outros céus.

Estavam recostados na ponte do antigo lago, profundamente imersos no encanto do crepúsculo, no exato local onde Anne havia deixado seu Dory que afundava no dia em que Elaine navegava para Camelot. O belo e envolvente tom do pôr do sol ainda manchava os céus ocidentais, mas a lua estava nascendo e a água jazia como um grande sonho prateado à luz dela. Aquela lembrança lançou um feitiço doce e sutil sobre os dois jovens.

– Você está muito silenciosa, Anne – disse Gilbert finalmente.

– Temo que, se eu falar ou me mexer, toda essa magnífica beleza desaparecerá como um silêncio rompido – suspirou Anne.

De repente, Gilbert pôs sua mão sobre a delicada e alva mão da garota, encostada no parapeito da ponte. Seus olhos castanhos se aprofundaram na escuridão, seus lábios ainda juvenis se entreabriram para dizer algo do sonho e da esperança que emocionaram sua alma. Mas Anne afastou a mão e virou-se rapidamente, quebrando o feitiço do crepúsculo.

– Preciso voltar para casa – exclamou com exagerado descuido. – Marilla estava com dor de cabeça hoje à tarde, e tenho certeza de que os gêmeos estão aprontando todo tipo de travessura. Eu não deveria ter ficado tanto tempo fora.

Ela tagarelou incessante e inconsequentemente até chegarem ao caminho de Green Gables. O pobre Gilbert mal teve a chance de dizer uma palavra. Anne sentiu-se bastante aliviada quando se separaram. Havia uma nova e secreta autoconsciência em seu coração em relação a Gilbert, desde aquele momento fugaz de revelação no jardim da Echo Lodge. Algo estranho invadira a antiga e perfeita amizade escolar, algo que ameaçava estragar tudo.

"Jamais havia me sentido tão feliz por Gilbert ir embora" – pensou Anne, entre o ressentimento e o arrependimento, enquanto andava pela estrada. "Nossa amizade será rompida se ele insistir nesse absurdo. Isso não pode acontecer. Não vou permitir. Por que os meninos são tão insensatos?!"

Anne constrangeu-se ao perceber que não era muito sensato ainda sentir na própria mão a quente pressão da mão de Gilbert, tão nitidamente quanto a sentiu nos breves momentos em que estiveram juntos, e mais ainda ao constatar que aquela sensação estava longe de ser desagradável, muito diferente da que sentira três noites antes em uma tentativa similar de Charlie Sloane, durante uma festa em White Sands, enquanto dançavam e ela esperara impacientemente que a música terminasse. Anne desanimou com a lembrança irritante, porém os conflitos relacionados aos seus pretendentes desapareceram de sua mente ao adentrar o clima rústico e prosaico da cozinha de Green Gables, onde um menino de oito anos estava chorando consternado no sofá.

– O que houve, Davy? – perguntou Anne, tomando-o nos braços. – Onde estão Marilla e Dora?

– Marilla está colocando Dora para dormir – soluçou Davy – e estou chorando porque Dora caiu de pernas para cima na escada do porão e arranhou todo o nariz, e...

– Ah, está tudo certo, não chore por isso, querido. Claro que você está triste por ela, mas chorar não vai ajudar em nada. Amanhã sua irmãzinha já vai ficar bem. Chorar nunca ajuda em nada, pequeno Davy, e...

– Mas eu não estou chorando porque Dora caiu no porão – respondeu Davy, interrompendo a fala bem-intencionada de Anne com crescente ressentimento. – Estou chorando porque eu não estava lá quando ela caiu! Parece que sempre perco os momentos mais divertidos!

– Davy! – exclamou Anne, reprimindo uma risada indevida. – Você chama de diversão ver a pobre Dora cair da escada e se machucar?

– Ela não se machucou muito. Claro que eu ficaria triste se ela tivesse morrido, Anne. Mas os Keiths são difíceis de morrer. São como os Blewetts, eu acho. Herb Blewett caiu do sótão do celeiro na quarta-feira passada e rolou calha abaixo diretamente para dentro do estábulo, onde eles guardam um cavalo selvagem feroz, e foi parar bem embaixo das patas dele, mas saiu vivo, só com três ossos quebrados. A sra. Lynde disse que há pessoas que não morrem nem com golpes de machado. A sra. Lynde virá para cá amanhã, Anne?

– Sim, Davy, e eu espero que você se comporte e seja educado com ela.

– Eu vou me comportar e ser educado. Mas ela vai me pôr para dormir à noite, Anne?

– Talvez. Por quê?

– Porque eu não vou rezar na frente dela como faço na sua frente, Anne – disse, em tom decidido.

– Por que não?

– Porque eu não gosto de falar com Deus na frente de estranhos, Anne. Dora pode rezar na frente da sra. Lynde, se quiser, mas eu não vou! Vou esperar que ela vá embora para rezar. Tudo bem, Anne?

– Sim, se você prometer que não vai esquecer, pequeno Davy.

– Eu não vou esquecer, acredite! Rezar é bem divertido, mas não será tão divertido rezar sozinho como é com você. Queria que você ficasse, Anne! Não entendo por que você quer ir embora e nos deixar.

– Não é exatamente que eu queira, Davy, mas sinto que devo ir.

– Se não quer ir, então não precisa! Você já é adulta. Quando eu crescer, não vou fazer absolutamente nada que eu não queira, Anne.

– Por toda a vida, Davy, você verá que precisará fazer coisas que não quer.

– Não vou! – respondeu, categoricamente. – Você vai ver! Agora eu preciso fazer o que vocês querem, senão você e Marilla me mandam para a cama. Mas, quando eu crescer, nem vocês nem ninguém poderão me obrigar a fazer o que não quero. Mas conte-me, Anne, Milty Boulter me falou que a mãe dele disse que você está indo para a universidade para tentar fisgar um homem. É isso mesmo, Anne? Quero saber!

Por um momento, Anne ardeu em ira. Depois deu risada, lembrando a si mesma que a grosseria e a vulgaridade do pensamento e da fala da sra. Boulter não poderiam atingi-la.

– Não, Davy, não é nada disso. Eu vou estudar, evoluir e aprender muitas coisas.

– Que coisas?

– "Sapatos, navios e lacres de cera e repolhos e reis" – citou Anne.

– Mas se de fato quisesse fisgar um homem, como você faria? Quero saber! – persistiu Davy, para quem o assunto evidentemente possuía certa fascinação.

– É melhor você perguntar à sra. Boulter – ela disse, sem pensar duas vezes. – Creio que ela deve saber mais do que eu sobre como isso funciona.

– Vou perguntar da próxima vez que a encontrar – disse Davy em tom sério.

– Davy! Não se atreva! – exclamou Anne, percebendo seu erro.

– Mas você acabou de me dizer para fazer isso! – protestou Davy, ofendido.

– Já era para você estar na cama – ordenou Anne, tentando escapar da conversa.

Depois que Davy foi dormir, Anne caminhou até a Ilha Victoria e sentou-se lá, sozinha, envolta na sutil e melancólica luz da Lua, enquanto a água gargalhava à sua volta em um dueto entre o riacho e o vento. Anne sempre amara aquele riacho. Em dias passados, já havia cultivado muitos sonhos sobre aquelas águas cintilantes. Esqueceu-se dos rapazes apaixonados, das fofocas pervertidas de vizinhos maliciosos e de todos os problemas de sua meninice. Na imaginação, ela navegava sobre os mares lidos nas histórias, que banhavam as distantes praias reluzentes das "ermas regiões dos contos de fadas", nas quais os perdidos Atlantis e Elysium, guiados pela estrela do crepúsculo, até a terra dos Desejos do Coração. E ela era mais rica naqueles sonhos do que na realidade, pois o que os olhos veem é passageiro, mas o que não veem é eterno.

GUIRLANDAS DE OUTONO

A semana seguinte passou rapidamente, repleta de "últimas missões", como Anne as chamava. Precisou fazer e receber várias visitas de despedida, algumas agradáveis, outras nem tanto, a depender da simpatia dos visitantes ou visitados pelas esperanças de Anne, ou se a moça lhes parecia presunçosa demais por ir à faculdade e era preciso trazê-la de volta à realidade.

Certa noite, os membros da Sociedade Beneficente de Avonlea fizeram uma festa de despedida para Anne e Gilbert, na casa de Josie Pye, eles a escolheram em parte porque a casa era espaçosa e também porque suspeitavam que Josie se recusaria a participar se sua casa não fosse escolhida para a festa. Foram momentos muito agradáveis, pois as irmãs Pye, diferentemente do habitual, comportaram-se muito bem, não fazendo ou dizendo nada que pudesse romper a harmonia da ocasião. Josie estava incrivelmente afável, a ponto de dizer de modo condescendente a Anne:

– Seu vestido novo lhe cai muito bem, Anne. Realmente, você está quase bonita com ele.

– Quanta gentileza a sua! – Anne respondeu, com olhos inquietos. Seu senso de humor estava se desenvolvendo, e as palavras que aos catorze anos a ofenderiam, agora eram apenas divertidas. Josie suspeitou que Anne estivesse rindo dela por trás daqueles olhos maliciosos, mas contentou-se em murmurar para Gertie, ao descer as escadas, que Anne Shirley se gabaria como nunca, agora que estava indo para a faculdade.

O "velho grupo" estava todo lá, repleto de alegria, entusiasmo e leveza de alma. Diana Barry, de pele rosada e com suas covinhas, acompanhada como uma sombra pelo devoto Fred; Jane Andrews, pura, sensível e simples; Ruby Gillis, a mais bonita e brilhante, com sua blusa creme e gerânios vermelhos nos cabelos dourados; Gilbert Blythe e Charlie Sloane, tentando se manter o mais perto possível da esquiva Anne; Carrie Sloane, de aparência pálida e melancólica, porque ao que tudo indicava, seu pai não deixaria Oliver Kimball nem sequer se aproximar do local; Moody Spurgeon MacPherson, cujo rosto redondo e orelhas defeituosas estavam tão redondas e defeituosas como sempre, e Bill Andrews, a noite inteira sentado em um canto gaguejando quando alguém conversava com ele e observando Anne Shirley com um olhar extasiado em seu largo semblante sardento.

Anne soubera da festa com antecedência, mas não sabia que, como fundadores da Sociedade, ela e Gilbert seriam agraciados com um "discurso" e "presentes de honra", em seu caso, um volume com as peças de Shakespeare, no caso de Gilbert, uma caneta-tinteiro. Anne comoveu-se tanto com a surpresa e sentiu-se tão feliz com as belas palavras lidas por Moody Spurgeon no discurso, com a voz mais sutil e o tom mais solene, que seus grandes olhos cinzentos se inundaram de lágrimas. Ela havia trabalhado duro e com toda a lealdade para a Sociedade Beneficente, e ter o reconhecimento tão sincero por parte dos membros tocou fundo seu coração. Todos eram tão agradáveis, simpáticos e alegres, até mesmo as irmãs Pye tinham seus méritos. Naquele momento, Anne amava o mundo inteiro.

Ela havia gostado muito daquele anoitecer, mas o fim da festa quase estragou tudo. Gilbert errou de novo ao dizer-lhe coisas românticas, durante o jantar na varanda enluarada, e Anne, para puni-lo, deixou que Charlie Sloane a cortejasse, permitindo que ele a acompanhasse até sua casa. No entanto, com isso aprendeu que a vingança não fere ninguém mais do que aquele que a tenta realizar. Gilbert saiu da festa com Ruby Gillis, ambos muito animados, sendo que Anne podia ouvi-los rindo e conversando alegremente enquanto caminhavam devagar, sob a fresca brisa do outono. Era óbvio que os dois se divertiam bastante, enquanto ela já não se aguentava mais de tédio ao lado de Charlie Sloane, que falava sem parar e jamais, nem por milagre, dizia algo que valesse a pena ouvir. Anne por vezes respondia com um "sim" ou "não" e pensava em como Ruby estava linda naquela noite, em como os olhos de Charlie pareciam esbugalhados sob a luz da lua, ainda mais do que sob a luz solar e que o mundo, de certo modo, já não parecia mais um lugar tão agradável como havia parecido nas primeiras horas daquela noite.

"É apenas cansaço. É só isso" – ela pensou, ao agradecer por finalmente estar sozinha em seu quarto. E, honestamente, acreditava estar apenas cansada, mas, na tarde do dia seguinte, foi tomada por uma onda de alegria proveniente de uma fonte desconhecida e secreta, que lhe encheu o coração ao ver Gilbert atravessando o Bosque Assombrado e cruzando a velha ponte de troncos em passos firmes e rápidos. Afinal, isso era sinal de que Gilbert não iria passar sua última noite em Avonlea na companhia de Ruby Gillis!

– Você parece cansada, Anne – ele disse.

– Estou cansada, e mais do que isso, decepcionada. Cansada porque arrumei meu baú e costurei o dia todo. E decepcionada porque seis mulheres vieram se despedir de mim, e todas me disseram coisas profundamente desanimadoras que minha vida ficou parecendo tão cinza, lúgubre e triste como uma manhã de novembro.

– Velhas hipócritas e ressentidas! – comentou Gilbert garbosamente.

– Ah, não, não são – respondeu Anne, em tom sério. – Este é o problema. Se fossem hipócritas e ressentidas, eu não me importaria. Mas são almas maternais, bondosas e gentis, que me estimam e que eu também estimo, e por isso o que disseram ou insinuaram significa tanto para mim. Percebi que lhes parece uma loucura eu estar indo para Redmond conseguir um diploma, e desde então estou me questionando a mesma coisa. A sra. Peter Sloane suspirou e chegou a dizer que esperava que eu fosse forte o bastante para chegar até o fim do curso, e logo me imaginei como vítima de uma terrível prostração nervosa no fim do terceiro ano. A sra. Eben Wright comentou que devia custar uma fortuna morar em Redmond por quatro anos, e pareceu-me imperdoável esbanjar o dinheiro de Marilla e o meu em tamanha extravagância. A sra.

Jasper Bell disse que esperava que na universidade não me achassem convencida demais, como acontece a algumas pessoas, e lá no fundo eu senti que após os quatro anos em Redmond me tornaria a mais insuportável das criaturas, acreditando saber de tudo e desprezando a tudo e a todos em Avonlea. A sra. Elisha Wright disse saber que as alunas de Redmond, especialmente as de Kingsport, eram "arrogantes e extremamente bem vestidas", e lhe parecia que eu não me sentiria à vontade entre elas, então me vi como uma camponesa humilhada, desprezada e maltrapilha, rastejando com botas cor de cobre pelos famigerados corredores de Redmond.

Anne deu risada e um suspiro ao mesmo tempo. Qualquer crítica machucava sua natureza sensível, mesmo aquelas de pessoas cuja opinião merecia somente não mais do que respeito. Naquele momento, a vida parecia sem cores e toda sua ambição se apagara como uma vela ao vento.

– Mas é claro que você não deve dar ouvidos ao que dizem – reclamou Gilbert. – Você sabe exatamente como a visão de mundo dessa gente é estreita, ainda que sejam excelentes pessoas. Ousar qualquer coisa que nunca ousaram parece-lhes um terrível pecado. Você é a primeira moça de Avonlea a ir para a universidade, e sabe muito bem que os pioneiros são, geralmente, considerados loucos.

– Ah sim, eu sei. Mas sentir é bem diferente de saber. Meu bom senso diz o mesmo que você, mas às vezes ele não exerce influência nenhuma sobre mim, e a falta de bom senso passa a mandar na minha alma. Depois que a sra. Elisha foi embora, francamente, eu quase perdi a coragem de continuar a arrumar minhas coisas.

– Você só está cansada, Anne. Esqueça tudo isso e vamos dar uma volta: um passeio pelos bosques perto do pântano. Deve haver alguma coisa lá que quero mostrar a você.

– Deve haver? Você não tem certeza do que está lá?

– Não. Só sei que deve haver, pois vi isso lá na primavera. Mas venha! Vamos fingir que somos duas crianças novamente e vamos correr na direção do vento.

Ambos partiram, tomados de alegria. Anne, lembrando-se dos fatos da noite anterior, parecia muito amável com Gilbert, e o rapaz, que estava se tornando mais perspicaz a cada dia, preocupou-se apenas em voltar a ser o companheiro de escola da moça. A sra. Lynde e Marilla os observavam da janela da cozinha.

– Eles serão um casal um dia – sentenciou a sra. Lynde, em tom de aprovação.

Marilla espantou-se subitamente. No fundo de sua alma, ela tinha a secreta esperança de que aquilo acontecesse, mas não costumava levar a sério as fofocas e futilidades da sra. Lynde.

– Eles ainda são crianças – disse, de repente.

A sra. Lynde riu amigavelmente.

– Anne tem dezoito anos. Eu tinha essa idade quando me casei. Na verdade, nós, mais velhos, Marilla, sempre acreditamos que as crianças nunca crescem. Anne é uma jovem mulher e Gilbert é um homem, e é nítido que ele a idolatra em cada passo. Ele é um rapaz excelente e Anne, uma moça melhor ainda. Só espero que ela não se iluda com o amor de ninguém em Redmond. Sinceramente, eu não aprovo e nunca aprovarei os estabelecimentos de ensino mistos. Parece-me que os alunos desse tipo de instituição fazem pouco mais do que flertar uns com os outros – concluiu a sra. Lynde, em tom solene.

– Mas eles devem estudar um pouco – respondeu Marilla, com um sorriso.

– Bem pouco – resmungou a sra. Lynde. – Mas creio que Anne vai estudar, pois nunca gostou de flertar, nem valoriza Gilbert como ele merece. Ora, eu conheço bem as moças! Charlie Sloane também está louco por ela, mas ela nunca deveria se casar com um Sloane. Embora sejam pessoas boas, honestas e respeitáveis, são Sloanes, afinal de contas.

Marilla concordou. Para um forasteiro, a frase "Sloanes são Sloanes" poderia não parecer muito clara, mas ela compreendia. Todo vilarejo possui uma família assim: podem ser pessoas boas, honestas e respeitáveis, mas são e sempre serão Sloanes, ainda que falem a língua dos homens e dos anjos.

Gilbert e Anne, sem saber que a sra. Lynde determinava o futuro deles daquela maneira, passeavam felizes pela escuridão do Bosque Assombrado. Ao longe, as colinas aparadas eram iluminadas pelos luminosos raios âmbar do pôr do sol, que surgiam de um pálido céu róseo e azul. O bosque de abetos vermelhos era distante e coberto por uma cor de bronze com longas sombras, que incidiam nas altas pradarias. Ao seu redor, uma brisa sibilava entre os galhos dos pinheiros, compondo uma canção com as notas do outono.

– Agora este bosque é realmente assombrado por antigas lembranças – disse Anne, abaixando-se para apanhar um caule de samambaia embranquecido pela geada. – Parece que as meninas Diana e Anne ainda brincam aqui e sentam-se ao entardecer na Redoma da Dríade, onde encontram os fantasmas. Eu nunca consigo passar por esta trilha depois que escurece sem sentir um pouco daquele antigo medo e estremecer. Entre os fantasmas que nós criamos, havia um especialmente horrível: o fantasma de uma criança morta, que rastejava atrás de nós e encostava seus dedos gélidos em nossas mãos. Até hoje, sempre que venho aqui após escurecer, confesso que imagino os pequenos passos dessa criança fantasma atrás de mim. Não tenho medo da Dama de Branco, do homem sem cabeça nem dos esqueletos, mas preferiria nunca haver sequer imaginado o fantasma da criancinha. Marilla e Mrs. Barry ficavam muito irritadas com isso! – concluiu Anne, com uma risada nostálgica.

Os bosques ao redor do pântano tinham tons púrpuras e eram repletos de teias de aranha. Ao passarem por uma sóbria plantação de abetos retorcidos e um vale circundado de bordos, ainda aquecido pelo calor do sol, encontraram o "algo" que Gilbert procurava.

– Ah, ali está! – disse ele, satisfeito.

– Uma macieira! Ali embaixo! – exclamou Anne, encantada.

– Sim, uma macieira carregada, em meio aos pinheiros e faias, distante menos de um quilômetro de qualquer pomar! Passei por aqui na primavera passada e a encontrei coberta de brotos brancos. Decidi voltar aqui no próximo outono para ver se havia maçãs e, sim, está carregada! As maçãs parecem saborosas: amareladas como as reinetas, mas vermelhas em alguma parte. As mudas silvestres são quase todas verdes e nada apetitosas.

– Devem ter brotado há anos, de alguma semente caída aqui por acaso – comentou Anne, sonhadora. – E a impetuosa macieira floresceu sozinha, sem nenhuma ajuda, entre estranhos!

– Sente-se na almofada de musgo sobre aquela árvore caída, Anne. Servirá como um trono no meio do bosque. Vou subir para colher algumas maçãs. A macieira ficou muito alta, parece que queria alcançar a luz do sol.

As maçãs estavam realmente deliciosas. Uma polpa muito, muito branca, com tênues veias vermelhas, era coberta pela casca amarelada, e o sabor típico da fruta era mais forte, suculento e silvestre do que qualquer maçã de pomar.

– Nem a maçã fatal do Éden poderia ter um sabor mais raro do que estas – comentou Anne. – Mas precisamos ir embora. Há três minutos entardecia e agora já se vê a luz do luar. Lamento não havermos podido contemplar o momento da transformação! Creio que nunca podemos captar esses momentos.

– Passaremos pelo pântano e caminharemos até em casa pela Travessa dos Namorados. Ainda se sente decepcionada, Anne?

– Não. Aquelas maçãs foram como um bálsamo para aliviar a fome da alma. Sinto que amarei estar em Redmond e que terei quatro excelentes anos por lá.

– E o que acontecerá após esses quatro anos?

– Ah, após esse tempo haverá outra curva no caminho! – respondeu Anne imediatamente. – Não tenho ideia do que poderei encontrar, mas na verdade, prefiro não saber.

Naquela noite, mais do que nunca, a Travessa dos Namorados parecia um lugar precioso, tranquilo e misteriosamente iluminado pela pálida luz da lua. Caminharam lenta e silenciosamente. "Se Gilbert fosse sempre como foi esta noite, tudo seria muito tranquilo e simples!" – refletiu Anne.

Ambos caminhavam lado a lado, e Gilbert observava Anne fixamente. Em seu vestido delicado, a figura da moça parecia uma flor de íris branca aos olhos do rapaz.

"Será que algum dia conseguirei fazê-la gostar de mim?" – ele se perguntava, duvidando um pouco de sua própria capacidade de conquista.

ADEUS E PARTIDA

Charlie Sloane, Gilbert Blythe e Anne Shirley deixaram Avonlea na manhã da segunda-feira seguinte. Anne ansiara por um dia bonito. Diana a levaria até a estação e todos desejavam que o último passeio juntos fosse inesquecível. Entretanto, quando Anne foi dormir no domingo à noite, o vento leste gemia ao redor de Green Gables com uma lúgubre profecia, cumprida na manhã seguinte. Ao despertar, viu as gotas de chuva batendo contra a janela e cobrindo a água cinzenta do riacho em grandes círculos, a névoa escondia as colinas e o mar e tornava o mundo inteiro obscuro e melancólico. A jovem vestiu-se naquela chuvosa e triste manhã, pois precisava sair bem cedo para pegar o trem e, depois, o barco, tentando conter as lágrimas que teimavam em aparecer em seus olhos. Afinal, ela deixava o lar tão querido e algo lhe dizia que estava partindo dali para sempre, menos para passar férias. As coisas jamais seriam iguais, pois voltar para as férias não era o mesmo que morar naquele lugar. E como Anne amava tudo ali! O quartinho branco, lugar dos sonhos de infância, a velha Rainha da Neve na janela, o riacho no vale, a Redoma da Dríade, o Bosque Assombrado, a Travessa dos Namorados, todos os inúmeros lugares tão estimados que guardavam as lembranças dos tempos idos. Ela conseguiria ser verdadeiramente feliz em outro lugar?

Naquele dia, o café da manhã em Green Gables limitou-se a uma refeição pouco proveitosa. Talvez pela primeira vez na vida, Davy não conseguira comer e começou a reclamar sem nenhuma discrição diante do prato de mingau. Ninguém além de Dora, que fez sua refeição completa e tranquilamente, parecia ter muito apetite. A garota, assim como a imortal e ponderada Charlotte, que "continuou a cortar o pão enquanto levavam o corpo de seu incansável pretendente em um ataúde", era uma das raras e afortunadas pessoas que raramente se perturbavam com alguma coisa. Apesar de ter somente oito anos de idade, era necessário acontecer algo realmente extraordinário para que sua tranquilidade se alterasse. Estava sentida com a partida de Anne, certamente, mas aquilo não lhe parecia de modo algum motivo suficiente para deixar de apreciar uma torrada com ovo poché. Percebendo que Davy nem sequer tocara a dele, Dora comeu a torrada do irmão.

Diana chegou pontualmente com o cavalo e a charrete, e seu rosto rosado sob a capa de chuva contrastava com o dia cinzento. Era hora de dizer adeus. A sra. Lynde saiu do quarto para abraçar Anne, aconselhando-a para que cuidasse da saúde acima de qualquer coisa. Marilla, brusca, apressada e secamente, beijou as bochechas de Anne, dizendo-lhe que esperava que a moça mandasse notícias assim que possível. Quem não conhecesse bem Marilla diria que a partida de Anne não significava muito para ela, a não ser que esse alguém olhasse bem fundo em seus olhos. Dora deu um beijo superficial e cerimonioso em Anne, derramando duas pequenas lágrimas, mas Davy, que chorava na escada da varanda dos fundos desde que se levantara da mesa do café, recusou-se a despedir-se dela. Ao ver Anne se aproximando, levantou-se em sobressalto, subiu correndo a escada e escondeu-se num armário, de onde não saiu mais. Seu choro abafado foi o último som que Anne ouviu antes de deixar Green Gables.

Por todo o trajeto até Bright River, aonde precisavam ir porque a linha secundária do trem de Carmody não tinha conexão com barcos, a chuva caiu pesadamente e sem dar trégua. Charlie e Gilbert esperavam as moças na plataforma da estação e, ao chegarem, o trem já estava apitando. Anne apanhou a passagem e o baú, despediu-se rapidamente de Diana e subiu no trem, afoita. Naquele momento, quis retornar com Diana para Avonlea, pois sabia que sentiria muita falta de casa. E aquela triste chuva insistente era como se o mundo inteiro lamentasse o fim do verão e da alegria. Nem mesmo Gilbert conseguiu trazer qualquer conforto, já que a presença de Charlie Sloane e suas "coisas de Sloanes" tornava tudo quase insuportável em um tempo chuvoso.

Quando o barco deixou o porto de Charlottetown, o tempo começou a mudar. Parou de chover e um sol amarelo-ouro aparecia entre nuvens uma vez ou outra, refletindo nas ondas cinzentas e fazendo-as brilhar com um tom acobreado, iluminando a névoa que envolvia as praias de areias vermelhas da Ilha e após tanta chuva e tempestade, parecia o presságio de um bom dia. No entanto, Charlie Sloane sentiu-se mareado e recolheu-se, deixando Anne e Gilbert a sós no convés.

"Adoraria que todos os Sloanes sentissem enjoo logo que entrassem no barco" – pensou Anne, impiedosa. "Afinal, certamente eu não conseguiria olhar pela última vez e me despedir da minha velha terra se Charlie estivesse ali parado, fingindo estar saudoso também".

– Bem, vamos partir! – comentou Gilbert, nada sentimental.

– Sim, e eu me sinto como Childe Harold, de Byron, mas não estou contemplando a "costa nativa" – respondeu Anne, piscando os olhos cinzentos. – A minha creio que seja a Nova Escócia, porém se a costa nativa é o lugar que a pessoa mais ama, então para mim é a boa e velha Ilha de Prince Edward. Parece que passei a vida toda aqui! Os onze anos antes de vir para cá foram como um pesadelo. Faz sete anos que viajei neste barco, quando a sra. Spencer me trouxe de Hopeton. Lembro-me de estar usando um horrendo vestido de chita velho e um chapéu desbotado, passei pelo convés e pelas cabines cheia de curiosidade e surpresa. Era uma linda tarde ensolarada, e como aquelas praias vermelhas da Ilha brilhavam sob a luz do sol! Agora estou cruzando o estreito novamente. Ah, Gilbert, como eu queria gostar de Redmond e Kingsport, mas tenho certeza de que não vou gostar!

– Onde está sua filosofia, Anne?

– Foi levada por uma grande onda de solidão e nostalgia. Desejei durante três anos ir para Redmond, mas agora que estou indo... preferiria não estar! Mas não importa! Vou recuperar minha alegria e filosofia depois que puder passar um tempo chorando. Preciso desse momento de desabafo, mas para fazer isso precisarei esperar até a noite, quando estiver no quarto da pensão. Só assim Anne voltará a ser a mesma. Será que Davy já saiu de dentro do armário a esta hora?

O trem chegou a Kingsport às nove horas da noite, e os jovens se encontraram na estação lotada. Anne sentia-se completamente desnorteada, mas logo Priscilla Grant, que chegara à cidade no sábado, ajudou-a.

– Seja bem-vinda, querida! Deve estar tão cansada como eu quando cheguei, no sábado à noite.

– Estou exausta, Priscilla, nem me diga! Sinto-me cansada, pálida e provinciana como se tivesse só dez anos de idade. Pelo amor de Deus, leve sua pobre e exausta amiga aonde possa ouvir os próprios pensamentos!

– Vou levá-la diretamente para a pensão. Um coche nos aguarda lá fora. Graças a Deus você está aqui, Prissy. Se não estivesse, a única coisa que eu iria fazer neste momento seria me sentar no baú e chorar de amargura. Como é bom ver um rosto conhecido no meio de tantos estranhos.

– Aquele é Gilbert Blythe, Anne? Como ele mudou desde o ano passado! Ele era apenas um garoto quando lecionei em Carmody. E aquele é Charlie Sloane, com certeza! Ele não mudou nada, nem poderia! Tinha a mesma cara ao nascer e vai estar exatamente assim quando tiver oitenta anos. Venha por aqui, querida. Estaremos em casa em vinte minutos.

– Casa?! – gemeu Anne. – Você quer dizer uma pensão horrível, em um quartinho num corredor ainda mais horrível, com vista para um quintal sujo nos fundos!

– Não é uma pensão horrível, Anne. Este é o nosso coche, suba! O cocheiro vai pegar seu baú. A pensão é um lugar muito agradável e depois de uma boa noite de sono, quando estiver menos melancólica e mais disposta, você vai perceber isso. É uma casa grande e antiga de pedras cinzas, na Rua St. John, a poucas quadras a pé de Redmond. Grandes personalidades costumavam morar lá, mas a rua saiu de moda e suas mansões agora só lembram o passado glorioso. São tão grandes que os novos proprietários as converteram em pensões para ocupar todos os quartos. Pelo menos esta é a explicação que as donas da nossa pensão costumam contar às inquilinas. Elas são muito gentis, Anne, as donas da pensão.

– Quantas são?

– Duas. A srta. Hannah Harvey e a srta. Ada Harvey. Ambas têm cerca de cinquenta anos e são gêmeas.

– Pelo visto, gêmeos estão no meu destino – sorriu Anne. – Aonde quer que eu vá, sempre os encontro.

– Mas elas já não parecem gêmeas. Depois que completaram trinta anos, nunca mais pareceram gêmeas. A srta. Hannah envelheceu, não muito bem, e a srta. Ada continua aparentando trinta anos, mas é ainda menos bonita do que a irmã. Não sei se a srta. Hannah sabe sorrir, até hoje não a vi sorrir nenhuma vez, mas a srta. Ada sorri o tempo todo, o que é estranho. Mas ambas são muito bondosas e simpáticas. Elas recebem duas pensionistas por ano, porque a srta. Hannah é meio materialista e não pode ver "tanto espaço mal aproveitado em casa" e não porque precisam, conforme a srta. Ada já me disse mil vezes desde que cheguei. Nossos quartos, eu admito, são pequenos e ficam no corredor, e o meu tem vista para o quintal dos fundos. O seu quarto é o da frente e dá para o Cemitério Old St. John, do outro lado da rua.

– Isso parece terrível! – estremeceu Anne. – Seria melhor ter a vista dos fundos.

– Ah, não, não seria. Espere e verá. Old St. John é um lugar especial. Foi um cemitério durante muitos anos, depois se tornou uma das melhores paisagens de Kingsport. Ontem à tarde caminhei pelo lugar todo, foi incrível. Em volta há um grande muro de pedras e uma fileira de imensas árvores, além de outras fileiras de árvores na parte de dentro. As antigas tumbas chamam muito a atenção, elas têm inscrições estranhas e curiosas. Você vai adorar estudar ali, Anne, tenho certeza! Hoje em dia ninguém é enterrado no Old St. John, mas, há alguns anos, ergueram um belíssimo monumento em memória dos soldados da Nova Escócia que morreram na Guerra da Crimeia. Fica na entrada, logo após os portões, e dá "lugar para a imaginação", como você dizia antigamente. Já não era sem tempo! Aqui está sua bagagem e os rapazes estão vindo para nos dar boa-noite. Preciso mesmo cumprimentar Charlie Sloane, Anne? As mãos dele são frias como escama de peixe, mas vamos pedir que nos visitem de vez em quando. A srta. Hannah falou sério quando me disse que poderemos receber "visitas de rapazes de boa família" duas noites por semana, contanto que cheguem e partam em um horário razoável e a sempre sorridente srta. Ada pediu-me apenas para que não deixássemos que eles se sentassem em suas belas almofadas. Eu prometi que o faria, mas há almofadas em toda parte na casa, como posso controlar onde eles vão se sentar?! Só Deus poderia! Até mesmo em cima do piano a srta. Ada ostenta uma belíssima e rara renda de Battenburg!

Anne começou a rir e aquele alegre diálogo com Priscilla de fato a animou, a saudade de casa então desapareceu e não voltou nem mesmo quando ela se viu sozinha no novo quarto. Andou até a janela para ver a paisagem. A rua de baixo parecia vazia e silenciosa, com uma atmosfera lúgubre. As árvores do Old St. John brilhavam com a luz da lua, logo atrás da cabeça de leão do monumento. De repente parecia que muito tempo havia passado desde a viagem e Anne se perguntou se fora realmente na manhã daquele dia que deixara Green Gables.

"Esta mesma lua deve estar brilhando agora em Green Gables" – refletiu. "Mas é melhor não pensar nisso, para evitar sentir saudades. Não me permitirei nem mesmo chorar neste momento, só quando for realmente inevitável. Vou dormir, tranquila e resignada. É o mais sensato a ser feito".

A LADY DE ABRIL

Kingsport é uma cidade bela e nostálgica, cuja memória colonial é onipresente e marcante, como uma idosa que insiste em rememorar o esplendor de sua juventude de outrora. É bem verdade que há modernidade ali, mas sem perder a essência clássica de uma antiguidade repleta de relíquias curiosas e cercada pelo romantismo de lendas passadas. Originalmente, a cidade era fronteiriça ao deserto, de modo que os nativos tornavam menos entediante a vida dos colonos. Com o passar do tempo, tornou-se um muro que separava o lado francês do lado inglês, onde, belicamente, imperava às vezes um, às vezes outro.

No parque da cidade, conserva-se uma torre cujos altos parapeitos são objeto de visitação de turistas, onde estes deixam seus nomes gravados, já nas colinas, as ruínas de um antigo forte francês se incorporam à paisagem de desfiladeiros enferrujados desembocando nas praças.

Também há outros lugares históricos em Kingsport que valem a visita, mas nenhum se compara à beleza do cemitério de Old St. John, que fica no coração da cidade, localizado entre a tranquilidade de duas ruas de casas antigas e outras duas onde a modernidade se faz presente e notável. Os cidadãos de Kingsport se orgulham do cemitério de Old St. John, de modo que quase todos fingem descender de algum defunto que lá esteja enterrado, os quais têm em sua lápide os detalhes de seus memoráveis feitos durante a vida. Alguns, que eram mais notáveis, ou simplesmente ricos, tinham suas lápides esculpidas por verdadeiros artistas, com detalhes ornamentais diferenciados nelas. A maioria, no entanto, era de pedra cinza ou marrom, rusticamente trabalhada e, raras vezes, com alguma parca ornamentação. Algumas lápides possuem uma macabra decoração, cuja imagem de uma caveira e duas tíbias é frequentemente acompanhada por duas cabeças de querubim. Impossibilitando a identificação dos defuntos, a erosão causada pela inexorabilidade do tempo devastou muitas das inscrições, tornando-as totalmente indecifráveis. Tendo uma enorme dimensão e sendo rodeado de sombras de olmos e salgueiros, no cemitério residem as almas dos mortos que lá jazem em paz, indiferentes ao barulho do tráfego vizinho e embalados pelos ventos até a eternidade.

Durante a tarde de seu segundo dia em Kingsport, Anne fez o primeiro de seus muitos passeios no cemitério da cidade. Antes, porém, na manhã daquele mesmo dia, ela e Priscilla foram a Redmond para se matricular como estudantes e depois tiraram o resto do dia de folga. As meninas escaparam voluntariamente da faculdade, pois se sentiam bastante desconfortáveis em estar cercadas por todas aquelas pessoas desconhecidas, a maioria das quais lhes parecia muito estranhas.

Os "novatos", assim chamados, reuniram-se em grupos de dois ou três, de modo que se entreolhavam. Os mais inteligentes do primeiro ano se agruparam na grande escadaria, onde cantaram a plenos pulmões, desafiando seus inimigos tradicionais, os do "segundo", que passavam olhando com desdém para o grupo de calouros das escadas.

Gilbert e Charlie não foram a parte alguma naquele dia.

– Nunca me passou pela cabeça que eu gostaria tanto de ver um Sloane por perto – disse Priscilla enquanto atravessavam o jardim da escola –, pois, ao menos, aqueles míopes olhos de Charles nos acolheriam calorosamente. Seriam familiares.

– Ah... – suspirou Anne – eu lhe garanto que, enquanto esperava minha vez de me matricular, me senti o menor ser do mundo, isto é, uma gotinha no meio do oceano! É terrível sentir-se insignificante, mas é ainda pior que tentem nos convencer de que nunca poderemos ser mais do que isso. É assim que eu me sinto: como um ser invisível, como se parte desses do "segundo" pudessem me pisar e eu pudesse morrer sem que ninguém desse falta.

– Fique tranquila, Anne. Espere até o próximo ano – disse Priscilla, confortando-a. – Logo você será tão insuportavelmente sofisticada quanto os "segundos". Estou certa de que é horrível sentir-se assim, mas antes isso do que sentir-se tão grande e desagradável quanto eu. Pensei que ocupando toda Redmond, mesmo por aqueles cinco centímetros de altura que me elevava sobre os demais, eu não teria medo de um "segundo". O que me assustou, no entanto, foi que eles tenham me elevado à categoria de elefante ou algum espécime um pouco crescido de um ilhéu alimentado com batatas.

– Creio que o problema seja que não perdoamos a grande Redmond por ela não ser a pequena Queen's – disse Anne, com o que restava de sua antiga filosofia, a fim de cobrir sua nudez de espírito. – Quando a deixamos, estávamos familiarizadas, era nossa casa: conhecíamos todos e tínhamos um lugar na comunidade. Acho que criamos uma inconsciente expectativa de encontrar em Redmond aquilo que tínhamos na Queen's. E, agora, nos sentimos sem chão sob nossos pés, isto é, sem a base afetiva que nos mantinha de pé. De certo modo, fico feliz que a sra. Lynde e a sra. Wright nunca saberão sobre como eu me sinto. Elas diriam algo como: "Eu bem que te avisei" e estariam convencidas de que este é o começo do fim, quando, na realidade, é apenas o fim do começo.

– Isso mesmo! Agora sinto que consigo escutar a Anne falando. Logo, logo nos acostumaremos e vai ficar tudo bem. Anne, você reparou numa garota muito bonita, de olhos castanhos e lábios definidos, que passou a manhã inteira encostada na porta do vestiário?

– Sim, eu a notei justamente porque ela parecia a única tão solitária e abandonada quanto eu. Eu, pelo menos, tinha você, mas ela não tinha ninguém.

– Eu tive a mesma impressão. Algumas vezes pensei que ela estivesse vindo em nossa direção, mas que desistia porque sua timidez parecia mais forte. Eu até gostaria que ela fizesse isso. Se eu não estivesse me sentido um elefante, com certeza teria ido falar com ela para que se juntasse a nós, porém a minha timidez foi mais forte, pois eu não conseguia nem atravessar o saguão com aquela garotada gritando na escada. Ela é de longe a "novata" mais bonita que eu vi aqui em Redmond. Mas nem a beleza é útil no primeiro dia de aula – concluiu Priscilla, rindo.

– Depois do almoço, irei a Old St. John – disse Anne. – É verdade que um cemitério não é o melhor lugar para se levantar o espírito, mas me parece o único e mais próximo onde há árvores, e eu preciso delas. Vou me sentar em uma velha laje, fechar os olhos e me imaginar na floresta de Avonlea.

Anne, no entanto, não conseguiu fazer o que planejava, porque lá encontrou muitas coisas que a fizeram abrir os olhos. Atravessaram a porta de entrada, onde sobre esta havia um imponente arco de pedra trazido pelo grande leão da Inglaterra.

"E em Inkerman, as matas selvagens ainda são sangrentas e aquelas colinas áridas e sombrias entrarão para a história."

Anne se lembrou dos versos de Tennyson com um arrepio na espinha. Ela e Priscilla caminhavam por uma mata verde-escura, onde o vento sussurrava morbidamente. Enquanto vagavam por lá, liam históricos epitáfios e observavam, ao longo do caminho, gravuras, cuja paz de espírito era certamente maior do que a nossa.

"Jaz aqui o corpo do nobre cavaleiro Albert Crawford", leu Anne em uma laje cinza gasta, "por muitos anos guardião da artilharia de Sua Majestade, o rei, em Kingsport. Serviu com honra ao exército até a paz em 1763, quando se aposentou devido a uma doença. Foi um oficial corajoso; o melhor dos maridos; o melhor dos pais; e o melhor dos amigos. Falecido em 29 de outubro de 1792, aos 84 anos de idade."

– Aqui está um epitáfio para você, Prissy. A propósito, existe nele "campo da imaginação". Que bem-aventurada vida deve ter sido a desse homem! E quando se trata de qualidades pessoais, não há elogios maiores. Será que lhe disseram essas coisas em vida?

– Ouça este outro – disse Priscilla. – "Em memória de Alexander Ross, falecido em 22 de setembro de 1840, aos 43 anos. Erigido como carinhosa homenagem por alguém a quem ele serviu tão fielmente por 27 anos, considerando-lhe amigo merecedor de toda confiança e carinho."

– Esse é um ótimo epitáfio – disse Anne, pensativa. – Me identifico a tal ponto que não gostaria de receber um que não fosse tão bom quanto este. Até certo ponto, todos nós somos servis aos nossos, e se a nossa fidelidade puder ser registrada com toda a realidade que fizemos por merecer em vida, isto é o máximo reconhecimento que podemos almejar. Veja esta triste laje, Prissy: "Em memória de um filho amado".

E essa outra: "Erigido em memória de alguém enterrado em outro lugar". Onde estará esse túmulo desconhecido? Você tinha razão, Prissy, os cemitérios de hoje nunca serão tão interessantes quanto este. Certamente, virei aqui muitas vezes. Eu gosto. Acho que não estamos sozinhas aqui... Há uma menina no final da avenida.

– Sim, e eu creio que é a mesma que estava em Redmond hoje de manhã. Faz cinco minutos que eu a estou observando. Já começou a se aproximar de nós uma meia dúzia de vezes, mas voltou. Ou ela é terrivelmente tímida ou deve estar com a consciência pesada. Vamos lá falar com ela. Deve ser mais fácil entrar num cemitério do que em Redmond.

Percorreram a avenida em direção à estranha garota, que estava sentada em uma laje cinza, sob um salgueiro. Ela era lindíssima. Tinha uma beleza penetrante, irregular e fascinante. Nos seus cabelos macios, mechas castanhas. Nas bochechas, uma cor suavemente rubra. Seus grandes olhos castanhos aveludados combinavam com suas sobrancelhas desenhadas e sua boca rosada. Ela usava um terninho preto e bem cortado. Também usava lindos sapatinhos, uma criação original de um legítimo sapateiro. Priscilla teve a súbita sensação de que seus sapatos eram apenas um trabalho menor feito pelo sapateiro local de seu vilarejo. Anne, por sua vez, pensou desconfortavelmente se a blusa que ela havia feito, a qual fora adaptada pela sra. Lynde ao corpo, pareceria muito camponesa e caseira na frente da elegante roupa que vestia aquela menina. Por um momento, ambas quase desistiram.

Elas, porém, já estavam quase chegando à laje cinza, de modo que era tarde demais para desistirem, pois, evidentemente, a garota de olhos castanhos havia chegado à conclusão de que se aproximavam para falar com ela. Imediatamente, a menina se levantou e estendeu a mão, abrindo um alegre e amistoso sorriso para as duas, sem aparentar qualquer timidez ou culpa.

– Eu gostaria de saber quem vocês são – disse ela efusivamente. – Eu estava morrendo de vontade de saber. Eu vi vocês nessa manhã em Redmond. Vocês também não acharam horrível? Quase me arrependi de não ter ficado em casa e me casado.

Depois dessa inesperada conclusão, todas riram juntas.

– É verdade mesmo. Eu poderia muito bem ter feito isso. Venham, sentem aqui nesta laje para nos apresentarmos. Eu tenho certeza de que vamos nos amar muito, soube disso assim que vi vocês em Redmond hoje de manhã. Eu quis chegar perto e dar um abraço nas duas.

– Mas por que não fez, então? – perguntou Priscilla.

– É porque eu ainda não havia decidido se devia. Eu sou muito indecisa. Sempre que começo algo, me convenço de que eu deveria fazer exatamente o oposto. É um terrível infortúnio, mas eu não tenho culpa... O que posso fazer se nasci assim? Mas era somente isto: eu não conseguia decidir se devia falar com vocês, não importava o quanto eu desejasse.

– Pensamos que você era muito tímida e por isso não veio até nós – disse Anne.

– Ah não, querida! A timidez não está elencada entre os muitos defeitos ou virtudes de Philippa Gordon... Phil para você. Me chame assim, está bem? E agora vocês, como se chamam?

– Ela é Priscilla Grant – disse Anne apontando para a amiga.

– E ela Anne Shirley – Priscilla acrescentou, apontando por sua vez.

– E nós somos da ilha – acrescentaram em uníssono.

– Sou de Bolingbroke, Nova Escócia – disse Philippa.

– Bolingbroke! – Anne chorou. – Mas eu nasci lá!

– Sério? Isso faz de você uma blue nose[2].

– Não – respondeu Anne. – Não foi Dan O'Connell quem disse que nascer num estábulo não faz do homem um cavalo? Eu sou uma ilhéu no coração.

– De qualquer maneira, eu fico feliz que você tenha nascido em Bolingbroke. Em algum aspecto, isso nos faz vizinhas, não acha? E eu gosto disso porque, quando eu te contar meus segredos, não será o mesmo que contar a um estranho, mesmo que, para mim, seja impossível guardar um segredo. Sempre tenho que contá-los. Não posso guardar segredo, pois é inútil tentar. Esse é o meu pior defeito, além da indecisão. Você acredita que eu levei mais de meia hora para decidir qual chapéu eu deveria colocar para vir ao cemitério? Pensei em usar

2 Termo utilizado para designar pessoas de Nova Escócia. (N.R.)

o castanho com a caneta primeiro, mas logo mudei de ideia quando o coloquei, então pensei que esse rosa com a asa solta me servisse melhor. No final das contas, eu os coloquei sobre a cama, fechei os olhos e apontei aleatoriamente para um deles, de forma que meu dedo tocou o rosa, e foi assim que decidi por colocá-lo. Entende como isso é difícil? Me digam, por favor, o que vocês pensam sobre isso.

Diante dessa pergunta feita com toda sinceridade, em um tom desesperadamente sério, Priscilla riu de novo. Mas Anne apertou a mão em um impulso e disse:

– Hoje de manhã, quando eu te vi, pensei que você era a garota mais bonita de toda Redmond.

Com um lindo sorriso, Philippa mostrou belos dentes brancos.

– Foi o que pensei – foi a resposta surpreendente –, mas precisava que alguém confirmasse o que eu já sabia. Está vendo? Eu não consigo nem decidir se sou bonita. Assim que eu começo a reconhecer que sou, me sinto miseravelmente triste por não ser. Além disso, tenho uma tia-avó horrível que sempre me diz, com um suspiro triste: "Você era uma criança tão linda! É estranho como as crianças mudam à medida que crescem". Eu amo tias, mas odeio tias-avós. Por favor, se não for incômodo, digam-me sempre que sou bonita. Eu me sinto tão confortável quando consigo ficar convencida de que eu realmente sou linda! Se vocês fizerem isso, vou ser igualmente boa para vocês, com todo o meu coração.

– Obrigada – disse Anne, rindo. – Mas Priscilla e eu estamos tão convencidas sobre nossa boa aparência que não precisamos de ajuda, então não se preocupe.

– Ah, não ria de mim! Eu sei que vocês devem estar pensando que sou uma narcisista estúpida, mas não é verdade. Não sou nem um pouco vaidosa. E, para mim, não custa nada elogiar uma garota, se ela merecer, é claro. Estou tão feliz por conhecer vocês! Desde o sábado à noite, quando cheguei, quase morri de saudade de casa. É tão horrível isso, não é? Lá em Bolingbroke eu sou importante, mas aqui em Kingsport é diferente, pois não sou nada. Onde vocês estão aqui na cidade?

– Na rua Saint John 38.

– Que ótimo! Estamos tão perto umas das outras, basta virar na esquina da Wallace Street. No entanto, não gosto da minha pensão. Meu quarto é frio e solitário, e tem uma vista para um quintal horroroso. É o lugar mais feio do mundo. Como se não bastasse isso, ainda há mais gatos lá do que pessoas em toda Kingsport. Adoro gatos, mas, quando estão nos tapetes, ronronando junto à lareira, nos pátios das casas, na madrugada, são animais totalmente diferentes. Na primeira noite, chorei até de manhã, e os gatos comigo. Você deveria ter visto o meu nariz quando acordei. Como eu gostaria de não ter saído de casa!

– Não sei como você se decidiu a vir para Redmond, já que é uma pessoa tão hesitante assim – disse Priscilla.

– De uma coisa você pode ter certeza, querida: eu não decidi isso. Meu pai quis assim e ele estava determinado a me mandar para Redmond. Parece ridículo estudar para uma carreira, mesmo que eu possa, afinal, eu tenho um cérebro grande.

– Ah! – Priscilla expressou-se vagamente.

– Sim. Mas é tão difícil usá-lo às vezes! Além disso, os graduados são pessoas tão dignas, sensatas e solenes! Eles têm que ser, não é? Não, eu não queria mesmo vir para Redmond. Só fiz isso porque meu pai me obrigou! E ele é uma pessoa rigorosa. Além disso, sabia que se eu ficasse em casa, teria que me casar. Esse era o desejo da minha mãe e ela está determinada a realizá-lo, mas só de pensar em me casar já me causa pânico, pelo menos tão cedo. Eu quero me divertir antes de me tornar uma mulher casada. E não é só isso: por mais ridícula que pareça a ideia de me graduar e ter uma profissão, me parece ainda mais a ideia de me casar. Eu nem completei dezoito anos ainda. Sendo assim, preferi vir para Redmond. Se não fosse assim, como eu poderia decidir com qual dos meus pretendentes eu iria me casar?

– E há tantos assim? – Anne perguntou rindo.

– Sim, muitos. Os meninos realmente gostam de mim e ficam ao meu dispor. Mas, entre todos, há apenas dois que valeriam a pena. O resto deles ou é muito jovem ou muito pobre. E eu devo me casar com um homem rico.

– Deve? Por quê? – perguntou Anne, sinceramente curiosa e inconformada com a afirmação.

– Querida, você por acaso consegue me imaginar casada com um homem pobre? Além de não saber fazer nenhuma tarefa doméstica, como planejar as compras, cozinhar, lavar roupas, limpar a casa, enfim, algo de útil, eu sou muito extravagante. Ah não! Meu marido deve ter muito dinheiro para contratar pessoas para fazerem esse tipo de serviço! Então eu escolhi dois. Mas teria sido o mesmo que duzentos, pois sei perfeitamente bem que, independentemente de qual deles eu escolha, vou me arrepender pelo resto da vida por não ter me casado com o outro.

– Mas... será que... você... você não ama nenhum deles? – perguntou Anne. Foi complicado para Anne formular essa pergunta e falar com aquela estranha sobre os mistérios e as transformações pelas quais as pessoas passam na vida.

– Meu Deus, isso nunca seria possível! Eu nunca vou amar ninguém, até porque estar apaixonada faz de você uma escrava perfeita. Isso dá muito poder ao homem de te machucar. Fico com medo só de pensar nisso. Não, não... Alec e Alonzo são ótimos companheiros, além disso, eu gosto tanto dos dois que não sei qual deles eu prefiro. Alec é um rapaz de bom caráter, além de ter um lindo cabelo encaracolado e ser o mais elegante, é claro. Eu não poderia me casar com alguém que não fosse. O problema dele é ser perfeito demais, não quero ter um marido perfeito demais.

– Então, por que não se casa com Alonzo? – Priscilla perguntou gravemente.

– Você consegue se imaginar casada com alguém com esse nome? Pois eu não consigo! – disse Phil em tom de reclamação. – Porém, ele possui a qualidade de ter um nariz clássico e seria um alívio ter um nariz desse na minha família, em que se pode confiar. Não posso confiar no nariz da minha família... Por enquanto, ao menos, ele tem a forma dos Gordon, mas eu temo que ele algum dia assuma a forma dos Byrne quando eu for mais velha! Minha mãe até que tem um ótimo nariz Byrne. Espere só até conhecê-la para ver. Eu sou fascinada por bons narizes. Seu nariz é lindo, Anne Shirley! O nariz de Alonzo quase me faz decidir por ele, mas o nome...! Não, eu não consegui decidir. Se ao menos eu pudesse escolher entre os dois como fiz com meus chapéus: juntá-los e fechar os olhos, teria sido mais fácil.

– E o que Alec e Alonzo sentiram quando você saiu? – perguntou Priscilla.

– Ah, ainda estão esperançosos! Eu disse a eles que teriam de esperar para saber com qual dos dois me casaria. E eles estão dispostos a esperar, porque me amam e são apaixonados por mim. Enquanto isso, planejo me divertir muito e espero ter muitos pretendentes em Redmond. Vou ficar muito triste se eu não os tiver. Mas você não acha que os "novatos" são muito feios? Entre todos, só vi um bonito entre eles, e foi antes de vocês chegarem. Eu ouvi que vocês têm um amigo que se chama Gilbert. Seu amigo tinha olhos que podiam ser vistos à distância. Vocês já estão indo? Não vão ainda!

– Temos que ir. – disse Anne um pouco friamente. – Está ficando tarde e eu tenho coisas para fazer.

– Mas vocês logo virão me ver, não é? – Philippa perguntou, envolvendo-as com o braço, também vão me permitir visitá-las. Eu quero ser sua amiga íntima. Eu já te tenho muito amor por vocês. Eu não as deixei com asco da minha frivolidade, deixei?

– Não – Anne riu, respondendo cordialmente ao aperto de Phil.

– Eu não sou tão burra quanto pareço. Aceite Philippa Gordon em sua vida, assim como Deus o fez, com todas as suas falhas e suas qualidades, e acho que você poderá amá-la. O cemitério não é bonito? Eu adoraria ser enterrada aqui. Aqui está uma sepultura que eu nunca havia visto antes: aquela com uma cerca de ferro em volta dela, a lápide diz que pertence a um soldado que morreu na batalha entre Shannon e Chesapeake. Imagine só!

Anne parou por um momento em frente ao portão e olhou para aquela pedra desgastada pelo tempo, enquanto seu coração batia intensamente. Aquele antigo cemitério, com suas árvores arqueadas e longos caminhos sombrios, desaparecera de sua vista. Em vez disso, viajava para o século passado em seus pensamentos, estando ela em frente ao forte de Kingsport, uma majestosa fragata surgia lentamente do nevoeiro, na qual havia uma gigantesca bandeira da Inglaterra hasteada. Atrás desta, havia outra, a qual carregava um corpo rígido e heroico envolto em sua própria bandeira estrelada, a do corajoso soldado Lawrence. Era o Shannon que entrava na baía, e o Chesapeake era apenas um casco velho e arruinado.

– Volte, Anne Shirley, volte para a realidade. – Philippa riu, puxando-a pelo braço. Você está há um século distante de nós. Volte aqui.

Anne voltava à realidade com um suspiro, e seus olhos brilhavam suavemente.

– Eu sempre gostei da história antiga – disse Anne – e, embora os ingleses tenham vencido a batalha, a bravura do comandante derrotado me fascina, e esse túmulo parece torná-lo tão real! O pobre soldado tinha apenas dezoito anos. "Ele morreu das terríveis feridas recebidas na ação heroica", diz o epitáfio. Essa é a maior honra que um soldado como ele poderia receber.

Antes de ir embora, Anne retirou do peito um pequeno ramo de violetas roxas e deixou-as cair serenamente sobre a sepultura daquele jovem que morrera na grande batalha naval.

– Bem, o que você achou da nossa nova amiga? – perguntou Priscilla quando Phil foi embora.

– Eu gostei da Phil. Há algo nela que me induz a amá-la, apesar das bobagens que fala. Tenho a impressão de que está certa quando diz não ser tão burra quanto parece. É uma boa menina, mas não me parece que crescerá.

– Eu também gostei dela – disse Priscilla decisivamente. – Ela fala sobre os meninos como faz Ruby Gillis. Mas, ao contrário de Ruby, que me deixa doente de ouvi-la, Phil apenas me faz rir de bom grado. Agora, você consegue me explicar qual a diferença entre elas?

– Sim... – respondeu Anne, pensativa. – Eu acho que enquanto Ruby fala conscientemente em jogar com o amor alheio, que esfrega seus adoradores em nosso nariz e faz com que sintamos que não temos nem metade de sua beleza, já Phil conta sobre seus fãs como quem fala sobre seus colegas de classe. Na verdade, ela encara os meninos como bons camaradas e gosta de tê-los em quantidade ao seu redor, para se sentir popular e fazer com que pensem que ela realmente seja. Até mesmo Alec e Alonzo (de agora em diante não poderei separá-los) me parecem duas pessoas divertidas que querem brincar com ela por toda a vida. Fiquei muito feliz por tê-la conhecido e também por termos ido ao St. John. Acho que criei uma raiz em Kingsport nesta tarde. Ao menos espero que tenha. Odeio me sentir transplantada.

CARTAS DO LAR

Durante as três semanas que se seguiram, Anne e Priscilla continuaram sentindo-se estranhas naquele lugar. Então, repentinamente, a vida em Redmond, que antes parecia fragmentada, passou a ficar mais homogênea, mudando-se o foco com o advento de professores, turmas, estudantes, estudos e eventos sociais. Os calouros, uma vez abandonado o isolamento inicial, encontraram-se em seus grupos, com seus próprios espíritos de grupo, interesses de grupo, assim como antipatias e ambições de grupo. Naquele ano, eles venceram o Torneio Anual de Artes contra os alunos do segundo ano e, desde então, ganharam o respeito de todos os outros grupos e uma enorme autoconfiança em seus próprios méritos. Nos três anos seguintes, os rivais do segundo ano venceram a corrida pelo título, mas a vitória dos calouros naquele ano fora lembrada e atribuída à brilhante estratégia de Gilbert Blythe, que comandou o grupo do primeiro ano, desenvolvendo novas táticas que foram fundamentais para a obtenção do sucesso sobre os veteranos.

Como forma de reconhecimento dos seus méritos, Gilbert foi eleito presidente do curso, cargo de responsabilidade e honra (ao menos do ponto de vista dos calouros), o qual era cobiçado por muitos. Além disso, ele também foi convidado a fazer parte dos "Cordeiros", como era chamada a Fraternidade Estudantil Lamba Theta, cujo convite raramente era feito a um calouro. Como trote, recebeu a ordem de desfilar durante um dia inteiro pelas principais ruas de Kingsport, usando um grande chapéu de sol e um enorme avental florido feito de chita. Ele cumpriu sua tarefa de forma muito bem-humorada, sacando da cabeça o chapéu de sol em cortejo às damas conhecidas.

Recalcado com o sucesso de Gilbert, Charlie Sloane, que não havia sido convidado pelos Lambs, disse a Anne que não entendia como ele poderia se prestar a uma humilhação daquela e que nunca faria o mesmo, caso tivesse sido convidado para uma fraternidade.

– Seria mesmo ridículo ver Charlie Sloane usando avental e chapéu de sol! – Zombou Priscilla. – Ficaria igualzinho à sua avó Sloane! Gilbert, ao contrário, parecia ainda mais homem vestido daquele jeito.

Anne e Priscilla se viram imersas na intensa vida social de Redmond. Em grande parte, isso aconteceu tão cedo devido à grande habilidade social da despojada Philippa Gordon, que era filha de um cavalheiro afortunado de reputação ilibada, cuja antiga família pertencia aos chamados blue nose da Nova Escócia. Isso, combinado ao seu charme e beleza (algo que certamente não passava desapercebido), tendo, assim, aberto os portões de todos os círculos, clubes e centros de Redmond, e onde Phil ia, Anne e Priscilla iam também. Phil adorava as duas garotas, especialmente Anne. Era uma alma pura e cristalina, livre de todos os tipos de influências. "Quem me ama, ama meus amigos" era seu lema. Sem nenhum esforço, ela as fez entrar no seu amplo círculo de amizades e as duas jovens de Avonlea mergulharam facilmente em uma vida social agradável, para a inveja e o estranhamento dos outros calouros, que, sem o apoio de Philippa, foram condenados a ficar de fora dessas atividades durante todo o primeiro ano de faculdade.

Para Anne e Priscilla, que levavam a vida a sério e tinham objetivos bem definidos, Philippa continuou sendo a adorável e divertida garotinha do primeiro encontro.

Onde ou como Phil encontrava tempo para estudar era um grande mistério, porque ela parecia estar sempre procurando diversão e recebia muitos visitantes à tarde em sua casa. Por ser muito atraente, seus colegas de classe e um número considerável daqueles dos anos acima disputavam sua atenção e seus sorrisos. Ela ficou deslumbrada com isso e contou alegremente para Anne e Priscilla de suas novas conquistas com comentários que certamente teriam queimado os ouvidos de seus infelizes pretendentes apaixonados.

– Para a sorte de Alec e Alonzo, eles ainda não têm oponentes sérios – observou Anne ironicamente.

– Nenhum – concordou Phil. – Eu lhes escrevo cartas toda semana contando sobre meus adoradores. Posso apostar que eles acham muito divertido, mas de quem eu mais gosto, não tenho nem um pingo de atenção: Gilbert Blythe. Ele nunca me notou. Parece que olha para mim como se eu fosse um gatinho bonito e amigável. E eu sei muito bem o porquê disso. Eu te invejo, rainha Anne. Eu deveria te odiar e rivalizar com você, mas, em vez disso, te amo loucamente e fico muito triste quando não te vejo. Você é totalmente diferente de todas as garotas que já conheci. Às vezes, quando você me olha de uma maneira especial, percebo o quanto sou insignificante e frívola, então procuro ser melhor, mais inteligente e sensata. Daí eu me proponho a mudanças e emendas no meu caráter, mas logo que conheço algum rapaz bonito, cai por terra a minha decisão de mudar e volto a ser a Philippa de sempre. Você não acha maravilhosa a vida na faculdade? Acho até engraçado quando lembro que odiei o meu primeiro dia aqui! Mas até que foi bom que isso tenha acontecido, caso contrário eu nunca teria falado com você. Anne, por favor, diga para mim que você me aprecia ao menos um pouco.

– Você sabe que eu te adoro e que te acho um doce, graciosa e aveludada... gatinha sem unhas – riu Anne. – Mas não consigo entender como você encontra tempo para estudar.

No entanto, Phil deve tê-lo encontrado, já que sabia bem todos os assuntos. Até mesmo a mal-humorada professora de matemática, que detestava o ensino misto e se opunha severamente ao seu implante em Redmond, rendeu-se a ela. Ela era melhor do que todos os outros alunos em todas as matérias, exceto em língua inglesa, disciplina que Anne Shirley impunha ampla margem.

Anne considerou o primeiro ano de faculdade em Redmond bastante fácil, em grande parte devido ao rigoroso ritmo de estudo com o qual ela e Gilbert se acostumaram nos últimos dois anos que estiveram em Avonlea. Isso deixou mais tempo livre para que pudesse aproveitar a sua vida social, da qual desfrutou muito, mas sem nunca esquecer de seus amigos de Avonlea. Para ela, o melhor momento da semana foi aquele em que recebeu notícias de casa.

Após ler as primeiras cartas, pensou que nunca poderia se sentir em Kingsport como se sentia em casa. Antes de ler as missivas, Avonlea parecia estar a milhares de quilômetros de distância, mas essas cartas a aproximaram e ligaram sua vida antiga à nova, até que estas se fundiram.

Chegaram-lhe seis cartas na primeira remessa: de Jane Andrews, Ruby Gillis, Diana Barry, Marilla, sra. Lynde e Davy. A de Jane era muito elegante, com o *t* perfeitamente cruzado e o *i* com seus pontos no lugar exato, mas sem sequer uma única frase interessante. Anne queria saber notícias das pessoas da escola, mas a amiga nunca respondeu às suas perguntas e simplesmente contou quantos metros de crochê tricotara, quanto tempo estava em Avonlea, como planejava fazer seu novo vestido e o que sentia quando sua cabeça doía.

Ruby Gillis escrevera-lhe uma carta muito fluida, na qual lamentava sua ausência, assegurando-lhe que estava completamente perdida sem ela por lá. Perguntou-lhe como eram os jovens de Redmond e finalizou contando-lhe uma detalhada história sobre suas experiências com seus inúmeros admiradores. Era certamente uma carta boba e sem sentido. Anne teria rido dela, não fosse pelo pós-escrito: "Gilbert parece divertir-se muito em Redmond, a julgar pela letra dele", escreveu Ruby. "Creio que Charlie não tenha tido o mesmo sucesso."

Quer dizer que Gilbert escreveu para Ruby?! Muito bem. E ele estava perfeitamente certo, é claro. Embora Anne não soubesse que Ruby o fizera primeiro, de modo que Gilbert fora obrigado a responder por mera cortesia. Ele separou a carta de Ruby com desprezo. A adorável epístola de Diana, no entanto, fresca e cheia de notícias, revelara a ferroada dada por Ruby em seu pós-escrito.

A carta de Diana continha um pouco demais sobre Fred, mas, por outro lado, era tão rica em notícias e em tópicos interessantes à Anne que ela se sentiu transportada para Avonlea enquanto lia. Assim como a carta de Marilla que, apesar de ser exatamente como ela, seca, simples e ausente de fofocas ou emoções, transmitia para Anne toda a atmosfera pacífica e simples da vida em Green Gables, com a paz e o amor que lá esperavam por sua vinda.

A carta da sra. Lynde referia-se apenas às notícias relacionadas à igreja. Contou-lhe que, como havia parado de fazer as tarefas domésticas, tivera mais tempo para se dedicar aos assuntos da paróquia aos quais se entregou de corpo e alma. Naquela época, ela estava muito ocupada com os substitutos que desfilavam no púlpito da igreja de Avonlea.

Acho que há apenas tolos no sacerdócio neste momento. Você precisa ver os candidatos que nos enviam e os absurdos que pregam! Metade das coisas que dizem não é verdadeira e, o que é ainda pior, pervertem a correta e moral doutrina. O pastor que temos agora é o pior de todos. Geralmente lê um texto específico e depois prega sobre outra coisa que nada tem a ver com a leitura. E não para por aí... esse sujeito tem o acinte de dizer que não crê que todos os pagãos estejam eternamente condenados ao inferno. Que ideia! Se o ministério gasta todo o dinheiro que doamos em missões estrangeiras, creio que este está perdido, isso sim! No último domingo à noite, ele anunciou que, no próximo culto, pregará até para um cabeça de prego que aparecer. Eu acho que seria melhor se ele se limitasse à Bíblia, deixando de lado esses assuntos sensacionalistas. O que se pode dizer de um ministro que não consegue encontrar um assunto de pregação nas Escrituras Sagradas! A qual igreja você tem ido, Anne? Espero que você esteja indo regularmente. As pessoas esquecem muito facilmente suas obrigações para com Deus quando estão fora de casa, e eu entendo que isso é muito comum entre os jovens que fazem curso superior. Soube até que estudam aos domingos. Espero que você nunca chegue a esse ponto, Anne. Lembre-se de como você foi educada e tenha muito cuidado ao escolher suas amizades. Você nunca saberá que tipo de gente frequenta essas escolas. São como lobos em pele de cordeiro. Acho melhor, inclusive, que você não fale nem se junte com nenhum jovem que não seja da ilha.

Esqueci de contar o que aconteceu no dia em que o ministro veio nos visitar. Foi a coisa mais engraçada que eu já vi na minha vida. Eu disse a Marilla: "Se Anne estivesse aqui, você não acha que ela morreria de rir?". Até Marilla riu. Ele é um homenzinho muito baixo, grosso e tem as pernas arqueadas. Bem, o porco de Harrison (aquele grandão) estava andando naquele dia e entrara na galeria dos fundos sem que percebêssemos, e foi justamente quando o ministro apareceu. Quando nos viu, o porco tentou fugir, mas não teve para onde correr, exceto por entre as pernas arqueadas do ministro e por lá foi ele. No entanto, sendo o porco muito grande e o ministro pequeno, o animal levantou-o do chão e saiu em disparada com ele no lombo. Assim que eu e Marilla chegamos à porta, só vimos o chapéu dele voando para um lado e a bengala para o outro. Eu nunca vou me esquecer dessa cômica cena. Aquele pobre porco estava morrendo de medo. Nunca mais conseguirei ler o relato dos porcos na Bíblia, que correram loucamente em direção ao mar, sem me lembrar do porco trotando com o sr. Harrison ladeira abaixo.

Creio que o pobre animal acreditou que levava o diabo em seu lombo em vez de dentro dele. Agradeço a Deus pelos gêmeos não estarem em casa naquele dia! Teria sido lamentável se eles vissem um ministro em uma situação tão indigna e constrangedora como foi. Ao chegarem no riacho, o ministro se jogou ou foi jogado e o porco saiu correndo em direção à floresta e desapareceu. Marilla e eu corremos para ajudar o ministro a se levantar e sacudir suas roupas. Por sorte não havia se machucado, embora estivesse furioso. Parecia culpar Marilla e eu pelo ocorrido, mesmo depois de explicarmos a ele que o porco não era nosso, e inclusive havia nos incomodado durante o verão. Além disso, por que ele entrou pela porta dos fundos? O sr. Allan nunca faria isso. Levará muito tempo até termos outro pastor como ele. Estamos num mau momento. Não tivemos notícias do porco depois disso e espero que não as tenhamos nunca mais.

As coisas estão muito tranquilas aqui em Avonlea. Green Gables não é tão solitária quanto eu pensava. Acho que vou começar outra colcha de algodão neste inverno. A sra. Sloane tem um modelo muito elegante e moderno, com folhas de macieira.

Quando fico entediada e quero algo emocionante, costumo ler os casos de assassinato no jornal de Boston que minha sobrinha me envia. Eu não tinha o hábito de fazer isso, mas são casos realmente interessantes. Os Estados Unidos devem ser um lugar horrível, Anne.

Espero que você nunca vá para aquele país. Terrível mesmo é a maneira como as meninas andam pelo mundo hoje em dia. Elas me causam a mesma impressão de Satanás no livro de Jó, correndo de um lado para o outro, subindo e descendo. Eu não acho que o Senhor veja isso com bons olhos, isso sim.

Davy tem sido obediente desde que você saiu, exceto um dia em que ele se comportou mal e Marilla o puniu, fazendo-o usar um avental de Dora durante o dia inteiro. Então ele pegou uma tesoura e cortou todos os aventais da irmã. Eu bati nele por isso e ele, em vingança, perseguiu meu galo até que o pobre caísse morto.

Os MacPherson se mudaram para a minha casa. A sra. MacPherson é uma ótima governanta, além de ser uma pessoa bastante reservada. Ela arrancou todos os meus lírios de junho, alegando que eles davam um aspecto muito desarrumado para o jardim. Thomas havia plantado os lírios quando nos casamos. O marido dela parece um bom homem, mas ela, embora tente esconder, não deixa de ser uma empregada velha. Isto é que é!

Não estude muito e não deixe de vestir sua roupa de inverno quando o tempo esfriar. Marilla se preocupa muito com você, mas eu sempre digo a ela que você é muito mais sensata do que eu pensei que fosse, e que você ficará bem.

A carta de Davy começou com uma reclamação.

Querida Anne, escreva para Marilla e diga para ela não me amarrar na ponte quando eu for pescar, porque os meninos ficam zombando de mim quando ela faz isso. Eu fico muito solitário aqui sem você, mas até que é divertido na escola. E a Jane Andrews é mais zangada do que você. Ontem à noite eu dei um susto tremendo na sra. Lynde com uma abóbora iluminada. Ela estava louca de raiva comigo, porque eu persegui o galo dela pelo poleiro até que ele morreu. Eu não queria que ele morresse, por que ele morreu, Anne? Quero saber. A sra. Lynde jogou-o no curral do sr. Blair. Ele paga 50 centavos por cada galo morto.

Vi que a sra. Lynde pediu ao ministro para orar por ela. O que ela fez foi tão ruim, Anne? Eu quero saber. Eu tenho uma pipa com uma rabiola magnífica, Anne. Ontem, na escola, o Milty Bolter me contou uma história bárbara. É verdade. O velho Joe Mosey e Leon estavam jogando cartas na floresta na semana passada, e as cartas estavam em um toco de árvore, quando de repente um grande homem negro, maior do que as árvores, pegou as cartas e o tronco e desapareceu com o barulho de um trovão. Aposto que eles ficaram muito assustados. Milty disse que esse homem era o coisa ruim: era, Anne? Eu quero saber. O sr. Kimbal de Spencervale está muito doente e terá que ir ao hospital. Por favor, aguarde enquanto eu pergunto a Marilla se esse é um ritual escrito. Marilla disse que ele deve ir para outro lugar: um hospício ou um asilo. Ele pensa que tem uma cobra dentro dele. Como é ter uma cobra dentro de você, Anne? Eu quero saber. A sra. Lawrence também está doente. A sra. Lynde disse que é isso o que acontece quando se pensa muito em doença.

"Eu me pergunto o que a sra. Lynde diria de Philippa" – pensou Anne, enquanto dobrava as cartas.

PASSEIO NO PARQUE

– Quais são os planos para hoje, meninas? – perguntou Philippa, invadindo o quarto de Anne numa tarde de sábado.

– Vamos passear no parque – respondeu Anne. – Eu bem que deveria ficar para terminar de costurar minha blusa, mas não posso ficar em casa costurando e perder um dia tão bonito como este. Há algo no ar que corre pelas minhas veias e enche a minha alma com uma espécie de glória. Isso faz com que meus dedos fiquem tão trêmulos que toda a costura que estou fazendo fique torta. Então, só resta a nós irmos até o parque para junto dos pinheiros.

– Esse "nós" inclui alguém além de você e Priscilla?

– Sim, inclui Gilbert e Charlie, e claro que ficaremos muito felizes se você vier conosco.

– Mas... – reclamou Phil – se eu for, vou acabar sobrando e isso seria uma experiência muito nova para mim.

– Bem, novas experiências sempre são interessantes. Venha, assim você poderá ser mais empática pelas pobres almas que sobram com tanta frequência quando estão com você. Mas onde é que estão as suas vítimas hoje?

– Eu estou muito cansada deles e simplesmente não queria me incomodar com nenhum dos dois hoje. Além disso, estou me sentindo um pouco triste, mas só um pouco, quase nada. Acontece que na semana passada eu escrevi para Alec e Alonzo, coloquei os endereços e as cartas nos envelopes, mas não os lacrei. Então, naquela tarde aconteceu uma coisa engraçada. Bem, engraçada ao menos para Alec, mas não para Alonzo. Eu estava apressada e tirei a carta de Alec do envelope (pelo menos eu pensei que era) para adicionar um pós-escrito. Então, enviei as duas cartas. Hoje pela manhã eu recebi a resposta de Alonzo, em que Alec havia escrito o pós-escrito em sua carta e ele havia ficado furioso. É claro que vai passar, mas, mesmo que não passe, eu não me importo também, mas arruinou o meu dia. Por isso eu vim aqui, para que minhas queridas amigas me animassem um pouco. Além disso, assim que a temporada de futebol começar, não terei mais meus sábados livres. Eu amo futebol! Tenho até um boné fantástico e um suéter com as cores de Redmond, para usar nos dias dos jogos. Você sabia que o seu Gilbert foi nomeado capitão da equipe dos calouros?

– Sim, ele nos contou sobre isso ontem – respondeu Priscilla, ao perceber que Anne havia ficado incomodada e não iria responder. – Charlie e ele chegaram muito cansados e suados ontem. Nós sabíamos que eles viriam, então removemos todas as almofadas da senhorita Ada. Aquela que tem um bordado em relevo, eu escondi atrás de uma cadeira. Eu até pensei que lá ela estaria a salvo, mas não foi assim. Charlie Sloane foi até a cadeira, viu a almofada, pegou-a cuidadosamente e sentou-se nela durante a tarde inteira. Que confusão por causa da bendita almofada! A pobre senhorita Ada me perguntou hoje, muito sorridente, mas com um certo tom de reprovação, por que eu havia permitido que ele se sentasse nela. Esclareci que isso não havia acontecido por minha culpa, mas que eram simplesmente "coisas de Sloanes", como de costume.

– As almofadas da senhorita Ada já estão me dando nos meus nervos – disse Anne. – Na semana passada, ela terminou duas novas, estofadas e bordadas com a sua vida. Como não havia mais onde pô-las, resolveu colocá-las na parede contra o patamar da escada. Por mais da metade do tempo elas caem e, quando caem no escuro, você tropeça nelas. No domingo passado, quando o Dr. Davies orou por aqueles que enfrentam os perigos do mar, acrescentei a mim mesmo: "E também para aqueles que vivem em casas onde as almofadas estão por toda parte". Bom! Estamos prontas. Vejo os meninos atravessando Old St. John. Você vem, Phil?

– Eu só vou se puder andar com Priscilla e Charlie. Assim vou poder sobrar dignamente. Seu Gilbert é um encanto, Anne, mas por que ele está sempre andando com o "olhos esbugalhados"?

Anne ficou rígida. Apesar de não gostar muito de Charlie Sloane, como ele também era de Avonlea, nenhum estranho tinha o direito de rir dele.

– Charlie e Gilbert sempre foram amigos – respondeu friamente.

– Charlie é um bom garoto. Não tem culpa de ter nascido com os olhos assim.

– Ah! Não me diga! – respondeu Phil ironicamente. – Certamente deve de ter feito alguma coisa terrível em sua vida passada e foi punido com um par de olhos como esses. Prissy e eu vamos praticar um esporte nesta tarde. Vamos tirar sarro dele bem na sua cara sem que ele perceba.

Sem dúvida, as "abomináveis P's", como Anne as chamava, cumpriram seus amáveis propósitos com o pobre rapaz. Mas Sloane era alegremente ignorante, de modo que não percebeu que as duas riam dele durante todo o passeio. Ele se considerava uma personalidade poderosa ao andar com duas jovens como elas, especialmente Philippa Gordon, a beldade-mor de Redmond, a mais bela do curso. Certamente que isso impressionava Anne. Ela veria que havia outras pessoas que o apreciavam pelo seu real valor.

Gilbert e Anne ficaram um pouco para trás, apreciando calmamente a beleza daquela serena tarde de outono, sob os pinheiros do parque, ao longo do caminho que subia e contornava a costa do porto.

– O silêncio aqui é como uma oração, você não acha? – perguntou Anne, admirando o céu brilhante que reluzia em seu rosto. – Como eu amo os pinheiros! Parece que as raízes se fincaram profundamente no romantismo dos tempos e de todas as idades. É tão reconfortante ter um momento a sós para conversar com eles! Eu me sinto sempre tão feliz neste lugar.

E, assim, na solidão das montanhas,
como por encanto divino,
seus problemas despencam como agulhas,
Caídas do pinho na tempestade.

Citou Gilbert.

– Nossas pequenas ambições parecem tão insignificantes aqui, não acha, Anne?

– Acho que, se alguma vez eu sofresse com alguma grande tristeza, correria para os pinheiros, para que eles me confortassem – disse Anne, sonhadora.

– Espero que você nunca tenha uma grande tristeza assim, Anne – disse Gilbert, que não podia sequer conceber que uma criatura como Anne, animada, amável e alegre, fosse abalada por tamanho sofrimento, sendo ela inconsciente de que aqueles que alcançam os picos mais altos de felicidade são também os que mergulham nas maiores profundezas do desespero e da agonia, e que aqueles que mais apreciam a felicidade são também os que mais sofrem com a tristeza.

– No entanto, eu devo... algum dia – meditou Anne. – No momento, a minha vida é como um copo de glória em meus lábios. Porém sei, no entanto, que em algum momento vou sentir o sabor amargo... como há em todas as bebidas. Algum dia será a minha vez de provar dessa amargura. Só espero ser corajosa quando for a minha vez de provar. E espero não ser a culpada pelo meu próprio sofrimento. Você lembra o que disse o Dr. Davies no culto do domingo passado? Que as tristezas que nos são enviadas por Deus nos trazem mais força e conforto, enquanto aquelas que causamos a nós mesmos, por insensatez ou por maldade, são de longe as mais difíceis de serem suportadas? Mas não vamos mais falar de tristeza numa tarde como esta, está bem? Pois esta está sendo dedicada à felicidade e à alegria de viver!

– Se eu tivesse uma forma de remover da sua vida tudo o que não fosse felicidade e prazer, certamente eu faria, Anne – disse Gilbert num tom que significava "perigo se aproximando".

– Não seria muito sensato da sua parte se fizesse isso – respondeu ela ao jovem rapidamente. – Tenho certeza de que ninguém pode amadurecer sem que passe por provações e tristezas, embora eu suponha que isso só seja possível se admitirmos quando estamos vivendo em tempos confortáveis. Agora vamos para o pavilhão, os outros já chegaram lá e estão nos esperando.

Sentaram-se todos juntos no pequeno pavilhão para assistir ao crepúsculo outonal, que misturava cores vermelhas como o fogo com um dourado pálido. À esquerda estava Kingsport, com seus telhados escuros e chaminés envolvidas em uma neblina espiral cor de violeta. À direita, ficava o porto da cidade, que assumia cores de rosa e cobre até o sol se pôr. Diante deles, estavam a água com seu brilho acetinado e cinza prateado e a Ilha de William, em meio à neblina, cuja silhueta tinha o formato de um robusto buldogue que protegia a cidade. A luz do farol atravessava a névoa como uma estrela maligna, a qual era respondida pelo brilho de outra no horizonte distante.

– Vocês já viram algum lugar tão esplendoroso quanto este? – perguntou Philippa. – Eu não falo da Ilha de William, especialmente, mas de algo que seria incapaz de ser conquistado, mesmo que se quisesse. Olhe aquela sentinela no topo do forte, que está ao lado da bandeira. Não parece ter saído de um romance?

– Falando em romance – disse Priscilla –, nós temos procurado uma urze, mas é claro, não conseguimos encontrar nenhuma. Creio que a estação já tenha passado.

– Urze! – Anne chorou. – Urze não cresce na América, certo?

– Só há em dois lugares do continente apenas – disse Phil. – Um é aqui, neste mesmo parque, e o outro é em algum lugar da Nova Escócia que não me lembro agora. Contam que o famoso regimento das Terras Altas, o Black Watch, acampou aqui numa primavera e, quando os homens sacudiram a palha de suas camas, algumas sementes de urze caíram e enraizaram nessa terra.

– Ah, que delícia! – exclamou Anne, encantada.

– Vamos voltar para casa pela Spofford Avenue, – sugeriu Gilbert – para que possamos ver os belos palácios onde a nobreza está hospedada. A Spofford Avenue é a mais elegante das avenidas de Kingsport. Ninguém pode construir lá, a menos que seja um milionário.

– Sim – concordou Phil. – Há uma casa lá que eu quero te mostrar, Anne. Esta não foi construída por um milionário. É a primeira casa que se vê ao sair do parque. Deve ter sido construída quando a Spofford Avenue era apenas uma estrada rural e secundária. Até porque ela cresceu, não foi construída para ser assim! As casas da avenida não me enchem os olhos, pois me parecem muito novas e têm vidros demais. Mas aquele lugar é um sonho! E tem um nome adorável... espere até vê-la.

Eles a viram enquanto subiam a colina coberta de pinheiros do parque. Bem no topo desta, onde a Spofford Avenue começava a ficar plana, havia uma casinha branca, ladeada por grupos de pinheiros, que pareciam braços estendidos a proteger o teto baixo. Estava coberta por trepadeiras vermelhas e douradas, através das quais espiavam suas janelas com persianas verdes. Na frente da casa, havia um jardim cercado por um pequeno muro de pedra. Apesar de já ser outubro, ainda nasciam flores e arbustos bonitos e perfumados de todos tipos: doce de maio, abrótano, verbena-limão, alyssum, petúnias, malmequeres e crisântemos. Havia também um pequeno caminho feito de tijolos, em padrão de osso de arenque, que levava do portão da frente até a varanda da casa. Todo o lugar parecia ter sido transplantado de uma remota vila campestre, no entanto, havia algo naquele lugar que contrastava com seu vizinho mais próximo, um palácio cercado por enorme gramado pertencente a um rei do tabaco, fazendo com que este parecesse extremamente bruto, chamativo e com aspecto grosseiro. Como Phil havia dito muito bem, essa era a diferença entre nascer em berço de ouro e emergir para a riqueza.

– Esse é simplesmente o lugar mais charmoso que eu já vi na vida, – disse Anne, extasiada. – Produz em mim um dos meus velhos e deliciosos arrepios. É ainda mais querido e silencioso do que a casa de pedra da senhorita Lavendar.

– Eu quero que você veja especialmente o nome dessa belezura. Observe bem as letras brancas grafadas no arco: "Casa da Patty", não é de matar? Especialmente nesta rua movimentada de "Os Pinheiros", "Os Abetos" e "Os Cedros". "Casa de Patty"! Minha nossa, eu adorei isso!

– Você tem alguma ideia de quem é a tal Patty? – perguntou Priscilla.

– Eu descobri que a velha dona dessa casa se chama Patty Spofford. Ela e a sobrinha já moram aí há uma centena de anos ou talvez um pouco menos. O exagero é apenas uma licença poética. Descobri que há cavalheiros ricos que sempre quiseram comprar a terra e, como você pode imaginar, vale uma pequena fortuna, mas Patty não aceitou vendê-la por nenhuma oferta feita até então. Na parte de trás da casa, em vez de um quintal, há um pomar de maçãs que você verá assim que andarmos um pouco, um verdadeiro pomar de maçãs em plena Spofford Avenue!

– Hoje à noite eu vou sonhar com "Casa da Patty" – disse Anne. – Sinto como se eu pertencesse a ela. Eu fico me perguntando se algum dia, por acaso, poderemos ver o interior dela.

– Eu não acho provável que isso aconteça – disse Priscilla.

Anne sorriu misteriosamente.

– Não, não é provável. Mesmo assim eu acredito que isso ainda vai acontecer. Sinto uma sensação estranha, arrepiante e rastejante, algo que você poderia chamar de pressentimento, se quiser. Porém isso me faz pensar que "Casa da Patty" e eu ainda nos conheceremos muito bem.

DE VOLTA AO LAR

As primeiras três semanas em Redmond foram bastante longas, mas o resto de tempo voou como o vento. Antes que pudessem se dar conta, os estudantes de Redmond se viram imersos na rotina dos exames de Natal, dos quais emergiriam mais ou menos triunfantemente. A honra de liderar as aulas para os calouros flutuava entre Anne, Gilbert e Philippa; Priscilla fez muito bem; Charlie Sloane rastejou-se tão respeitosamente e comportou-se de modo tão complacente, que foi como se ele tivesse liderado tudo.

– Não consigo acreditar que amanhã, a esta hora, eu estarei em Green Gables – disse Anne na noite anterior à partida. – Mas eu estarei. E você, Phil, estará em Bolingbroke com Alec e Alonzo.

– Estou ansiosa para vê-los – admitiu Phil, entre uma mordiscada e outra em um chocolate. – Eles realmente são muito queridos, você sabe. Não deve haver fim das danças, dos passeios nem dos acampamentos em geral. Nunca te perdoarei, rainha Anne, por não voltar para casa comigo nessas férias.

– "Nunca" equivale a três dias, no seu caso, Phil. Você foi muito gentil em me convidar, e eu vou adorar conhecer Bolingbroke algum dia, mas neste ano eu preciso voltar para casa. Você não sabe o quanto meu coração deseja isso.

– Você não terá muito tempo – disse Phil com desdém. – Afinal, deverá ir a uma ou duas festas do pijama, suponho. E ainda será objeto de fofocas de mulheres idosas que vão falar de você tanto na sua frente quanto nas suas costas. Você vai morrer de tédio e solidão, minha querida Anne.

– Em Avonlea? – exclamou, divertindo-se com aquilo.

– Mas, se você viesse comigo, com certeza iria passar momentos maravilhosos. Bolingbroke ficaria louca por você, rainha Anne, pelo seu cabelo, seu estilo e, ah, tudo! Você é tão diferente. Faria um enorme sucesso por lá. E eu me deliciaria com o reflexo de sua glória, "não a rosa, mas perto da rosa". Venha comigo, Anne!

– Sua imagem de sucessos sociais é bastante tentadora, Phil, mas vou pintar uma outra para compensar. Estou voltando para a minha casa, que é uma casa de fazenda antiga, que já foi verde, mas agora está meio desbotada, entre pomares de maçã sem folhas. Há um riacho abaixo e uma madeira de abeto. Em dezembro, além do mais, consigo ouvir o concerto das harpas, que são tocadas pelos dedos da chuva e do vento. Há um lago próximo que agora, nesta época do ano, estará cinza e pensativo. Haverá duas senhoras idosas aguardando a minha chegada em casa, uma alta e magra, outra baixa e gorda. Além disso, haverá também dois adoráveis gêmeos, uma que é um modelo perfeito de criança e o outro, como diz a sra. Lynde, um "terror sagrado". Haverá um pequeno quarto me esperando no andar de cima do alpendre, onde estão guardados velhos sonhos e uma grande, gorda e gloriosa cama de penas, que quase parecerá luxuosa depois de dormir naquele terrível colchão da pensão. E então, gostou da imagem que pintei para você, Phil?

– Me parece chatíssimo, isso sim – disse ela com uma careta.

– Ah, não se precipite, pois eu ainda não disse o que transforma tudo por lá! – exclamou Anne suavemente. – Haverá amor por lá, Phil. Amor fiel e terno, como nunca encontrarei em nenhum outro lugar do mundo. É o amor que me espera por lá e é por causa dele que eu estou voltando para casa. E é isso que faz da minha imagem uma obra-prima, mesmo que as cores não sejam tão brilhantes.

Em silêncio, Phil se levantou, largou de lado a caixa de chocolates e abraçou Anne.

– Anne, eu gostaria tanto de ser como você – disse ela sobriamente.

Na noite seguinte, Diana foi buscar Anne na Estação de Carmody e as duas voltaram de carro, sob o céu estrelado e silencioso.

Quando chegaram à encosta, Green Gables parecia estar com um ar festivo. Observou que havia luzes em todas as janelas e seu brilho rompeu a escuridão do lado de fora como labaredas de boas-vindas. No pátio estava acesa uma grande fogueira, onde duas alegres figuras dançavam ao seu redor, de modo que uma delas deu um forte grito quando avistou o carro dobrando entre os álamos.

– Davy te recebe com um uivo da guerra indiana – disse Diana. – Ele foi ensinado pelo peão do sr. Harrison e tem praticado para recebê-la. A sra. Lynde disse que isso quase a mata do coração. Ele se arrasta atrás dela, você sabe, e depois solta o grito a plenos pulmões. Ele estava determinado a fazer uma fogueira para a sua chegada. Há duas semanas que ele vem juntando galhos e importunando Marilla para deixar que ele derrame um pouco de óleo e querosene sobre eles antes de atear fogo. Pelo cheiro, acho que ela permitiu, embora a sra. Lynde tenha dito até o último momento que Davy explodiria a si e a todos os outros se lhe fosse permitido.

A esta hora, Anne já estava fora do carro, e Davy estava agarrado em seus joelhos, enquanto Dora segurava sua mão.

– Isso que é uma fogueira, não é, Anne? Deixe-me te mostrar como cutucar o fogo. Viu as faíscas? Fiz isso para você, Anne, de tão feliz que eu fiquei quando soube que você estava voltando para casa.

A porta da cozinha se entreabriu e a figura de Marilla escureceu contra a luz interna. Ela preferiu encontrar Anne nas sombras, pois temia que pudesse chorar de alegria. Marilla era tão severa e reprimida que considerava imprudente toda emoção profunda. A sra. Lynde estava atrás dela, bonita, rechonchuda, gentil e, antes de tudo, matronal. O amor que Anne havia dito a Phil que a esperava a cercou e a envolveu com suas bênçãos e doçura. Afinal, nada poderia se comparar aos velhos laços, aos velhos amigos e à velha Green Gables! Os olhos de Anne estavam muito estrelados quando se sentaram à mesa de jantar, com suas bochechas rosadas e sua gostosa risada! Diana também ficaria lá a noite toda. Como eram bons os velhos tempos! O jogo de chá, feito com botão de rosa, enfeitava a mesa. Marilla, que já estava com um sono descomunal, não podia mais continuar com elas.

– Suponho que as mocinhas passarão a noite toda conversando – disse Marilla sarcasticamente enquanto as meninas subiam as escadas. Ela sempre era sarcástica quando tinha um de seus princípios quebrados.

– Sim! – assentiu Anne com alegria – Mas primeiro vou colocar o Davy para dormir. Ele insiste que eu faça isso.

– Você pode apostar que sim! – disse Davy enquanto atravessavam o corredor. – Quero que alguém faça as minhas orações junto comigo. É tão chato fazê-las sozinho.

– Você nunca está sozinho quando reza, Davy. Deus está sempre com você para te ouvir.

– Bem, mas Ele eu não posso ver! – objetou Davy. – Eu quero orar com alguém que eu possa ver, mas não quero que seja a Marilla ou a sra. Lynde!

No entanto, uma vez que ele estava vestindo seu pijama cinza de flanela, ele não parecia estar com nenhuma pressa em começar. Primeiro ele ficou na frente de Anne e esfregou os pés descalços um contra o outro, com um ar indeciso.

– Venha, querido, ajoelhe-se para rezarmos – disse Anne. Davy se aproximou e enterrou a cabeça no colo de Anne, mas não se ajoelhou.

– Anne – disse ele com uma voz fraca –, eu não tenho vontade de rezar. E eu já estou assim há uma semana. Eu... eu não orei ontem à noite nem antes de ontem.

– Por que não, Davy? – perguntou Anne gentilmente.

– Não... é que... você não vai ficar com raiva se eu te contar? – Anne levantou o menino, colocou-lhe de joelhos e passou o braço em volta de sua cabeça.

– Alguma vez eu fiquei com raiva quando você me contou suas coisas, Davy?

– Nãããão... nunca. Mas você pode ficar triste, o que é ainda pior. Você ficará terrivelmente triste quando eu lhe contar isso, Anne... e ficará com vergonha de mim, eu acho.

– Você tem feito alguma coisa de mal, Davy, e por isso não pode rezar?

– Não, não é isso. Não tenho feito nada mal, ainda. Mas quero fazer.

– O que é, Davy?

- Eu... quero falar um palavrão - abruptamente, ela soltou o garoto em um esforço desesperado. - Eu aprendi um que ouvi o peão do sr. Harrison dizer na semana passada e, desde então, por todo esse tempo, mesmo quando fazia minhas orações, eu queria repetir.

- Então diga, Davy.

Ele levantou o rosto corado de surpresa.

- Mas, Anne, é uma palavra horrível!

- Diga logo!

Davy olhou para ela novamente, incrédulo e, em voz baixa, disse a terrível palavra. No instante seguinte, ele escondeu o rosto contra ela.

- Ah, Anne, eu nunca mais vou repetir essa palavra de novo, nunca! Eu nunca vou querer dizer isso! Eu sabia que era muito feio, mas nunca imaginei que fosse tanto... então... não havia imaginado que fosse assim!

- Não. Acho que você não vai querer repetir, Davy. Nem pense nisso. E, se eu estivesse no seu lugar, não me juntaria muito ao peão do sr. Harrison.

- Mas ele sabe alguns gritos de guerra indianos! - disse o garoto com entusiasmo.

- Mas você não vai querer encher sua cabeça de palavrões, não é, Davy? Com palavras que envenenam e empobrecem todas as boas ideias.

- Não.

- Então não se junte às pessoas que as dizem. E agora, já sente vontade de orar?

- Ah, sim! - respondeu Davy, ajoelhando-se agitadamente. - Agora eu posso orar muito bem. E não terei medo de morrer antes de acordar, como tinha quando eu queria falar aquele palavrão.

Provavelmente, Anne e Diana confessaram naquela noite todos os seus segredos dos últimos tempos, mas não há registro dessa conversa. Ambas pareciam tão frescas e de olhos brilhantes no café da manhã, como apenas as jovens podem aproveitar de horas ilegais de folia e confissão. Até então não havia nevado, mas quando Diana atravessou a velha ponte de troncos no caminho de volta para casa, os flocos brancos começaram a cair sobre os campos e bosques castanhos e cinzentos em seu sono sem sonhos. Logo, as longínquas encostas e colinas estavam escuras e pareciam fantasmagóricas, como se o outono pálido tivesse jogado um véu nupcial sobre os cabelos e estivesse esperando seu noivo invernal. Afinal, eles tiveram um Natal branco, e foi um dia muito agradável. No começo da tarde, cartas e presentes vieram da senhorita Lavendar e Paul, então Anne os abriu na alegre cozinha de Green Gables, cheia do que Davy, cheirando em êxtase, chamou de "cheiros bonitos".

– A senhorita Lavendar e o sr. Irving estão instalados em sua nova casa agora – relatou Anne. – Tenho certeza de que a senhorita Lavendar está muito feliz. Reconheço isto pelo tom geral de sua carta. Porém, há uma nota de Charlotta IV, dizendo que ela não gosta de Boston e que sente muita saudade de casa. A senhorita Lavendar quer que eu vá ao Echo Lodge algum dia enquanto eu estiver aqui em casa e me pediu para acender uma fogueira para arejá-la, e que eu veja se as almofadas não estão ficando mofadas. Acho que levarei Diana comigo na próxima semana, assim poderemos passar a noite com Theodora Dix. Eu quero ver Theodora. A propósito, Ludovic Speed ainda vai vê-la?

– Eles dizem que sim – disse Marilla. – E é muito provável que ele continue mesmo. As pessoas já desistiram de esperar que esse namoro chegue a algum lugar.

– Se eu fosse Theodora, apressaria um pouco esse rapaz, garanto! – disse a sra. Lynde. E não se tinha dúvida de que ela faria isso mesmo.

Havia também uma carta com rabiscos característicos de Philippa, cheia de Alec e Alonzo, o que disseram, o que fizeram e como pareciam quando a viram.

Ainda não consegui me decidir com qual dos dois eu vou me casar. – escreveu Philippa.

Eu gostaria que você tivesse vindo comigo para decidir por mim. Alguém terá que fazê-lo. Quando vi Alec, meu coração deu um grande salto e pensei: "Ele pode ser o caminho certo". Mas, então, quando Alonzo chegou, meu coração foi golpeado novamente. Portanto, meu coração não pode ser tomado como referência. Segundo os romances que já li, seu coração não daria um toque a mais que não fosse para o verdadeiro príncipe encantado, não é? Deve haver algo radicalmente errado com o meu. Mas estou me divertindo muito. Como eu queria que você estivesse aqui! Está nevando hoje e estou encantada. Eu tinha tanto medo de que tivéssemos um Natal verde, pois eu o detesto. Você sabe, quando o Natal é um caso sujo de cinza-marrom, parecendo ter sido deixado há mais de cem anos e estar de molho desde então, é chamado de "Natal verde"! Não me pergunte o porquê. Como diz Lord Dundreary, "existem coisas que nenhum sujeito pode entender".

Anne, você já entrou em um bonde e descobriu que não tinha dinheiro para pagar a tarifa? Isso aconteceu comigo outro dia. Foi horrível. Eu tinha um níquel comigo quando entrei no carro, então pensei que estava no bolso esquerdo do meu casaco. Quando me acomodei confortavelmente, fui verificar se estava lá mesmo, mas, para a minha surpresa, não estava. Eu senti um calafrio nessa hora. Tentei apalpar o outro bolso para ver se, por acaso estava lá, mas também não estava. Então senti outro calafrio. Por último, tentei procurar num pequeno bolso interno, mas foi tudo em vão. Então, senti nessa hora dois calafrios ao mesmo tempo.

Tirei minhas luvas, coloquei-as no assento e revisei todos os meus bolsos, mas não encontrei o bendito níquel em lugar algum. Levantei-me e me sacudi, e depois olhei no chão. O carro estava cheio de pessoas, que estavam voltando da ópera, e todas ficaram me encarando, mas eu já estava lá e não podia fazer mais nada.

Enfim, não consegui encontrar minha moeda, então concluí que devia tê-la colocado na boca e engolido inadvertidamente.

Eu não sabia o que fazer. Será que o condutor, pensei, pararia o carro e me expulsaria? Seria possível que eu pudesse convencê-lo de que eu era apenas vítima de minha própria distração, e não uma criatura sem princípios tentando conseguir uma carona com falsas pretensões? Como eu desejava que Alec ou Alonzo estivessem lá nessa hora. Mas eles não estavam porque eu os queria. Se eu não os quisesse, certamente eles estariam lá! E eu não conseguia decidir o que dizer ao condutor quando ele apareceu. Assim que formei uma frase explicativa em minha mente, senti que ninguém acreditaria e logo precisei pensar em outra. Parecia que não havia nada a fazer senão confiar na Providência Divina e, por todo o conforto que esta me proporciona, eu também poderia ter sido a velha senhora que, quando o capitão disse durante uma tempestade que ela devia confiar no Todo-Poderoso, exclamou: – Oh, capitão, é tão ruim assim?

Precisamente no momento crítico, quando toda a esperança havia escapado e o condutor estava estendendo a caixa para o passageiro ao meu lado, de repente me lembrei onde eu havia colocado aquela miserável moeda do reino. Eu não a engoli afinal. Eu a peguei docilmente com o dedo indicador da minha luva e a pus na caixa. Sorri para todo mundo e senti que o mundo era um lugar bonito novamente.

A visita ao Echo Lodge durante as férias não foi menos agradável. Anne e Diana foram até lá pelo antigo caminho da floresta de faias, carregando uma cesta de almoço com elas. O Echo Lodge, fechado desde o casamento da srta. Lavendar, foi brevemente aberto ao vento e ao sol mais uma vez, e a luz do fogo voltou a brilhar nos salões. O perfume da taça de rosas da senhorita Lavendar ainda preenchia todo o ar da casa. Dificilmente era possível acreditar que a srta. Lavendar não apareceria naquele momento, com seus olhos castanhos e uma estrela de boas-vindas, e que Charlotta IV, com um arco azul e um largo sorriso, não apareceria pela porta. Paul também parecia pairar, com suas fantasias de fadas.

– Isso realmente me faz sentir um pouco como um fantasma revisitando os velhos vislumbres da lua – riu Anne. – Vamos sair e ver se os ecos estão em casa. Traga aquela buzina velha. Ela ainda está atrás da porta da cozinha.

Os ecos estavam em casa, sobre o rio branco, tão nítidos e prateados como sempre e, quando pararam de responder, as meninas trancaram o Echo Lodge novamente e foram embora na meia hora perfeita que se segue ao rosa e açafrão de um pôr do sol de inverno.

O PRIMEIRO PEDIDO DE CASAMENTO DE ANNE

O ano não queria se despedir com um crepúsculo colorido e um pôr do sol rosado. Em vez disso, foi embora com uma tempestade branca e estrondosa. Era uma das noites em que o vento da tempestade soprava sobre os prados congelados e as cavidades negras e gemia em torno dos beirais como uma criatura perdida, batendo bruscamente a neve contra os painéis trêmulos.

– É exatamente o tipo de noite em que as pessoas gostam de se aconchegar entre os cobertores e contar suas mazelas – disse Anne a Jane Andrews, que havia vindo para passar a tarde e ficado a noite toda. Mas enquanto estavam aconchegadas entre os cobertores, no pequeno alpendre de Anne, não era nisso em que Jane estava pensando.

– Anne – disse ela muito solenemente –, eu quero lhe dizer uma coisa. Você pode me ouvir? – Anne estava muito cansada em virtude da festa que Ruby havia dado na noite anterior. Preferia dormir a ouvir as confidências de Jane, o que com certeza a aborreceria. Ela não tinha ideia do que estava por vir. Provavelmente, Jane também estaria noiva, pois corria o boato de que Ruby Gillis estava noiva de um professor de Spencervale, sobre o qual se dizia que todas as meninas eram bastante apaixonadas.

– Em breve serei a única donzela sem um par do nosso antigo quarteto – pensou Anne, sonolenta. Em voz alta, ela disse: "É claro".

– Anne – continuou Jane ainda mais solenemente –, o que você acha do meu irmão Billy?

Anne ficou boquiaberta com essa pergunta inesperada e se debateu impotente em seus pensamentos. Meu Deus, o que ela achava de Billy Andrews? Ela nunca pensou nada sobre ele: Billy Andrews, de rosto redondo, estúpido, perpetuamente sorridente e de boa índole. Alguém já pensou em Billy Andrews?

– Não... eu não entendo, Jane – ele gaguejou –, o que você quer me dizer... exatamente?

– Você gosta do Billy? – perguntou Jane abruptamente.

– Mas... mas... sim, é claro – respondeu Anne ofegante, sem muita certeza de estar dizendo totalmente a verdade. Certamente ela não desgostava de Billy, mas será que a tolerância indiferente com que ela o considerava, quando ele estava por perto, poderia ser considerada positiva o suficiente para dizer que gosta? O que Jane estava querendo saber?

– Você gostaria que ele fosse o seu marido? – perguntou Jane calmamente.

– Marido? – Anne, sentada na cama, ainda estava perplexa na tentativa de dar sua opinião exata sobre Billy Andrews. Mas, depois de ouvir essa pergunta, ela caiu de costas nos travesseiros, e sua respiração quase parou. – Marido de quem? – perguntou Anne quase sem fôlego.

– Seu, é claro – respondeu a amiga. – Billy quer se casar com você. Ele sempre foi louco por você, e agora que o papai lhe deu a fazenda, não há nada que o impeça de se casar. Porém, é tão tímido que não teve coragem de perguntar se você aceitaria, então me pediu para fazer por ele. Eu preferia não fazer, mas ele não me deixou em paz até que eu dissesse que faria, se tivesse uma boa oportunidade. O que você acha disso, Anne?

Foi um sonho? Ou terá sido um daqueles pesadelos em que nos encontramos noivos ou casados com alguém que você odeia ou sequer conhece, sem ter a menor ideia de como isso aconteceu? Mas, não, Anne Shirley estava ali deitada, bem acordada, em sua própria cama, e Jane Andrews estava ao seu lado, propondo calmamente que ela se casasse com seu irmão Billy. Anne não sabia se queria se contorcer ou rir, mas ela não pôde, pois os sentimentos de Jane não deveriam ser feridos.

– Eu... eu não posso me casar com Billy, você sabe disso, Jane – disse Anne ainda ofegante. – Isso nunca nem me passou pela cabeça. Nunca!

– Eu suponho que não – concordou Jane. – Acontece que Billy sempre foi muito tímido para cortejá-la, mas você pode pensar bem sobre isso, Anne. Billy é um bom companheiro. Eu tenho certeza disso, afinal, ele é meu irmão. Ele não tem maus hábitos e é um rapaz muito trabalhador, em quem você pode confiar. "Um pássaro na mão vale mais do que dois voando." Ele me pediu para te dizer que estaria bastante disposto a esperar até que você concluísse a faculdade, se você assim insistisse, apesar de que ele pretendia se casar na primavera, antes de o plantio começar. Ele seria sempre muito bom para você, tenho certeza, e você sabe, Anne, adoraria tê-la como irmã.

– Não posso me casar com Billy – disse Anne decididamente. Ela havia recuperado o fôlego e estava até um pouco zangada. – Isso tudo é tão ridículo. Não adianta nem pensar nisso, Jane. Eu não gosto dele dessa maneira e você deve dizer isso a ele.

– Bem, foi mesmo o que eu pensei – disse Jane com um suspiro resignado, convencida de que ela havia feito todo o possível. – Eu disse a Billy que seria perda de tempo conversar sobre isso com você, mas ele insistiu muito. Bem, você já decidiu e espero que não se arrependa.

Jane falou friamente essas últimas palavras. Ela tinha certeza absoluta de que o apaixonado Billy não tinha nenhuma chance de convencer Anne a se casar com ele. Não obstante, ainda se sentiu um pouco ressentida com Anne Shirley que, afinal, era apenas uma órfã adotada, sem parentes, a recusar seu irmão, um dos Andrews de Avonlea.

– Bem, às vezes o orgulho surge antes de uma queda – refletiu Jane ameaçadoramente.

Anne se permitiu sorrir na escuridão com a ideia de que ela poderia se arrepender de não se casar com Billy Andrews.

– Espero que Billy não se sinta mal com isso – disse ela gentilmente.

Então Jane fez um movimento como se enfiasse a cabeça contra os travesseiros.

– Ah, ele não ficará com o coração partido. Billy tem muito bom-senso para isso. Ele também gosta muito de Nettie Blewett, e a nossa mãe prefere que ele se case com ela do que com qualquer outra.

Ela é uma boa gerente e poupadora. Eu acho que, quando Billy tiver certeza de que você não se casará com ele, então levará Nettie ao altar. Por favor, não mencione isso para ninguém, Anne.

– Claro que não – disse Anne, que não desejava proclamar que Billy Andrews a havia colocado no mesmo nível que Nettie Blewett. Nettie Blewett!

– Agora acho melhor irmos dormir – sugeriu Jane.

Dormir foi fácil e rápido para Jane, mas apesar de muito diferente de MacBeth na maioria dos aspectos, ela certamente planejara assassinar o sono de Anne. Aquela proposta à donzela estava acordada em um travesseiro, mas suas meditações estavam longe de serem românticas. Não foi, no entanto, oportuno que ela desse uma boa risada até a manhã seguinte depois de tudo isso. Quando Jane voltou para casa, estava ainda com uma pitada de amargura na voz e nos modos, porque Anne havia recusado tão decididamente e com tanta gratidão a honra de ter uma aliança com a Casa de Andrews. Anne, então, retirou-se da varanda e foi para a sala, fechou a porta e riu finalmente.

"Se eu pudesse compartilhar esse caso hilário com alguém..." – pensou ela. "Embora eu não possa, Diana seria a única pessoa a quem eu realmente gostaria de contar, mas, mesmo que eu não tivesse jurado segredo para Jane, não posso contar coisas para Diana agora. Ela conta tudo para Fred – e ela sabe que eu sei disso. – Bem, eu tive minha primeira proposta. Supus que chegaria algum dia, mas certamente nunca pensei que viria como uma procuração. É muito engraçado e, no entanto, também uma lástima."

Apesar de não confessar, Anne sabia muito bem em que consistia essa lástima. Ela sonhou secretamente com o dia em que alguém lhe faria a grande pergunta. E, nesses sonhos, sempre foi muito romântico e bonito: e esse "alguém" era muito bonito, de olhos escuros, de aparência distinta e eloquente. Seria assim o seu príncipe encantado para ser correspondido com o "sim". Ou ao menos que fosse alguém a quem deve ser dada uma lamentável recusa lindamente formulada, mas sem esperança. Nesse caso, a recusa deveria ser expressa com tanta delicadeza que não haveria melhor alternativa que não fosse esta, e ele iria embora, depois de beijar sua mão, assegurando-lhe sua inalterável devoção ao longo da vida. E seria para sempre uma lembrança bonita, para se orgulhar, e também um pouco triste.

E agora essa experiência, que era para ser emocionante, tornara-se grotesca. Billy Andrews pedira à irmã para que lhe fizesse uma proposta de casamento, porque seu pai havia lhe dado uma fazenda e se Anne não o aceitasse, Nettie Blewett aceitaria.

– Isso foi o mais romântico! – Anne riu... E depois suspirou. A beleza de seus sonhos juvenis estava manchada. Aquele doloroso processo seguiria e tudo se tornaria monótono e ordinário?

UM NAMORADO INDESEJADO E UM AMIGO BEM-VINDO

O segundo trimestre em Redmond passou tão rapidamente quanto o primeiro. Realmente, como disse Philippa, ele "voou". Anne se divertiu muito em todas as suas fases: a estimulante rivalidade entre as classes; a criação e o aprofundamento de novas e úteis amizades; as pequenas acrobacias sociais; os feitos das várias sociedades das quais ela era membra e a ampliação de horizontes e interesses. Ela estudou muito, pois havia decidido ganhar a bolsa Thorburn em inglês. Conquistá-la, para ela, significava sua permanência em Redmond no próximo ano, sem precisar utilizar as pequenas economias de Marilla, algo que Anne estava determinada a não fazer.

Gilbert também estava em busca de uma bolsa de estudos, mas encontrou tempo para visitá-las com frequência. Ele era o parceiro de Anne em quase todos os eventos da faculdade e ela sabia que seus nomes eram frequentemente pronunciados juntos. Anne ficava com raiva disso, mas era inútil, pois não podia deixar de lado um velho amigo como Gilbert, especialmente quando ele, repentinamente, se tornou inteligente e perspicaz, algo tão necessário diante da proximidade perigosa dos jovens de Redmond, pois qualquer um desses gostaria de ocupar seu lugar ao lado da graciosa ruiva, cujos olhos cinzentos brilhavam como estrelas. Anne nunca fora cercada por uma multidão de saborosas vítimas, como as que cercaram Philippa, mas havia um calouro desajeitado e inteligente, um estudante alegre e rechonchudo do segundo ano e um aluno alto e sábio do terceiro ano que gostava de telefonar para o St. John's, na casa trinta e oito, que gostava de conversar sobre "ideologias e ismos", além de outros súditos menos importantes que visitavam Anne na sala da pensão. Gilbert não gostava de nenhum deles e foi extremamente cuidadoso em não lhes dar nenhuma vantagem sobre si, demonstrando prematuramente os seus verdadeiros sentimentos por Anne. Para ela, ele se tornara novamente o amigo e camarada dos dias de Avonlea e, como tal, poderia se defender de qualquer um que entrasse na lista contra ele. Como companheiro, Anne reconheceu honestamente que ninguém poderia ser tão satisfatório quanto Gilbert, já Anne estava muito feliz e dizia a si mesma que ele evidentemente abandonara todas as ideias sem sentido, embora ela passasse, secretamente, um tempo considerável se perguntando o porquê da desistência.

Apenas um incidente desagradável estragou o inverno. Foi quando Charlie Sloane, sentado na vertical, na almofada mais querida de Miss Ada, perguntou se Anne prometeria "tornar-se a sra. Charlie Sloane algum dia". Após a frustrada procuração de Billy Andrews, não foi exatamente um choque para as aspirações românticas de Anne, mas foi certamente outra desilusão de partir o coração. Ela também ficou com raiva, pois nunca havia dado a Charlie o menor incentivo para que ele imaginasse que tal possibilidade poderia se concretizar. Mas "o que se poderia esperar de um Sloane?", como diria a sra. Rachel Lynde com desdém. A atitude, o tom, o ar, as palavras de Charlie cheiravam bastante a coisas de Sloanes. Ele conferia grande honra ao que falava, não há dúvida disso. E quando Anne, totalmente insensível à honra, recusou-o, o mais delicada e atenciosamente possível, pois até um Sloane tinha sentimentos que não deveriam ser indevidamente dilacerados, as coisas de Sloanes a traíram. Charlie certamente não aceitou a sua rejeição, como Anne imaginou que seria com os pretendentes rejeitados. Em vez disso, ele ficou com raiva e mostrou ser desprezível e disse-lhe duas ou três coisas bastante desagradáveis. O temperamento de Anne queimou em ira e ela retrucou com um pequeno discurso cortante, cuja agudeza perfurou até a proteção das coisas de Sloanes de Charlie, alcançando-o rapidamente, então ele pegou o chapéu e se pôs para fora da casa com um rosto muito vermelho e Anne correu para o andar de cima, tombando duas vezes sobre as almofadas da senhorita Ada no caminho e se jogou na cama, com lágrimas de humilhação e raiva. Ela realmente se curvou para brigar com um Sloane? Seria possível que Charlie Sloane pudesse dizer algo que a tivesse irritado tanto? Ah, isso foi muito degradante, de fato. É ainda pior do que ser a rival de Nettie Blewett!

– Eu gostaria de não precisar ver aquela criatura horrível nunca mais! – exclamou ela chorando.

Ela, no entanto, não pôde evitar vê-lo novamente, mas Charlie, ultrajado, cuidou para que não fosse muito de perto. Ao menos, as almofadas da senhorita Ada estariam a salvo de suas depredações de agora em diante. Quando ele e Anne se cruzaram na rua, ou nos corredores de Redmond, seu arco estava gelado ao extremo. As relações entre esses dois antigos colegas de escola continuaram sendo tensas por quase um ano! Então, Charlie transferiu suas afeições para uma pequena caloura redonda, rosada, de nariz arrebitado e olhos azuis, que o apreciava conforme ele merecia. Quando perdoou Anne e condescendeu em ser civilizado com ela novamente, decidiu mostrar-lhe exatamente o que ela havia perdido.

Um dia, Anne correu animadamente para o quarto de Priscilla.

– Leia isso! – disse ela chorando e jogando a carta sobre a amiga. – É da Stella e diz aqui que ela virá para Redmond no próximo ano. O que você acha da ideia? Eu acho que é esplêndida, desde que possamos realizá-la. Você acha que podemos, Priscilla?

– Vou poder responder melhor assim que souber do que se trata – disse Pris, deixando de lado os estudos de grego para ver a carta de Stella. Stella Maynard era sua colega de classe na Queen's e, desde então, dedicava-se ao ensino.

Mas vou desistir, querida Anne, e ir para a faculdade no próximo ano. Se eu fizer o terceiro ano na Queen's, poderei entrar no segundo da universidade. Estou cansada de ensinar em uma escola do interior. Algum dia vou escrever um tratado sobre "As provações de uma escola de campo". Será um realismo assustador. Parece ser a impressão predominante de que vivemos entrevadas e não temos nada a fazer senão sacar o salário do nosso trimestre. Meu tratado dirá a verdade sobre nós. Por que, se eu não consigo passar uma semana sem que alguém me diga que estou fazendo um trabalho fácil e recebendo muito dinheiro, concluo que também posso pedir minha túnica de ascensão imediatamente. Bem, "você recebe seu dinheiro com facilidade" algum pagador me dirá, condescendentemente. "Tudo o que você precisa fazer é sentar e ouvir as lições." Antes eu discutia o assunto, mas agora estou mais sábia. Os fatos teimam em se repetir, mas, como alguém já disse sabiamente, não são tão teimosos quanto as falácias. Então, agora apenas sorrio altivamente em silêncio eloquente, pois eu tenho nove turmas na minha escola e preciso ensinar um pouco de tudo, desde investigar o interior de minhocas até o estudo do sistema solar. Meu aluno mais novo tem quatro anos. A mãe dele o manda para a escola para "tirá-lo do caminho" e meus vinte anos a mais que os dele, de repente "o atingiriam", sendo mais fácil para ele ir à escola e obter uma educação do que continuar fazendo trabalhos braçais. No esforço selvagem de concentrar todos os tipos de pesquisa em seis horas por dia, não me pergunto se as crianças se sentem como o menino que foi levado para ver a biografia. "Preciso procurar o que está por vir antes que eu saiba o que aconteceu por último", ele reclamou. Eu me sinto assim.

E as cartas que recebo, Anne! A mãe de Tommy me escreve dizendo que ele não está aprendendo aritmética tão rápido quanto ela gostaria. Ele está apenas em redução simples ainda, enquanto Johnny Johnson já sabe frações, e ele não é tão inteligente quanto Tommy, de modo que ela não consegue entender o motivo disso. E o pai de Susy quer saber por que ela não consegue escrever uma carta sem errar metade das palavras. E a tia de Dick quer que eu o mude de lugar, porque o mau garoto Brown, com quem ele está sentado, está lhe ensinando palavrões.

Quanto à parte financeira... é melhor não falar. Os deuses fazem com que as pessoas que desejam punir tornem-se professoras.

Bem, depois desse desabafo, me sinto melhor. No fim das contas, eu gostei desses dois últimos anos. Mas eu irei para Redmond.

E agora, Anne, tenho um pequeno plano. Você sabe o quanto eu detesto viajar. Eu viajei por quatro anos e estou muito cansada disso. Não tenho vontade de aguentar mais três anos fazendo a mesma coisa.

Agora, por que você, Priscilla e eu não vamos morar juntas, alugar uma casinha em algum lugar de Kingsport? Seria mais barato do que qualquer outra forma. Claro, teríamos que ter uma governanta, e eu tenho uma indicação perfeita. Você já me ouviu falar da tia Jamesina? Ela é a tia mais doce que existe, apesar de seu nome. Ela pode nos ajudar nisso! Ela se chama Jamesina porque seu pai, cujo nome era James, morreu afogado no mar um mês antes de ela nascer. Eu sempre a chamo de tia Jimsie. Bem, sua única filha se casou recentemente e foi para o campo missionário estrangeiro. Tia Jamesina mora numa grande casa e fica terrivelmente solitária lá. Ela virá a Kingsport e ficará em casa para nós, se a quisermos, e eu sei que vocês duas a amarão. Quanto mais penso no plano, mais gosto. Poderíamos ter bons tempos de independência.

Se você e Priscilla concordarem com isso, seria uma boa ideia já começarem a olhar em volta e ver se conseguem encontrar uma casa adequada ainda nesta primavera. Seria melhor do que esperar até o outono. Se você conseguir uma que fosse mobiliada, será ainda melhor, mas se não, podemos juntar alguns móveis entre nós e os nossos velhos amigos da família que estiverem sobrando no sótão. De qualquer forma, decida o mais rápido possível e me escreva, para que tia Jamesina saiba o que fazer no próximo ano.

– Eu acho uma ótima ideia – disse Priscilla.

– Eu também – concordou Anne, encantada. – Aqui temos uma bela pensão, mas, com o passar do tempo, começo a sentir falta de morar em uma casa. Então poderíamos começar a procurar uma agora, antes do início dos exames.

– Temo que seja muito difícil conseguir uma – alertou Priscilla. – Não fique tão animada, Anne. As que mais estimamos certamente estarão fora de nosso alcance. Provavelmente teremos de nos contentar com algum lugarzinho encardido, em um bairro onde vivem pessoas estranhas, e precisaremos fazer a vida interior compensar a exterior.

Assim, logo foram elas à procura de casas, mas não encontraram exatamente o que queriam, de modo que a procura foi ainda mais difícil do que Priscilla previa. Havia casas em abundância, mobiliadas e sem mobília, mas uma era grande demais, outra pequena demais, uma muito cara, outra muito longe de Redmond. Os exames chegaram novamente e também a última semana do período e, ainda assim, a "casa dos sonhos", como Anne chamava, continuava sendo um castelo de ar.

– Suponho que teremos que desistir e esperar até o outono – disse Priscilla, cansada, enquanto passeavam pelo parque em um dos azulados dias de brisa de abril, quando o porto estava fervendo e brilhando sob o tom de pérola e névoas flutuavam sobre ele. – Podemos encontrar algum barraco para nos proteger e se não for possível, sempre haverá pensões para nós.

– Enfim, de qualquer maneira, eu não vou me preocupar com isso agora e estragar esta tarde adorável – disse Anne olhando ao redor, com prazer.

O ar fresco e frio estava fracamente carregado com o aroma de bálsamo de pinheiro, e o céu acima era cristalino e azul, como uma grande xícara de bênção invertida.

– A primavera está cantando no meu sangue hoje e a atração de abril está no ar. Estou tendo visões e sonhos, Prissy. Isso porque o vento é do Oeste. Eu amo o vento do Oeste. Canta esperança e alegria, não acha? Quando o vento leste sopra, sempre penso em chuvas tristes nos beirais e ondas tristes em uma costa cinzenta. Quando eu envelhecer, terei reumatismo quando o vento estiver a leste.

– E não é ótimo quando você deixa de lado as peles e roupas de inverno pela primeira vez e se veste assim, em trajes de primavera? – riu Priscilla. – Você não se sente renovada?

– Na primavera tudo é novo – disse Anne. – A mesma primavera é sempre diferente. Nenhuma é como as anteriores, pois ela sempre traz algo peculiar consigo. Veja como a grama é verde e como os brotos de salgueiro estão crescendo junto à lagoa...

– E os exames passaram e o dia da assembleia está se aproximando. Será na próxima quarta-feira. Uma semana depois, estaremos em casa.

– Estou feliz – disse Anne, sonhadora. – Há tantas coisas que quero fazer: sentar-me nos degraus da varanda dos fundos e sentir a brisa soprando sobre os campos do sr. Harrison; caçar samambaias na Floresta Assombrada e reunir violetas no vale. Você se lembra do dia do nosso piquenique de ouro, Priscilla? Quero ouvir os sapos cantarem e os choupos sussurrarem. Mas também aprendi a amar Kingsport e estou feliz por poder voltar no próximo outono. Se eu não tivesse conseguido a bolsa Thorburn, não poderia retornar. E eu não posso levar nada do pequeno tesouro de Marilla.

– Se ao menos pudéssemos encontrar uma casa! – suspirou Priscilla. – Veja Anne, em Kingsport há casas em todos os lugares, casas e mais casas, mas nenhuma para nós.

– Pare, Prissy. O melhor ainda está por vir. Como diziam os antigos romanos: ou encontramos uma casa ou construiremos uma. Em um dia como o de hoje, a palavra falha não pertence ao meu vocabulário.

Elas permaneceram no parque até o pôr do sol, vivendo a incrível, milagrosa e gloriosa maravilha da maré da primavera e voltaram para casa, como sempre, pela Spofford Avenue, para ter o prazer de olhar para Casa da Patty.

– Sinto como se algo misterioso estivesse prestes a acontecer, pela picada dos meus polegares – disse Anne, enquanto subiam a ladeira. – É como se estivesse lendo uma história. Por quê, por quê, por quê! Priscilla Grant, olhe para lá e me diga se é verdade ou se estou vendo coisas!

Priscilla olhou. Os polegares e os olhos de Anne não a haviam enganado. Sobre o portão arqueado da Casa da Patty, pendia um sinal modesto que dizia “Aluga-se mobiliada. Informe-se dentro da casa”.

– Priscilla – Anne sussurrou –, você acha que seria possível alugar a “Casa da Patty”?

– Acho que não – respondeu Priscilla. – Seria bom demais para ser verdade. Contos de fadas não ocorrem nos dias de hoje. Não quero ter muitas esperanças, Anne. O desapontamento seria terrível. Certamente, há quem pague por ela mais do que nós temos condições de pagar. Não se esqueça de que você está na Spofford Avenue.

– De qualquer forma, precisamos descobrir – disse Anne resoluta.

– É tarde demais, vamos voltar amanhã.

– Ah, Prissy, seria um sonho se pudéssemos morar neste lugar! Desde que a vi pela primeira vez, tive a sensação de que meu destino estava acorrentado à “Casa da Patty”.

CASA DA PATTY

Na tarde seguinte, elas andaram resolutas pelo caminho de ossos de arenque do pequeno jardim. O vento de abril soprava os pinheiros que ladeavam a casa, e o bosque estava cheio de rolinhas grandes, gordas e atrevidas, que cantavam com um som estridente. As meninas interfonaram timidamente e foram atendidas por uma criada velha e rabugenta. A porta se abriu diretamente para a sala de estar, onde estavam sentadas duas outras senhoras, igualmente carrancudas, em frente à lareira que queimava um pequeno fogo alegre. Estas senhoras pareciam ter cerca de setenta e a outra cinquenta anos, não parecia grande a diferença entre elas. Ambas tinham os olhos incrivelmente grandes, azuis-claros, atrás de óculos com aro de aço; cada uma usava um belo chapéu e um xale cinza; tricotavam sem pressa e sem descanso; ambas balançaram placidamente em seus assentos e olharam para as meninas sem dizer nenhuma palavra; e logo atrás de cada uma havia um grande cachorro branco de porcelana, com manchas verdes redondas por todo lado, assim como o nariz e as orelhas igualmente verdes. Esses cães despertaram imediatamente a fantasia de Anne sobre o local; eles pareciam as gêmeas divindades guardiãs da casa da Patty.

Por alguns minutos, ninguém falou nada. As meninas, de um lado, estavam nervosas demais para falar alguma coisa, já as senhoras e os cães de porcelana, do outro, não pareciam ter nada a conversar com elas. Anne ficou a olhar ao redor da sala. Que lugar adorável! Outra porta se abriu diretamente para o pinheiral e para os piscos vermelhos que atingiam o mesmo patamar. O chão era coberto com tapetes redondos e trançados, como os que eram confeccionados por Marilla em

Green Gables, mas já fora de moda em qualquer outro lugar, até mesmo em Avonlea. E, no entanto, aqui estavam eles na Spofford Avenue! Um relógio grande e polido batia alto e solenemente em um canto. Havia pequenos e graciosos armários sobre a lareira e atrás das portas de vidro, brilhavam pedaços pitorescos de porcelana. As paredes eram decoradas com estampas e silhuetas antigas. Em um canto da sala, ficava a escada, em cujo primeiro patamar havia uma janela comprida com um aconchegante assento. Era tudo como Anne havia imaginado.

A essa altura, o silêncio havia se tornado insuportavelmente constrangedor, de modo que Priscilla cutucou Anne para que ela dissesse alguma coisa.

– Nós... nós vimos o anúncio de que esta casa está disponível para ser alugada – disse Anne fracamente, para a senhora mais velha, que obviamente era a srta. Patty Spofford.

– Ah sim! – Patty respondeu. – Hoje pensamos em remover o anúncio.

– Então... então é tarde demais – disse Anne com pesar. – Você já alugou para outra pessoa?

– Não. Na verdade, desistimos de alugá-la.

– Ah, me desculpe! – exclamou Anne impulsivamente. – Eu amo esse lugar e esperava que pudéssemos morar aqui.

Patty deitou o tricô, tirou as especificações, esfregou-as, vestiu-as novamente e, pela primeira vez, olhou para Anne como um ser humano. A outra senhora seguiu seu exemplo com tanta perfeição que parecia um reflexo no espelho.

– Você ama! – disse a srta. Patty enfaticamente. – Quer dizer que você realmente ama essa casa? Ou apenas gosta? As jovens de hoje em dia se declaram tão exageradamente que nunca é possível saber o que realmente estão querendo dizer. Nos meus tempos de juventude, não éramos assim. Uma garota não dizia que amava nabos no mesmo tom em que dizia amar sua mãe ou seu Salvador.

– Eu realmente amo – disse Anne docemente. – Eu amei essa casa desde o primeiro momento em que a vi. Minhas duas companheiras e eu queremos alugar uma casa no próximo ano em vez de morar numa pensão, e é por isso que procurávamos um lugar em que pudéssemos morar, então quando soube que essa casa estava disponível para ser alugada, fiquei muito feliz.

– Se você a ama, então é sua – disse a srta. Patty. – Maria e eu decidimos hoje à tarde que não alugaríamos, porque não gostamos de ninguém que a viu. Além disso, não temos necessidade financeira de alugá-la. Podemos nos dar ao luxo de ir à Europa, mesmo que não a alugássemos. Isso nos ajudaria, é claro, mas por nenhum ouro eu alugaria minha casa para pessoas que simplesmente passaram por aqui e somente gostaram dela. Você é diferente. Eu realmente acredito que você a ama e isso é muito bom. Você pode tê-la se quiser.

– Sim, se... se pudermos pagar o quanto a senhorita pede... – disse Anne hesitante.

Patty disse o quanto queria pelo aluguel, de modo que Anne e Priscilla se entreolharam. Então, Priscilla balançou a cabeça.

– Receio que não podemos pagar tanto – disse Anne, profundamente decepcionada. – Você sabe... somos apenas estudantes... e pobres.

– Quanto você planeja pagar? – perguntou a srta. Patty, enquanto tricotava.

Anne disse o quanto poderia pagar, de modo que a srta. Patty logo concordou gravemente.

– Esse valor está bom. Como eu disse, não alugamos por necessidade. Nós não somos ricas, mas temos o suficiente para viajar para a Europa. Nunca na minha vida eu estive lá nem nunca pensei ou quis ir. Mas a minha sobrinha, Maria Spofford, está determinada a conhecer o velho continente. E você sabe que uma jovem como Maria não pode viajar sozinha pelo mundo.

– Não... eu... eu acho que não – murmurou Anne, vendo que a senhorita Patty era solenemente sincera.

– Claro que não. Então, eu tenho que ir junto para cuidar dela. Também espero aproveitar, pois tenho setenta anos, mas ainda não estou cansada de viver. Ouso dizer que teria ido à Europa antes se a ideia tivesse me ocorrido. Ficaremos fora por dois ou talvez três anos. Partiremos em junho e enviaremos a chave, deixando tudo pronto para que você tome posse quando quiser. Devemos guardar algumas coisas que valorizamos especialmente, mas todo o resto ficará.

– Você vai deixar os cachorros de porcelana? – perguntou Anne timidamente.

– Você os quer?

– Ah, sim! Eles são magníficos.

Uma expressão satisfeita formou-se no rosto da srta. Patty.

– Eu aprecio muito esses cães – disse ela com orgulho. – Eles têm mais de cem anos e estão sentados em ambos os lados desta lareira desde que meu irmão Aaron os trouxe de Londres, cinquenta anos atrás. A Spofford Avenue foi assim nomeada em homenagem a ele.

– Ele era um grande homem – disse a srta. Maria, falando pela primeira vez. – Hoje em dia não há mais cavalheiros como ele.

– Ele foi um bom tio para você, Maria – disse a srta. Patty, com evidente emoção –, e você faz bem em lembrar dele.

– Eu sempre me lembrarei – exclamou a srta. Maria solenemente. – Eu posso vê-lo agora, em pé diante do fogo, com as mãos sob a barra do casaco.

A srta. Maria pegou um lenço e secou os olhos, mas a srta. Patty voltou resolutamente do mundo dos sentimentos para o dos negócios.

– Deixarei os cães onde estão, se você me prometer ser muito cuidadosa com eles – disse ela. – Eles se chamam Gog e Magog. Gog olha sempre para a direita e Magog, para a esquerda. E há apenas mais uma coisa. Espero que você não se oponha a que esta casa se chame Casa da Patty, está bem?

– Não mesmo. Achamos o nome uma das coisas mais agradáveis que há nesta casa.

– Você tem bom senso – disse a srta. Patty em tom de grande satisfação. – Você acredita que todas as pessoas que vieram aqui para alugar a casa queriam saber se não poderiam tirar o nome do portão durante sua ocupação? Eu disse a eles abertamente que o nome vinha junto com a casa. Este lugar se chama Casa da Patty desde que meu irmão Aaron assim o deixou por vontade própria, e dessa maneira permanecerá até eu e Maria morrermos. Depois que isso acontecer, o próximo dono poderá dar qualquer nome idiota que quiser – concluiu a srta. Patty, como se tivesse dito: "Depois disso: o dilúvio". – E agora, vocês não gostariam de conhecer todo o resto da casa antes de fecharmos negócio?

O que elas continuaram vendo agradava ainda mais a elas. Além da grande sala de estar, havia uma cozinha e um pequeno quarto no andar de baixo. No andar de cima, havia três quartos, um grande e dois pequenos. Anne gostou muito de um dos pequenos, com vista para os grandes pinheiros, e esperava que esse fosse o dela. Estava coberto de papel de parede azul-claro e tinha uma pequena mesa de banheiro antiga com castiçais para velas. Havia uma janela envidraçada com um assento detalhado com babados azuis de musselina, que seria um ótimo local para estudar ou sonhar.

– É tudo tão maravilhoso que tenho medo de acordar e descobrir que tudo não passou de um lindo sonho – disse Priscilla enquanto saíam.

– A srta. Patty e a srta. Maria dificilmente seriam produto da nossa imaginação – riu Anne. – Afinal, você poderia imaginá-las trotando enquanto usam aqueles xales e chapéus?

– Eu imagino que elas os tirarão quando realmente começarem a trotar – disse Priscilla –, mas estou certa de que elas levarão o tricô para todos os lugares. Elas simplesmente não poderiam se separar disso. Andarão pela Abadia de Westminster e tricotarão, tenho certeza. Enquanto isso, Anne, moraremos em Casa da Patty, na Spofford Avenue. Eu me sinto como uma milionária agora.

– Me sinto como uma estrela da manhã que canta de alegria – disse Anne, encantada.

Naquela noite, Phil Gordon chegou à pensão da St. John Street e se jogou na cama de Anne.

– Queridas, estou morta de cansaço. Sinto que estou carregando o país inteiro a reboque. Enfim, eu já comecei a fazer as malas.

– Eu acho que você está exausta porque não conseguiu decidir o que guardar primeiro ou onde colocar as coisas – Priscilla riu.

– E-xa-ta-men-te! E quando eu já havia enfiado tudo na mala de qualquer maneira, e a dona da pensão e sua criada se sentaram em cima dela para que eu pudesse fechá-la, descobri que havia guardado muitas coisas que queria levar para a Assembleia, que estavam bem no fundo da mala. Então, tive que abri-la novamente, para cutucar e mergulhar nela por mais uma hora até pescar tudo o que eu queria. Eu pegava algo que parecia ser o que eu estava procurando, mas depois via que não era. Não, Anne, não me xingue.

– Eu te xinguei por acaso? – perguntou Anne.

– Não, mas você pensou. Embora eu admita que meus pensamentos não foram totalmente limpos. E estou tão resfriada... não consigo fazer nada além de fungar, suspirar e espirrar. Não é agoniante? Rainha Anne, diga alguma coisa para me animar.

– Lembre-se de que na próxima quinta-feira à noite você estará com Alec e Alonzo – sugeriu Anne.

Phil balançou a cabeça com tristeza.

– Quanta aliteração! Eu não quero Alec ou Alonzo quando estou resfriada desse jeito. Mas o que há de errado com vocês? Estou percebendo que estão irradiando uma luz interior. Uau, vocês estão radiantes! O que houve?

– No próximo inverno, moraremos na "Casa da Patty" – anunciou Anne, triunfante. – De verdade! Como inquilinas! Alugamos a casa com Stella Maynard, que virá para cá e sua tia cuidará de tudo.

Phil deu um salto, assoou o nariz e caiu de joelhos diante de Anne.

– Meninas, meninas, me deixem ir também. Eu serei muito boa. Se não tiver quarto para mim, posso dormir na casinha do cachorro, lá no pomar... já vi que tem uma. Só me deixem ir com vocês.

– Levante-se, sua doida.

– Não vou me mexer até que me digam que eu poderei morar com vocês no próximo inverno.

Anne e Priscilla se entreolharam. Então Anne disse lentamente:

– Phil, querida, adoraríamos tê-la conosco. Mas também temos que ser claras uma com a outra. Eu sou pobre, Prissy é pobre e Stella Maynard é pobre. Nossa vida doméstica terá que ser muito simples e a nossa mesa também, então você teria que viver com a mesma simplicidade que nós. Mas você é rica e a tarifa da sua pensão atesta isso.

– Ah, mas que culpa eu tenho disso? – exigiu Phil tragicamente. – Antes um jantar de ervas onde seus amigos estão do que um boi preparado numa pensão solitária. Não acho que estou com estômago, garotas. Estarei disposta a viver apenas de pão, água e uma geleiazinha, se vocês me deixarem vir.

– E não é só isso… – continuou Anne. – Você terá que trabalhar duro. A tia de Stella não pode cuidar de tudo. Cada uma de nós terá suas tarefas bem determinadas, mas você...

– ...você não sabe fazer nada – concluiu Philippa. – Mas eu vou aprender! Você só precisa me mostrar uma vez. Eu posso começar arrumando a minha própria cama. E lembre-se de que, embora eu não saiba cozinhar, posso manter o controle de tudo e isso é uma coisa boa. E eu nunca reclamo do clima. E isso é ainda melhor! Ah, por favor, por favor! Eu nunca quis tanto algo na vida... e esse lugar é sagrado.

– Há uma última coisa de que você precisa estar ciente – disse Priscilla resolutamente. – Você, Phil, como toda Redmond sabe, recebe visitantes quase todas as noites. Mas na casa da Patty nós não permitiremos isso. Decidimos que só iremos receber nossos amigos em casa nas noites de sexta-feira. Se você vier conosco, terá que cumprir essa regra.

– Bem, vocês não acham que eu vou me importar com isso, não é? Estou feliz por isso. Eu sabia que deveria ter adotado essa regra, mas ainda não estava decidida o suficiente para adotá-la ou cumpri-la. Quando eu puder compartilhar as responsabilidades com vocês, será um verdadeiro alívio. Se não deixarem que eu me junte a vocês, morrerei de decepção e depois voltarei para assombrá-las. Vou acampar na porta da Casa da Patty e vocês não poderão sair ou entrar sem serem assustadas por mim.

Mais uma vez, Anne e Priscilla mudaram de expressão.

– Bem – disse Anne –, primeiro, é claro, nós não poderemos te prometer nada até falarmos com Stella, mas não acho que ela vá se opor. Quanto a nós, você pode vir e será muito bem-vinda.

– Se você se cansar da nossa vida simples, pode nos deixar sem dar explicações – adicionou Priscilla.

Phil se levantou, abraçou-as com alegria e saiu feliz.

– Espero que tudo corra bem – disse Priscilla.

– Precisamos fazer isso dar certo – disse Anne. – Acho que Phil se adaptará muito bem à nossa vida simples.

– Phil é uma maravilhosa amiga e parceira de diversão! E, é claro, que quanto mais de nós houver, melhor será para pagarmos as contas. Mas como será viver com ela? É preciso viver os bons e os maus momentos com alguém para realmente conhecer essa pessoa.

– Todas nós vamos ser postas à prova, na medida do possível. E devemos agir como pessoas sensatas, vivendo e deixando viver. Phil não é egoísta, embora seja um pouco desmiolada, e acredito que todas nós nos daremos perfeitamente bem na Casa da Patty.

O CÍRCULO DA VIDA

Anne estava de volta à Avonlea, com a face radiante pela Bolsa Thorburn. Quem a encontrava pelo caminho assegurava-lhe que ela não havia mudado muito, demonstrando surpresa e certo desapontamento. Avonlea tampouco havia mudado, ao menos à primeira vista. Entretanto, no primeiro domingo após seu retorno, ao sentar-se no banco da igreja que era propriedade dos Cuthbert, Anne observou a congregação, notando diversas pequenas mudanças que, vistas em conjunto, fizeram-na perceber como o tempo é implacável, não parando de passar nem mesmo em Avonlea.

Um novo pastor ocupava o púlpito. Nos bancos, a eterna ausência de alguns rostos familiares: o velho tio Abe, com suas profecias perdidas no tempo; a sra. Peter Sloane, que já havia dado o derradeiro suspiro; Timothy Cotton, que, como dizia a sra. Lynde: "havia, finalmente, conseguido morrer, depois de ensaiar por vinte anos" e, por fim, o último que a morte levou, o velho Josiah Sloane, cujo bigode e suíças haviam sido cuidadosamente aparados e o tornado irreconhecível no caixão. Todos dormiam pela eternidade no pequeno cemitério atrás da igreja.

Billy Andrews se casara com Nettie Blewett! Ambos surgiram na igreja naquele domingo. Billy, transbordando orgulho e felicidade, acompanhou a esposa vestida em seda e adornada de plumas até o banco de Harmon Andrews, Anne baixou as pálpebras para disfarçar seu olhar malicioso. Lembrou-se da tempestuosa noite de inverno no feriado de fim de ano, quando Jane pedira sua mão em casamento, em nome de Billy. Rejeitá-la nunca lhe abalou os sentimentos. Anne questionou-se se Jane também tinha pedido a mão de Nettie no lugar de Billy ou se dessa vez o rapaz tivera coragem o suficiente de fazer ele mesmo a proposta.

Toda a família Andrews, sem exceção, parecia partilhar de seu orgulho e deleite, desde a mãe de Billy, sentada no banco, até Jane, no coral.

Pretendendo ir para o Oeste no outono, Jane renunciara ao seu cargo na escola de Avonlea.

– Certamente não encontrou nenhum pretendente em Avonlea! – disse, com desprezo, a sra. Rachel Lynde. – Falou que sua saúde irá melhorar no Oeste, mas eu nunca soube que sua saúde era debilitada.

– Jane é uma boa moça! – replicou-a Anne, com lealdade. – Nunca tentou chamar atenção, como fazem umas e outras.

– Ah, digo... ela nunca correu atrás dos rapazes, se é o que você está dizendo. Mas, como as outras moças, é certo que gostaria de se casar e construir uma família! Haveria, por acaso, outro motivo que a levaria para o Oeste? Um lugar deserto, onde homens e mulheres são escassos? Não me diga! – respondeu sarcasticamente a sra. Lynde.

Naquele dia, não foi para Jane que Anne olhou fixamente, mas para Ruby Gillis, com surpresa e consternação. Ela estava sentada ao lado dela, no coral. O que havia acontecido com Ruby? Estava ainda mais bonita do que o habitual, porém seus olhos azuis estavam profundos e reluziam excessivamente, a julgar pelas coradas bochechas, queimava em febre. Além disso, havia emagrecido muito e suas mãos, que seguravam o hinário, estavam mórbidas e quase transparentes em sua delicadeza.

– Ruby Gillis está doente? – Anne perguntou à sra. Lynde, quando retornavam à casa.

– Ruby está morrendo de tuberculose galopante – respondeu bruscamente a sra. Lynde. – Todos sabem disso, exceto ela e sua família, que se recusam a dar o braço a torcer. Se perguntar, dirão que ela está perfeitamente bem. Porém, a menina não tem conseguido lecionar desde que teve uma crise de congestão pulmonar no último inverno, mas, segundo ela, voltará a lecionar no outono e quer que seja na escola de

White Sands. A pobre menina estará é no túmulo quando as aulas começarem, isto é que é!

Anne ouviu tudo aquilo em comovido silêncio. Logo Ruby, sua antiga companheira de escola, morrendo? Seria isso possível? Nos últimos anos, elas haviam se distanciado, mas o antigo laço de amizade e cumplicidade juvenil ainda existia, fazendo com que Anne sentisse severamente o golpe que as más notícias lhe trouxeram ao coração. Ruby, a magnífica, a risonha, a favorita! Não era possível associá-la a algo tão terrível como a morte. Após o culto, ela saudara a amiga Anne com alegre cordialidade, convidando-a para uma visita ao anoitecer do dia seguinte.

– Vou sair na terça e na quarta-feira à noite – sussurrou, triunfantemente. – Há um concerto em Carmody e uma recepção em White Sands, e Herb Spencer vai me acompanhar. Ele é meu último. Venha amanhã, venha mesmo! Sinto muita falta de conversar contigo! – Disse nostálgica. – Quero saber sobre todas as suas andanças em Redmond.

Anne sabia que Ruby desejava lhe contar a respeito de todas as suas recentes conquistas, mas prometeu-lhe ir, e Diana se ofereceu para acompanhá-la.

– Há muito tempo que eu queria ver a Ruby – disse ela, quando saíram de Green Gables na tarde seguinte –, mas definitivamente não queria ir sozinha. É terrível ouvi-la tagarelar por horas, fingindo que não há nada de errado, mesmo não conseguindo falar uma frase inteira sem tossir. Ela está lutando desesperadamente por sua vida e... pelo que dizem, não lhe resta nenhuma esperança.

As duas caminharam silenciosamente pela estrada vermelha, à luz do crepúsculo. Nas altas copas das árvores, passarinhos cantavam ao cair da tarde, enchendo o áureo ar com seus trinados jubilosos. Dos pântanos e lagos, ouvia-se o eloquente coaxar das rãs e, acima dos campos, as sementes começavam a brotar com vida e frêmito para o sol e a chuva que lhes banhavam. O ar tinha um perfume silvestre, doce e benfazejo do matagal de framboesas. Nos vales silenciosos, pairava uma alva neblina, e estrelas cor de violeta cintilavam tristemente sobre os riachos.

– Que belo pôr do sol! – exclamou Diana. – Veja, Anne, não parece uma terra? Aquele longo banco de nuvens em tom vermelho-escuro e vibrante é a praia, e o claro e azulado céu acima é como se fosse o mar.

– E se fosse possível navegarmos até lá com o barco de luz do luar descrito por Paul em sua antiga redação? Lembra-se disso? Seria tão maravilhoso! – Disse Anne, despertando de seu devaneio. – Você acha que nós poderíamos encontrar por lá todos os nossos dias já vividos, Diana? Todas as antigas primaveras e florescências de antes? Será que os canteiros descritos por Paul são as rosas que brotaram para nós no passado?

– Não, Anne! Você me faz sentir como se fôssemos mulheres velhas, com toda uma vida para trás. Cruzes!

– Tenho me sentido assim desde que soube da doença de Ruby. Se ela está morrendo mesmo, então qualquer outra coisa triste pode acontecer também.

– Você se importaria de passarmos na casa de Elisha Wright por um momento? Mamãe me pediu que eu entregasse este potinho de geleia para a tia Atossa – interrompeu Diana.

– Quem é essa tal tia Atossa?

– Ah, não soube? Ela é a esposa do falecido sr. Samson Coates, de Spencervale, e tia da sra. Elisha Wright. Além disso, ela é tia do meu pai também. O sr. Samson morreu no inverno passado e ela ficou muito pobre e solitária, então os Wright a trouxeram para viver com eles. Mamãe pensou em cuidar dela, mas meu pai foi totalmente contra. Disse que de modo algum viveria com a tia Atossa!

– Mas o que ela tem de tão terrível, Diana? – perguntou Anne, distraída.

– Você provavelmente vai saber a resposta antes que tenhamos saído de lá – disse Diana, contundente. – Papai diz que ela tem a cara de machadinha, que é capaz de cortar até o ar, mas que sua língua é mais afiada ainda.

Já era tarde e tia Atossa cortava batatas na cozinha dos Wright. Na cabeça, usava um lenço desbotado que encobria parte de seus desgrenhados cabelos grisalhos. A mulher não gostava de ser "pega com a mão na massa", sendo assim mais desagradável do que de costume.

– Ah, então você que é a tal Anne Shirley? – disse ela, quando Diana a apresentou. – Ouvi falar de você. – Seu tom hostil implicava não ter ouvido nada de bom sobre a moça. – A sra. Andrews me contou que você havia voltado a Avonlea. Disse-me que você melhorou muito.

Nessa hora, já não havia dúvidas de que tia Atossa pensava que Anne ainda tinha muito a melhorar.

Durante a prosa, em nenhum instante ela parou de cortar batatas com muita energia.

– Devo pedir que se sentem? – inquiriu, com sarcasmo. – É claro que não há nada aqui para diverti-las. Toda a família está fora.

– Minha mãe mandou que eu trouxesse este potinho de geleia de ruibarbo para a senhora. Foi preparada hoje mesmo e ela pensou que a senhora gostaria de provar – ofereceu Diana amavelmente.

– Ah, obrigada – respondeu, com azedume. – Nunca gostei das geleias de sua mãe, pois são doces demais, mas vou provar um pouco desta. Meu apetite anda terrível nesta primavera. Estou longe de me sentir bem – prosseguiu, solenemente –, mas sigo aqui... trabalhando. Pessoas que não conseguem fazer nada são inúteis aqui. Se não for pedir muito, você poderia guardar a geleia na despensa? Preciso deixar estas batatas prontas hoje à noite. Presumo que duas damas como vocês nunca fazem nada assim. Ficariam com medo de estragar essas mãozinhas delicadas.

– Eu sempre cortava batatas antes de arrendarmos a fazenda – sorriu Anne, com franqueza.

– E eu ainda faço isso frequentemente. Somente na semana passada, cortei batatas três vezes. E é claro – acrescentou Diana, com ironia – que depois disso suavizei minhas mãos com suco de limão e coloquei luvas durante a noite.

Tia Atossa bufou e revirou os olhos.

– A senhorita certamente deve ter tirado essa ideia de uma daquelas revistas tolas que as mocinhas tanto leem. Creio que sua mãe permita, pois ela sempre a mimou! Quando ela se casou com seu pai, todos achamos que ela não era uma esposa adequada para ele.

Então, a amarga mulher suspirou profundamente, como se todos os presságios sobre a ocasião do casamento de seu sobrinho tivessem sido cumpridos completamente.

– Já vão? – inquiriu, logo que as duas se levantaram. – Bem, não deve mesmo ser divertido ficar conversando com uma velha como eu. Talvez fosse mais divertido para vocês se os rapazes estivessem em casa – alfinetou-as a velha.

– Não é isso, tia Atossa. Nós vamos visitar Ruby Gillis – explicou Diana, aflita.

– Para livrarem-se de mim, qualquer desculpa serve, é claro! Só o que importa é entrar e sair correndo, antes que tenham tempo de dizer decentemente como estão. Creio que sejam os ares da faculdade. Vocês deveriam mesmo é ficar bem longe de Ruby Gillis. Os médicos dizem que tuberculose é contagiosa. Sempre soube que aquela menina iria contrair alguma coisa, perambulando em Boston. É isso que acontece às pessoas que nunca se contentam em ficar no recanto do lar. Sempre pegam alguma coisa.

– É injusto que a senhora diga isso, pois as pessoas que ficam em casa também ficam doentes. Algumas até morrem – respondeu Diana, com seriedade.

– Neste caso, não se pode culpar ninguém por isso – retorquiu tia Atossa, triunfante. – Soube que vai se casar em junho, Diana.

– Não é verdade, tia Atossa – respondeu Diana educada, porém corando.

– Bem, não adie por muito tempo. Em breve você vai murchar, pele e cabelos também. E os Wright são terrivelmente inconstantes. Deveria usar um chapéu para esconder o seu nariz, senhorita Shirley, ele está escandalosamente sardento. Deus meu, mas você é *ruiva*! Bem, certamente porque Deus assim o quis, não é mesmo? Dê lembranças minhas a Marilla Cuthbert. Ela nunca veio aqui para me ver desde que cheguei a Avonlea, mas eu não deveria reclamar, afinal os Cuthbert sempre se consideraram feitos de uma matéria superior à de todos nós.

– Ah, como é possível ser tão insuportável? – arfou Diana, enquanto escapavam pela alameda.

– Sim. É ainda pior do que a senhorita Eliza Andrews! – exclamou Anne. – Mas pense como seria viver toda sua vida com um nome como Atossa! Isso amargaria qualquer um. Ela poderia ter imaginado que seu nome era Cordélia. Certamente, a teria ajudado bastante. Pelo menos me ajudou muito quando não gostava de me chamar Anne.

– Josie Pye certamente ficará exatamente igual a essa velha. Você sabia que a mãe de Josie e tia Atossa são primas? Ah, Deus, estou tão aliviada que acabou. Ela é tão maliciosa! Parece sempre buscar algo ruim em tudo. Meu pai contou uma história engraçada sobre ela, disse-me que, certa vez, havia um ministro em Spencervale que era um homem muito bondoso e espiritualizado, porém muito surdo e nada conseguia ouvir numa conversa comum, falada em voz normal. Bem, eles costumavam reunir-se em oração nas tardes de domingo e todos os membros presentes deveriam levantar-se e orar, ou ler alguns versículos da bíblia. Entretanto, numa dessas tardes, tia Atossa ergueu-se num salto, mas não proclamou nem orou. Em vez disso, aproximou-se de cada um dos presentes e deu-lhes um sermão assustador, chamando-os por seus nomes, dizendo como haviam se comportado e enumerando todas as discussões e escândalos em que estavam envolvidos nos últimos dez anos. Por fim, tia Atossa disse que não gostava da igreja de Spencervale e que nunca mais pisaria ali. Não só isso! Praguejando contra os presentes, disse-lhes que esperava que um terrível julgamento caísse sobre a congregação. Dito isso, já sem fôlego, sentou-se. Então, o ministro, que não havia compreendido nada, imediatamente afirmou, em voz muito devota: "Amém! Que o Senhor aceite a oração de nossa estimada irmã!". Você precisa ouvir papai contando essa história!

– Falando em histórias, Diana – comentou Anne, de forma significativa e confidencial –, sabia que ultimamente tenho me questionado se eu conseguiria escrever um conto? Uma história que fosse boa o suficiente para ser publicada?

– Ora, mas é claro que você consegue – respondeu Diana, depois de entender a incrível sugestão. – Antigamente você sempre escrevia histórias emocionantes em nosso Clube de Contos.

– Bem, não me referia àquelas histórias. Venho pensando nisso... Mas tenho um pouco de medo de tentar... Porque, se eu falhasse, seria muito humilhante.

– Certa vez ouvi Priscilla dizer que as primeiras histórias da sra. Charlotte E. Morgan foram rejeitadas. Mas você é muito boa, Anne. As suas seriam aceitas de primeira com certeza, pois creio que os editores de hoje em dia são mais sensatos.

– No inverno passado, uma das veteranas de Redmond, Margaret Burton, escreveu uma história que foi publicada na revista *Mulher Canadense*. Acho que eu conseguiria escrever um conto tão bom quanto o dela.

– Então você acha que essa revista o publicaria?

– Preciso antes tentar publicar nas revistas mais conhecidas. Sendo assim, tudo dependerá do tipo de história que eu escrever.

– E sobre o que será?

– Ainda não decidi, mas quero ter um bom enredo. Certamente este é um fator indispensável sob o ponto de vista de um editor. O nome da heroína já está decidido. Ela se chamará Averil Lester. É um bonito nome, não acha? Por favor, não mencione isso a ninguém, Diana. As únicas pessoas que sabem são você e o sr. Harrison. Ele não foi muito encorajador, disse-me que há muito lixo escrito hoje em dia, mas que esperava algo melhor de mim após o primeiro ano de faculdade.

– Mas o que o sr. Harrison entende sobre o assunto? – perguntou Diana, incomodada.

Encontraram a casa dos Gillis alegre, iluminada e cheia de visitantes. Leonard Kimball, de Spencervale, e Morgan Bell, de Carmody, encaravam um ao outro nos lados opostos da sala de visitas. Chegaram à casa de Ruby várias moças animadas e ela usava um vestido branco. Seus olhos e bochechas reluziam e ela ria e conversava incessantemente.

Após a partida das outras jovens, Ruby subiu as escadas com Anne para mostrar-lhe suas novas roupas de verão.

– Pretendo fazer um vestido de seda azul, mas creio que seja um pouco pesado para usar no verão. Então, acho que vou deixá-lo para usar no outono. Sabia que vou lecionar em White Sands? Gostou do meu chapéu? Achei lindo aquele que você estava usando ontem na igreja, era realmente gracioso. Mas, para mim, gosto de cores mais vivas! Você notou aqueles dois garotos ridículos lá embaixo? Vieram determinados a tomar o lugar um do outro. Não me importo com nenhum dos dois. Você sabe que é de Herb Spencer que eu gosto, penso que ele é o Homem Certo. No Natal ainda não sabia disso, pensei que fosse o professor de Spencervale, mas depois descobri uma coisa a respeito dele que me fez mudar de ideia. Quando o rejeitei, ele quase enlouqueceu! Preferia que aqueles dois não tivessem vindo esta noite. Gostaria de ter uma boa conversa com você, como antigamente, Anne, e contar-lhe um monte de coisas. Nós sempre fomos grandes amigas, não fomos?

Com um sorriso frívolo, Ruby passou o braço pela cintura de Anne. Entretanto, no momento em que seus olhos se encontraram, Anne viu algo por trás de seus olhos que dilacerou seu coração.

– Por favor, Anne, não deixe de vir com frequência, está bem? Venha sozinha. Preciso de você – sussurrou.

– Como você está se sentindo, Ruby?

– Que pergunta é esta? Ora, estou me sentindo bem como nunca em toda a minha vida! Fiquei um pouco abatida por conta da congestão que tive no inverno passado, mas isso já não tem mais importância... Veja só a minha cor! Certamente não pareço uma inválida.

A voz de Ruby soava quase aguda. Parecendo ressentida, retirou o braço da cintura de Anne e rapidamente desceu as escadas. Aparentemente mais alegre do que nunca ao chegar na sala, jogou seus gracejos aos seus adoradores, deixando de lado as amigas, de modo que elas se sentiram deslocadas e logo resolveram ir embora.

A EXPIAÇÃO DE AVERIL

Ao anoitecer, Diana e Anne caminhavam pelo mágico vale próximo ao riacho. Sobre a margem, curvavam-se as samambaias, o gramado verdejava e as peras silvestres pendiam ao redor liberando um doce e suave cheiro. Formava-se pelo caminho uma branca névoa que as envolvia.

– Com o que está sonhando, Anne?

A moça, despertando de seu devaneio, deu um alegre suspiro.

– Pensava na minha história, Diana.

– Ah, e você já começou? – perguntou Diana, com grande animação e interesse pela empreitada da amiga.

– Já tenho algumas páginas escritas e a história já está bem composta em minha cabeça. Até criar um enredo adequado, levei bastante tempo, pois nenhum dos que eu havia imaginado parecia bom o suficiente para a história de uma jovem chamada Averil.

– Por que você não mudou o nome dela então?

– Eu tentei, mas não foi possível mudá-lo, da mesma forma que não se poderia mudar o seu, Diana. A personagem se tornou tão real para mim que não importava se eu tentasse lhe dar outro nome, pois, no final, eu sempre pensava nela como Averil. Mas, enfim, encontrei um enredo que combinasse com ela! Depois disso, veio a empolgação de escolher os nomes para todas as outras personagens da história. Você não imagina o quanto isso é fascinante! Nas últimas noites, quase não dormi de tanto que pensei nisso. Escolhi, inclusive, o nome do herói, que se chamará Perceval Dalrymple.

– E você já escolheu o nome de todas as personagens? – perguntou Diana, ansiosa. – Se não, você me deixaria escolher o nome de uma delas? Pode ser uma que não seja importante para a história... iria sentir como se eu houvesse feito parte da sua história.

– Está bem. Vou deixar você nomear o jovem criado dos Lesters. Ele não é muito importante, mas é o único que ainda está sem nome.

– O nome dele poderia ser Raymond Fitzosborne – sugeriu Diana, que tinha uma boa coleção de nomes guardados na memória, relíquias do antigo Clube de Contos do qual ela, Anne, Jane Andrews e Ruby Gillis fundaram em seus tempos de escola.

Anne ficou bastante contrariada e respondeu:

– Este nome é absolutamente aristocrático e não combina com um criado, Diana. Você consegue imaginar um Fitzosborne alimentando porcos e juntando gravetos? Pois eu não consigo.

Sem entender como Anne não conseguiria imaginar esse nome admissível, Diana ficou bastante descontente com a explicação da amiga, afinal, ela tinha uma boa imaginação! No entanto, certamente Anne entendia melhor do assunto, de modo que o garoto foi batizado de Robert Ray, para ser chamado de Bobby caso fosse necessário.

– Você imagina quanto lhe pagarão pela história? – perguntou Diana, ansiosa.

Anne, contudo, nem sequer havia pensado nisso. Estava ela em busca de fama e reconhecimento e não de lucro sórdido. Seus sonhos literários ainda não haviam se contaminados por ideias mercenárias.

– Você me deixará ler, não vai?

– Sim, mas somente quando estiver finalizada. Então lerei para você e para o sr. Harrison, e deixarei que a critiquem com severidade. Além de vocês, ninguém mais a verá até que seja publicada por alguma revista.

– Já decidiu sobre o final? Será feliz ou triste?

– Ainda não decidi, mas gostaria de terminar com uma tragédia, pois assim seria muito mais romântico. Mas os finais tristes desagradam os editores e, certa vez, o professor Hamilton disse que ninguém, a menos que seja um gênio, deveria atrever-se a escrever um final trágico. E – concluiu, com modéstia – estou bem longe de ser um gênio da literatura.

– Ah, Anne, eu prefiro os finais felizes! – exclamou Diana. – Gosto quando os protagonistas se casam e vivem felizes para sempre – disse-lhe a amiga, que, desde o seu noivado com Fred, considerava essa a melhor forma de todas as histórias terminarem.

– Mas também não é bom quando se chora enquanto lê?

– Sim, mas só no meio da história! No final, tudo deve terminar bem.

– Preciso também criar uma cena patética para a história – meditou Anne. – Poderia deixar que Robert Ray seja ferido num acidente para, assim, escrever uma cena de morte.

– Não, por favor! Não mate o Bobby! – declarou Diana, descontraída. – Ele é meu, e eu quero tanto que ele fique vivo e floresça! Mate um outro qualquer, se tiver mesmo que fazer isso.

Durante os quinze dias seguintes, Anne passou por bons e maus momentos, e tudo dependia do fluxo de seus caminhos literários. Por vezes, festejava devido a uma brilhante ideia, por outras, desesperava-se porque alguma personagem obstinada não respondia conforme ela esperava. Diana não compreendia.

– Por que não faz com que eles ajam conforme você deseja? – questionou a amiga.

– Isto não é possível, Diana – murmurou Anne. – Averil, por exemplo, é uma heroína incontrolável! Sempre fazendo e dizendo coisas que eu nunca quis para ela. E isso estraga totalmente o que eu havia escrito antes, então eu tenho que voltar e escrever tudo de novo.

Mesmo com esses contratempos, a história finalmente foi terminada e Anne leu-a para Diana no refúgio de seu quartinho. Tudo ocorreu conforme o planejado e ela enfim concluíra sua "cena patética" com êxito, isto é, sem sacrificar o estimado personagem Bobby de Diana.

Durante a leitura, manteve o olhar cuidadoso na amiga, percebendo todos os gestos e as emoções. Diana sentiu o momento e chorou quando lhe foi conveniente, no entanto, quando a leitura terminou, a moça pareceu um pouco desapontada.

– Matar o Maurice Lennox, por quê? – perguntou-lhe Diana, inconformada.

– Ele era o vilão e devia morrer pelo que fez – retorquiu Anne.

– Gostei muito mais dele do que de todos os outros! – replicou Diana, suplicante.

– Agora ele está morto e assim deverá continuar – retrucou Anne, ressentida. – Vivendo, ele continuaria a perseguir Averil e Perceval.

– Sim, mas você poderia ter modificado o seu caráter.

– Mas isso não seria romântico. E, além do mais, teria feito a história ficar muito longa.

– Bem, Anne, de todo modo, a história é muito elegante e certamente você ficará muito famosa com ela. Tenho certeza disso. Já tem um título para ela?

– Já decidi o título faz tempo! Vou chamá-la *A Expiação de Averil*. O que acha? Não é bom? Agora, Diana, diga-me francamente: você encontrou alguma falha na minha história?

– Bem – hesitou Diana –, não me parece romântica a parte em que Averil faz o bolo. Não acho que combina muito com o restante da história. Cozinhar um bolo não me parece algo heroico. Portanto, creio que Averil não deveria cozinhar.

– Ora, você não compreende que é exatamente aí que entra o humor? Esta é uma das melhores partes de toda a história! – afirmou Anne. Sobre isto, deve ser declarado que ela estava totalmente correta. Diante de todas as negativas, Diana refreou prudentemente qualquer outra observação.

O sr. Harrison, por outro lado, foi muito mais difícil de agradar. Primeiro disse que havia muitas descrições na história.

– A história está muito cheia dessas passagens floreadas. Suprima-as – disse ele, taxativo e sem piedade.

Incomodada, porém convicta de que o sr. Harrison estava certo, esforçou-se para eliminar grande parte de suas amadas descrições. Ainda assim, foram necessárias três novas revisões para que o texto perdesse todas aquelas frases supérfluas e finalmente agradasse ao rabugento sr. Harrison.

– Está pronto, sr. Harrison. Retirei da história todas as descrições, exceto a do entardecer, pois esta era simplesmente a melhor de todas.

– Essa descrição nada tem de condizente com a história. Creio também que você não deveria ter inventado um cenário entre as pessoas ricas da cidade. O que você sabe sobre elas? Por que a trama não foi estabelecida aqui em Avonlea? Alterando os nomes, é claro; caso contrário, a sra. Lynde de certo pensaria que era ela a heroína da história.

– Ah, não poderia ser! Apesar de Avonlea ser um lugar muito amado, não é suficientemente romântico para ser o cenário de uma história.

– Ledo engano, senhorita Anne. Ouso dizer que Avonlea é palco de muito romance e de muita tragédia também. Mas esse não é o único problema: suas personagens não são iguais às pessoas reais de qualquer lugar. Percebo que elas falam demais e usam uma linguagem muito extravagante. Em certa parte do conto, esse camarada Dalrymple fala por duas páginas, no mínimo, sem nunca deixar que a moça diga absolutamente nada! Na vida real, ela já o teria mandado para o inferno.

– Como o senhor pode dizer uma coisa dessas? Isso não é verdade! – ela negou, enfaticamente. Nas profundezas de sua alma, porém, Anne imaginava que aquelas lindas e poéticas palavras ditas a Averil poderiam conquistar o coração de qualquer moça.

Além disso, era inadmissível que Averil, a majestosa e sublime Averil, pudesse mandar alguém para o inferno. A atitude dela seria a de "recusar seus pretendentes".

– De todo modo, por que Maurice Lennox não ficou com ela? – continuou racionalmente o sr. Harrison. – Ele era muito mais homem do que o herói que você propôs. Que ele tenha feito coisas ruins... contudo, já estava feito. Perceval, por outro lado, passava todo o tempo devaneando.

"Ficar devaneando! Isso era ainda pior do que mandar para o inferno!" –, pensou Anne. – Maurice Lennox era o vilão! – exclamou ela, indignada. – Não consigo entender o porquê de todos gostarem mais dele do que de Perceval!

– É que Perceval é bonzinho demais, ao ponto de ser irritante. Na próxima vez que criar um herói, coloque-o um pouco mais humano.

– Mas como Averil poderia ter se casado com Maurice? Ele era terrível!

– É certo que ela poderia tê-lo feito mudar. Afinal, você pode corrigir um homem, mas não uma água-viva. Sua história não é ruim, na verdade, é bem interessante, tenho que admitir. Mas percebo que você ainda é muito jovem para escrever um conto que valha a pena. Espere dez anos para fazê-lo.

Inconformada, Anne prometeu a si mesma que nunca mais pediria a opinião de outras pessoas em suas próximas histórias. Sentia-se tão frustrada com aquelas críticas. Ela chegou a mencionar para Gilbert sobre o conto, porém não o leu para ele.

– Se fizer sucesso, você lerá quando for publicado, Gilbert, mas se não for, ninguém jamais saberá a respeito.

Marilla de nada tomou conhecimento sobre essa iniciativa. Anne, em sua imaginação, via-se lendo uma história de revista para Marilla, que a enchia de elogios sobre o enredo, porque tudo era possível na imaginação. E então, triunfantemente, anunciava a si mesma como a autora.

Já totalmente terminada a história, Anne levou ao posto dos correios um envelope comprido e volumoso, tendo ela a deliciosa confiança e inexperiência da juventude, endereçado à "maior das maiores" revistas. Diana estava tão empolgada quanto a própria Anne.

– Em quanto tempo você acha que a revista responderá?

– Creio que não deva demorar mais do que quinze dias. Oh, ficarei tão feliz e orgulhosa se minha história for aceita!

– É claro que será aceita! Com certeza pedirão que você envie outras. Então, um dia você será tão famosa quanto a sra. Morgan, Anne. E eu, como sua amiga, ficarei tão orgulhosa por conhecer uma escritora famosa como você, antes mesmo de fazer sucesso – disse Diana, que tinha a qualidade de professar sua desinteressada admiração pelos dons e talentos de suas amigas.

Após uma semana de deliciosos sonhos, seguiu-se um amargo despertar. Certa tarde, Diana foi à casa de Anne e encontrou-a em seu quartinho com uma estranha expressão nos olhos. Na mesa, havia um envelope comprido e um manuscrito amassado.

– O que houve, Anne, sua história foi devolvida? – perguntou Diana, sem crer naquilo.

– Sim, foi – admitiu Anne.

– Esse editor só pode ser louco! Que razão ele deu para rejeitar uma história boa como a sua?

– Nenhuma. Me responderam somente com uma nota impressa que dizia que a história não foi considerada satisfatória.

– Essa revista... ela não é grande coisa! De qualquer forma – prosseguiu Diana, com ardor –, as histórias que publica não são tão interessantes quanto as que são publicadas pela *Mulher Canadense*, apesar de ser mais cara. Suponho que esse editor deva ter preconceitos contra qualquer um que não seja ianque. Não se abale com isso, Anne! Lembre-se de que as primeiras histórias da sra. Morgan também foram devolvidas. Envie a sua para a *Mulher Canadense.*

– É isso que farei! – respondeu Anne, animando-se. – E, se for publicada, enviarei uma cópia para esse editor americano. Mas vou cortar a parte sobre o pôr do sol. Estou certa de que o sr. Harrison tinha razão sobre isso.

Assim, Anne sacrificou seu estimado crepúsculo. Entretanto, apesar dessa heroica mutilação, o editor da revista *Mulher Canadense* também devolveu *A Expiação de Averil*, o que causou enorme indignação em Diana, declarando ser impossível que houvessem lido, então ela prometeu cancelar imediatamente a sua assinatura. Anne suportou essa segunda rejeição com a calma própria do desespero.

Após esta segunda rejeição, Anne resolveu enterrar o conto no velho baú do sótão, onde repousavam os manuscritos do antigo Clube de Contos, mas não sem antes ceder aos rogos de Diana e dar-lhe uma cópia.

– Desisto de minhas ambições literárias – declarou Anne amargamente.

Ao sr. Harrison, Anne nunca mais mencionou nada sobre o assunto, porém numa tarde, abruptamente ele lhe questionou se a história havia sido aceita por alguma revista.

– Não, sr. Harrison. Nenhum editor a aceitou – foi a breve resposta.

Após a negativa, o sr. Harrison olhou de soslaio para aquele acanhado e delicado perfil.

– Bem, suponho que você não vai desistir e continuará escrevendo, não é mesmo? – comentou, encorajando-a.

– Não, senhor. Nunca mais voltarei a escrever uma história – declarou ela, com a desesperançada fatalidade de seus dezenove anos, ao ter fechada uma porta em sua face.

– Eu não desistiria de escrever tão prontamente. Vez ou outra, escreveria algum conto, mas não os enviaria para os editores. Escreveria, entre outras coisas, sobre pessoas e lugares que fazem parte da minha vivência. Além disso, faria com que minhas personagens falassem o inglês do dia a dia. Deixaria o sol nascer e se pôr sem dar muita importância ao fato. Por fim, se tivesse que introduzir vilões na história, lhes daria uma chance. Isso mesmo, Anne, eu lhes daria uma chance. Certamente existem homens terríveis no mundo, mas você teria que andar um bom pedaço para encontrá-los. Apesar de a sra. Lynde acreditar que somos todos maus, a maioria de nós tem um pouco de decência em algum lugar aqui dentro. Não desista, Anne, e continue escrevendo.

– Não será possível, sr. Harrison. Foi uma grande tolice tentar me lançar como escritora. Quando meus estudos terminarem em Redmond, vou me concentrar em ensinar. É isto que eu consigo fazer: lecionar, não escrever histórias.

– Pense que quando você terminar os estudos em Redmond, pode ser tarde demais e já será a hora de você arranjar um marido. Não me pareceu uma boa ideia adiar o casamento por tanto tempo, como eu fiz.

Depois disso, Anne se levantou e foi para casa. Havia momentos em que o sr. Harrison era realmente intragável: "Mandar para o inferno, ficar devaneando e arranjar um marido!" Oh!

O CAMINHO DOS TRANSGRESSORES

Davy e Dora estavam prontos para a escola dominical. Dessa vez, iriam sozinhos, o que não era frequente, pois a sra. Lynde assistia aos cultos regularmente. No entanto, ela havia torcido o tornozelo e estava mancando e por conta disso permaneceria em casa naquela manhã. Os gêmeos deveriam representar a família na igreja, uma vez que Marilla tivera mais uma de suas crises de enxaqueca e Anne havia ido a Carmody na véspera, a fim de passar o domingo com algumas amigas.

Davy desceu as escadas vagarosamente enquanto Dora esperava-o no corredor, depois que a sra. Lynde a vestiu. O garoto se arrumara sozinho. Trazia consigo um centavo no bolso para a coleta da escola dominical e outros cinco centavos para a oferta da igreja. Numa mão carregava a Bíblia e, na outra, o periódico da escola dominical. Sabia perfeitamente toda a lição: o texto áureo e a pergunta do catecismo. Não havia ele estudado (forçado, é claro, pela sra. Lynde) durante toda a tarde do domingo anterior? Além de tudo isso, Davy também deveria estar em total brandura de ânimo. No entanto, apesar do texto áureo e do catecismo, o menino se sentia interiormente como um lobo feroz.

Ao reunir-se com sua irmã, a sra. Lynde logo saiu mancando de sua cozinha.

– Lavou-se direito? – perguntou, severamente.

– Lavei todas as partes que aparecem – respondeu, insolente.

A sra. Lynde deu um suspiro. Tinha suspeitas de que o garoto não lavara as orelhas nem o pescoço. Entretanto, sabia que, se tentasse inspecioná-lo, ele sairia correndo e ela não poderia persegui-lo.

– Ouçam bem! – advertiu-os. – Não quero que andem pela poeira, não parem no pórtico para conversar com as outras crianças, não fiquem se contorcendo nem se sacudindo no banco, não se esqueçam do texto áureo, não percam suas ofertas nem se esqueçam de colocá-las na salva, não cochichem na hora da oração e não deixem de prestar atenção ao sermão.

Davy não respondeu e foi caminhando pela alameda, seguido pela meiga e obediente Dora. Sua alma fervia por dentro. Davy havia sofrido, ou ao menos considerava haver sofrido muita coisa nas mãos e na língua da megera sra. Rachel Lynde. Desde que ela se mudara para Green Gables, a boa senhora não conseguia conviver com ninguém, tendo nove ou noventa anos, sem tentar moldar-lhe o comportamento. Para a infelicidade de Davy, justamente na tarde anterior, a velha interferira para influenciar Marilla a não permitir que o menino fosse pescar com os filhos de Timothy Cotton. Aquilo certamente havia causado muita raiva no garoto.

Ao saírem da alameda, Davy parou por um instante e mudou completamente seu semblante. Fez uma careta tão sinistra e medonha que Dora, apesar de conhecer o talento nato do irmão neste quesito, ficou seriamente preocupada de que o rosto dele não mais voltasse à normalidade.

– Maldita seja! – gritou Davy.

– Ah, Davy, não xingue – murmurou Dora, espantada.

– "Maldita" não é xingamento ou não é um xingamento de verdade. E, mesmo que fosse, não me importo que seja! – retorquiu, imprudente.

– Bem, se for para dizer essas palavras horríveis, pelo menos não as diga no domingo.

Davy não parecia nem um pouco arrependido, porém, intimamente, sentiu que talvez pudesse ter ido longe demais.

– Então vou inventar um palavrão só meu!

– Davy, se você inventar, Deus saberá e vai puni-lo por isso – advertiu Dora, em tom solene.

– Se for assim, então é porque Deus é um velhaco malandro e malvado! Como Ele, que sabe tudo, não sabe que um homem tem que ter palavras para expressar o que está sentindo?

– Davy!!! – exclamou Dora, já esperando que o irmão caísse morto ali mesmo. Entretanto, nada ocorrera com ele.

– De qualquer jeito, eu me recuso a seguir as ordens da sra. Lynde – prosseguiu, balbuciando. – Anne e Marilla podem até ter o direito de mandar em mim, mas ela não! Só por causa disso, vou fazer tudinho que ela me proibiu de fazer. Me observe e você vai ver.

Enquanto Dora o observava totalmente horrorizada, Davy, silencioso e descontroladamente, adentrou o matagal e enfiou os pés até tornozelos na fina poeira, que era resultado de quatro semanas sem chover e, arrastando os pés com muito vigor, ficara envolto numa densa nuvem de pó.

– Eu só estou começando! – anunciou o travesso menino. – Vamos ao pórtico, pois lá eu irei parar para conversar com todo mundo, até que não haja mais ninguém. Depois, vamos à igreja e lá eu vou fazer tudo que me foi proibido: me contorcer, me sacudir, cochichar e falar que não sei nada do texto áureo.

Agora, vou é jogar fora as minhas moedas para a oferta!

E assim o fez, lançando aquele centavo e níquel sobre a cerca do sr. Barry, com intenso gosto.

– Satanás deve estar agindo por você... – disse Dora, condenando-o.

– Nada disso! – gritou Davy, indignado. – Fiz porque quis! E vou fazer mais uma coisa. Decidi que hoje não vou nem à escola dominical e nem à igreja. Vou é me divertir com os Cottons! Ontem mesmo eles me disseram que não iriam para a escola dominical hoje, porque a mãe deles iria sair e não havia mais ninguém para mandá-los ir. Ora, vamos logo, Dora, vai ser muito divertido!

– Eu é que não vou, Davy – reclamou a menina.

– Mas você tem que ir! Porque se você não vier, eu vou contar para Marilla que você foi beijada pelo Frank Bell na escola, na segunda-feira passada.

– Mas eu não tive culpa disso! Não podia imaginar que ele faria isso! – Ela gritou, num misto de fúria e vergonha.

– Bom, mas você deve ter gostado, pois não deu nem uma bofetada nele e muito menos pareceu irritada – replicou Davy. – Se você não vier, vou contar tudo! Vamos pegar um atalho por este pasto, Dora.

– Davy, eu tenho medo daquelas vacas – protestou a pobre Dora, vendo aí uma chance de escapar.

– Não seja ridícula! Essas vacas são mais inofensivas do que você.

– Mas também são maiores – objetou Dora.

– Elas não vão te fazer nenhum mal. Agora, vamos logo. Como isso é bom! Quando eu for adulto, não irei mais à igreja, nem pensar! Devo conseguir chegar ao céu sozinho.

– Você vai é parar junto dos pecadores, se não guardar o dia sagrado – advertiu a pobre Dora, que o seguia contra a sua vontade.

Davy não estava nem um pouco assustado, mas isso era questão de tempo. O inferno estava longe, já aquele maravilhoso dia de pesca com os Cottons estava a um passo. Davy queria que sua irmã fosse mais corajosa, mas ela continuava olhando para trás. Por vezes, quase chorava, e isso acabava com a diversão de qualquer um. Ora, que se danem essas meninas medrosas! Dessa vez, Davy teve o cuidado não falar a palavra "malditas", nem em pensamento. Apesar de não lamentar ter pronunciado essa expressão, achava melhor não provocar a ira divina tantas vezes no mesmo dia.

Quando chegaram, logo viram os Cottons brincando no pátio dos fundos, os quais saudaram a presença de Davy com gritos alegres. Os irmãos Pete, Tommy, Adolphus e Mirabel Cotton estavam sozinhos, pois a mãe e as irmãs mais velhas haviam saído. Dora agradeceu aos céus porque ao menos Mirabel estava ali, pois preocupava-se em ficar sozinha com um bando de garotos. Mirabel, no entanto, era tão ou mais levada que os meninos, ela era barulhenta, faladeira e inconsequente, mas ao menos usava vestidos.

– Vamos pescar! – disse Davy, bastante animado.

– Vamos! – gritaram os Cottons. Logo se apressaram em cavar buracos para procurar minhocas. Mirabel liderava a turma com uma lata de estanho na mão, já Dora só queria sentar no chão e chorar. Oh, se aquele abusado do Frank Bell nunca a houvesse beijado, poderia ter desafiado seu irmão e ido para sua querida escola dominical.

Eles não ousaram, obviamente, pescar no lago, onde correriam o risco de serem vistos pelas pessoas que estivessem indo à igreja. Recorreram ao riacho no bosque, logo atrás da casa dos Cottons, o qual estava cheio de trutas, de modo que as crianças tiveram uma manhã gloriosa de pesca, ao menos os Cottons e Davy, que pareceu partilhar da mesma diversão. Não sendo tão imprudente, o menino havia tirado as botas e as meias, pegando emprestado um macacão de Tommy Cotton. Assim, estando devidamente equipado, pântanos, brejos e matagais não representavam nenhum obstáculo para ele. Dora, pelo contrário, sentia-se fraca e miserável diante daquela situação de impotência. A menina só seguia os outros em suas peregrinações de ponta a ponta do riacho, segurando a Bíblia e o periódico junto de si, estando ela muito contrariada e amargurada na alma por estar perdendo sua amada aula na escola dominical, onde deveria estar naquele momento, diante de sua adorada professora. No entanto, em vez disso, estava perambulando pelo bosque com aqueles selvagens e tentando manter as botas limpas e seu lindo vestido branco livre de rasgos e manchas. Mirabel oferecera um avental emprestado, mas Dora recusara-o com desprezo.

As trutas mordiam a isca naquele dia como só faziam aos domingos. Depois de uma hora, as travessas crianças haviam pescado tudo o que queriam e logo retornaram à casa, para o completo alívio de Dora, que se sentou muito empertigada sobre uma gaiola no pátio enquanto os meninos brincavam, aos gritos, de pega-pega. Não satisfeitos, subiram todos no telhado do chiqueiro e entalharam suas iniciais na cumeeira. O teto do galinheiro, que era em declive, tinha abaixo um amontoado de palha, sobre o qual as crianças passaram ao menos meia hora subindo e mergulhando, com alaridos e vivas, no palheiro.

No entanto, para a tristeza de Davy e alívio de Dora, os prazeres ilícitos têm fim. Ao escutarem o barulho das charretes na ponte sobre o lago, Davy percebeu que estava no momento de ir embora, pois as pessoas já voltavam da igreja. Logo tirou o macacão que Tommy havia lhe emprestado e tornou a vestir sua roupa legítima. Separou-se tristemente de suas trutas com um suspiro, pois era inútil pensar em levá-las para casa.

– E então, não se divertiu hoje, Dora? – questionou-a, desafiadoramente, enquanto desciam a colina.

– É claro que não! – foi a resposta categórica. – E também acho que você não se divertiu de verdade – completou, com uma perspicácia incomum a ela.

– É claro que eu me diverti. E muito! – bradou Davy, embora seu tom de voz indicasse que queria encerrar o assunto. – Não me surpreende que você não tenha aproveitado o dia... Ficou o tempo todo sentada lá, como uma... como uma mula.

– Eu não quero ser amiga dos Cottons – replicou ela, altiva.

– Eles são ótimos! E digo mais: com certeza se divertem muito mais que nós, pois só fazem o que querem e falam do jeito que querem, na frente de qualquer um. A partir de agora, vou ser assim também.

– Eu duvido. Tem um monte de coisas que você não faria e nem diria na frente das pessoas.

– Não tem, não.

– Aposto que tem. Você ousaria dizer, por exemplo – questionou Dora sagazmente –, "garanhão" diante do ministro?

Esse golpe o abalou. Davy não esperava por um exemplo tão concreto de liberdade de expressão. Contudo, não precisava ser coerente com Dora.

– É claro que não! – admitiu, amuado. – "Garanhão" não é uma palavra santa. Eu não diria isso na frente do ministro.

– E se tivesse que falar?

– Diria "rapaz namorador".

– Penso que "rapaz galanteador" seria melhor – refletiu Dora.

– Como se você pensasse... – hostilizou Davy, com um olhar de desdém para a irmã.

Aquela conversa estava deixando o menino desconfortável, porém preferiria morrer a admitir que a irmã estava certa. No entanto, ao terminar a euforia prazerosa do dia, sua consciência começava a dar ferroadas edificantes. Pensou que talvez houvesse sido melhor ter ido à escola dominical e à missa, afinal. A sra. Lynde podia ser terrivelmente mandona, mas sempre lhe dava biscoitos, os quais guardava no armário de louças de sua cozinha e ela não era mesquinha. Nesse momento, sua consciência pesou mais ainda, quando Davy se lembrou do dia em que rasgou sua calça nova de ir à escola, na semana anterior, e foi justamente a sra. Lynde quem a remendou de maneira perfeita, sem dizer uma só palavra a Marilla sobre isso.

Entretanto, a taça de malevolência de Davy ainda não estava completa, pois ele ainda iria descobrir que é necessário outro pecado para encobrir o anterior. Naquele dia, almoçaram com a sra. Lynde, e a primeira coisa que ela lhe perguntou foi:

– Davy, todos os seus colegas foram à escola dominical hoje?

– Sim, senhora Lynde – ele respondeu, engolindo em seco. – Todos, exceto um.

– E o texto áureo e o catecismo, recitou-os?

– Sim, senhora.

– Sua oferta foi entregue conforme eu lhe pedi?

– Sim, senhora.

– A sra. Malcolm MacPherson estava na igreja hoje?

– Eu não sei, "Ao menos isso é verdade"–, pensou o pobre Davy.

– Anunciaram a reunião da Sociedade Beneficente na semana que vem?

– Sim, senhora – disse, com a voz trêmula.

– E a reunião de oração?

– Eu... eu não sei.

– Mas deveria saber! Tinha que ter prestado mais atenção aos anúncios. Qual foi o sermão pregado pelo sr. Harvey?

Bebendo num frenético gole d'água e engolindo-o junto com o último protesto de sua consciência, Davy, sem hesitar, recitou um versículo que aprendera algumas semanas antes. Finalmente a sra. Lynde parou de fazer perguntas, mas Davy não conseguiu desfrutar do almoço e, na sobremesa, só comeu um prato de pudim.

– O que há com você? – questionou a sra. Lynde, justificadamente surpresa. – Está doente?

– Não, senhora – murmurou Davy.

– Você está tão pálido. Fique longe do sol esta tarde – ela aconselhou.

– Você tem ideia de quantas mentiras contou à sra. Lynde? – perguntou Dora, acusadora, assim que ficaram sozinhos depois do almoço.

Davy, acuado pelo desespero, voltou-se muito feroz.

– Não sei nem me interessa saber! E você que fique calada, Dora Keith! Entendeu?

Buscando um retiro isolado atrás da pilha de lenha, Davy fora pensar sobre a sua trilha de transgressões.

Quando Anne chegou a Green Gables, o silêncio e a escuridão já se faziam presentes. Logo foi para a cama, pois estava exausta e com muito sono. A semana foi cheia de comemorações que se prolongaram até avançadas horas. Mal ela havia aconchegado a cabeça no travesseiro e já quase adormecia, quando a porta do seu quarto se abriu suavemente e ela ouviu uma vozinha que suplicava, chamando-a.

Anne sentou-se, sonolenta.

– Davy, é você? O que houve?

Aquela pequena criança entrou com seu pijama branco e, atravessando o quarto correndo, deu um salto até a cama.

– Anne! – falava o menino em tom angustiado e envolvendo seu pescoço com os bracinhos. – Estou tão feliz que você esteja em casa. Eu não ia conseguir dormir se eu não contasse a alguém...

– Contasse o quê?

– Como eu sou "miseravil".

– Mas por que você é miserável, querido?

– Porque eu fui terrivelmente mau hoje, Anne. Ah, fui "mauzíssimo". Como jamais fui.

– O que foi que você fez?

– Ah, tenho tanto medo de contar! Com certeza você nunca mais vai gostar de mim, Anne. Eu nem consegui rezar nesta noite, porque não consigo contar a Deus o que eu fiz. Tenho tanta vergonha de deixar que Ele saiba.

– Não tem jeito para isso, Davy. Ele já sabe de qualquer maneira.

– Dora também me disse isso. Mas eu pensei que talvez Ele pudesse não ter se dado conta na hora. Não importa, eu preferia contar para você primeiro.

– Me conte logo... O que foi que você fez?

Anne não sabia e logo Davy despejou uma avalanche em cima dela.

– Fugi da escola dominical e fui pescar com os Cottons e, para encobrir isso contei tantas, mas tantas mentiras para a sra. Lynde, com certeza mais de meia dúzia! E... E eu... Eu até falei um palavrão, Anne, ou um quase palavrão... E ainda disse coisas horríveis sobre Deus.

Então, seguiu-se um profundo silêncio. Davy não sabia o que isso significava. Será que Anne estaria tão chocada a ponto de nunca mais falar com ele?

– O que você vai fazer comigo? Vou ser castigado? – perguntou, balbuciante.

– Não farei nada, querido. Creio que você já tenha sido punido o suficiente.

– Não fui, não. Só você e Dora sabem disso.

– Você ficou bem triste depois que se deu conta desses erros, não é mesmo?

– Fiquei sim, Anne! – confirmou, com ênfase.

– Pois bem. Saiba que essa tristeza era a sua consciência que o estava castigando, Davy.

– E o que é essa "minha consciência"? Quero saber.

– É algo que está dentro de você, Davy, que por toda a sua vida vai te avisar quando estiver fazendo coisas erradas e o tornará infeliz enquanto persistir no erro. Você já percebeu isso?

– Sim, mas eu não sabia o que era. Queria mesmo era não ter isso. Assim, eu iria me divertir muitíssimo mais! Onde está a minha consciência, Anne? Quero saber. Está no meu estômago?

– Não, Davy, está na sua alma – respondeu Anne, agradecida pela escuridão, pois, apesar do infantil questionamento ter sido engraçado, a seriedade precisava ser preservada nesses momentos.

– Então acho que não vou poder me livrar dela, não é mesmo? – concluiu retoricamente, com um suspiro. – Você vai contar à Marilla e à sra. Lynde tudo o que eu fiz, Anne?

– Não, querido, não contarei a ninguém. Você já está triste o suficiente por ter feito essas coisas erradas, não está?

– Estou sim!

– E nunca mais vai ser malvado assim, não é?

– Não, mas... – acrescentou, ousado mas cauteloso – pode ser que eu seja malvado de outra forma.

– Promete que não vai mais dizer palavrões nem fugir da igreja e da escola dominical ou contar mentiras para encobrir seus pecados?

– Eu prometo. Isso não vale a pena.

– Bem, Davy, então vá rezar, diga a Deus que lamenta muito e peça perdão a Ele.

– Você me perdoa, Anne?

– Sim, querido.

– Então não me importa se Deus perdoa ou não! – exclamou, com alegria.

– Davy!!!

– Ah! Vou pedir a Ele também... Vou pedir... – balbuciou rapidamente, descendo da cama e convencido, pelo tom de Anne, que devia ter dito algo terrível. – Não me importo de pedir perdão a Ele, Anne. "Por favor, Deus, estou muito arrependido por ter sido mau hoje e prometo que vou tentar ser sempre bonzinho aos domingos, e, por favor, me perdoe." Aí está, Anne!

– Bem, agora vá para a sua cama como um bom menino.

– Está bem. Ora, não estou mais me sentindo "miseravil"! Agora me sinto bem. Boa noite.

– Boa noite, querido.

Aliviada, Anne se recostou no travesseiro e deu um suspiro. Ah, estava tão exausta! E no mesmo instante...

– Anne! – Davy estava de volta à sua cama. Anne entreabriu os olhos mais uma vez.

– O que foi agora, querido? – perguntou, esforçando-se para não deixar transparecer sua impaciência na voz.

– Anne, você já viu como o sr. Harrison cospe? Você acha que, se eu praticar bastante, um dia vou cuspir que nem ele?

Anne sentou-se aborrecida e disse com veemência:

– Davy Keith, vá imediatamente para a sua cama e não me deixe pegá-lo acordado de novo nesta noite! Ande, vá agora!

E Davy saiu correndo, sem questionar as razões.

O CHAMADO

Após o vagaroso cair da tarde, Anne e Ruby se sentaram no jardim dos Gillis e lá contemplaram o sol se pôr atrás das árvores. Aquela foi uma tarde de verão quente e cheia de brumas: o mundo era um esplendor de flores desabrochando; os vales tranquilos repousavam sob a névoa; as trilhas do bosque estavam adornadas de sombras e os ásteres punham sua nota de cor púrpura nos prados.

Anne havia desistido de um passeio ao luar até a praia de White Sands para que pudesse passar a tarde com Ruby. Muitas tardes haviam passado naquele verão na companhia da amiga. No entanto, questionava-se frequentemente se essas visitas faziam bem para ambas, de modo que várias vezes foi embora decidida a não mais voltar.

A palidez de Ruby aumentava à medida que o verão passava. Aquela intenção de lecionar na escola de White Sands ficara para trás, uma vez que seu pai preferiu que ela não repousasse até o ano-novo. Seus amados trabalhos de crochê caíam cada vez mais de suas mãos, que ficaram muito fracas para segurar a agulha. Contudo, Ruby parecia sempre alegre e esperançosa enquanto falava sobre seus pretendentes, suas rivalidades e suas angústias, sendo exatamente isso que tornava as visitas de Anne ainda mais difíceis. O que alguma vez havia sido tolo ou divertido agora tornara-se trágico: era a morte espiando através de uma teimosa máscara de vida. Ainda assim, a enferma amiga parecia agarrar-se ainda mais a Anne, nunca deixando-a partir sem a promessa de uma próxima visita. A sra. Lynde resmungava por causa das frequentes visitas de Anne, declarando que a jovem acabaria por contrair aquela mortal doença também e até mesmo Marilla passou a acreditar nisso.

– Todas as vezes que vai visitar Ruby, vejo você voltar para casa com esse ar de cansaço – ela comentou, um dia.

– É tão triste e assustador – disse Anne, em voz baixa. – Ruby não parece ter a mínima ideia da gravidade de seu estado. E, ainda assim, sinto que ela implora por ajuda e eu quero ajudá-la, mas não sei como. Durante todo o tempo que estou com ela, sinto como se estivesse observando-a lutar contra um inimigo invisível... Ela tenta derrotá-lo com a pouca força que lhe resta. Talvez seja por isso que volto para casa tão exausta.

Contudo, naquela noite, Anne não a viu lutar com tanta intensidade. O silêncio de Ruby estava de se estranhar, pois ela não pronunciara uma só palavra sequer: nem sobre festas, passeios, vestidos ou rapazes. Usava um xale branco em torno de seus magros ombros e estava reclinada na rede. Ao seu lado havia um crochê intocado. Suas longas tranças louras, como Anne um dia invejara nos tempos de escola, caíam dos dois lados sobre o peito. Havia tirado os grampos, pois afirmava que estes lhe davam dores de cabeça. Sua face corada desaparecera por ora, tornando seu rosto pálido e infantil.

Surgia no céu uma lua prateada, a qual conferia às nuvens ao redor um brilho perolado. Logo abaixo, o lago refletia a imagem trêmula com um brilho indefinido. Um pouco além da fazenda dos Gillis localizava-se a igreja e, logo atrás, um velho cemitério. O luar destacava as lápides brancas, as quais tinham seus contornos salientados na sombra das árvores logo atrás.

– Não havia reparado, mas o cemitério fica tão estranho sob a luz da lua! – exclamou Ruby, de repente. – Que fantasmagórico! – acrescentou, estremecendo. – Anne, você sabe que agora não falta muito para que eu esteja enterrada lá. É tão injusto! Você, Diana e os demais andarão pelo mundo, cheios de vida... E eu... Eu estarei lá, no velho cemitério... Morta!

A confissão feita por Ruby deixou Anne totalmente surpresa e confusa. Por alguns instantes, ela não conseguiu pronunciar sequer uma palavra.

– Você sabe disso, não sabe? – perguntou Ruby, com insistência.

– Sim, eu sei – respondeu Anne, em voz baixa. – Querida Ruby, eu sei.

– Todos já sabem – prosseguiu, amargurada. – Eu sei... Soube neste verão, mas não queria resignar-me. E, ah, Anne – ela estendeu o braço e agarrou suplicante a mão da amiga, impulsivamente –, eu não quero morrer. Tenho tanto medo de morrer.

– E por que você tem medo, Ruby? – perguntou Anne, calmamente.

– Porque... Porque... Ah, não tenho medo de morrer, mas de ir para o céu, Anne. Sou membro da igreja, mas tudo será tão diferente! Eu penso, penso, e fico tão assustada... E... E com saudade de casa. O céu deve ser lindo, é claro, ao menos a Bíblia assim o diz, mas Anne, não será como eu estou acostumada!

Na mente de Anne, veio-lhe uma intrusa lembrança de uma história engraçada que ouvira de Philippa Gordon: a história de um velho homem que disse exatamente a mesma coisa sobre o mundo porvir. Naquele momento, parecera engraçada e lembrou-se de como ela e Priscilla riram disso. Porém, agora, era diferente e não havia nenhum humor vindo dos lábios trêmulos e pálidos de Ruby. Era triste, trágico e real! Certamente o céu não seria igual ao que Ruby estava acostumada. Nada em sua vida alegre e frívola, em seus ideais e aspirações vazios, a teria preparado para aquela grande mudança, ou mesmo que lhe permitisse imaginar a vida futura de outro modo que não fosse estranho, irreal e indesejável. Anne tentava desesperadamente dizer algo que pudesse consolá-la. Será que havia alguma coisa a ser dita?

– Eu acho, Ruby... – ela começou, hesitante, pois era difícil para Anne revelar a qualquer pessoa o que em seu coração ela pensava mais profundamente, ou as ideias recentes que lhe vinham tomar forma em sua cabeça a respeito dos grandes mistérios desta vida, as quais substituíam as concepções infantis, mais difícil ainda era falar sobre isso com a amiga moribunda – que talvez nós tenhamos conceitos bastante equivocados em relação ao céu e ao que nos aguarda após a morte. Não creio que seja uma vida tão diferente da que vivemos aqui, como nos é ensinado. Acredito que nós seguiremos apenas vivendo, quase como aqui, e que continuaremos sendo nós mesmos... O que difere é que será mais fácil sermos bondosos e buscarmos o melhor, pois todas as dificuldades e perplexidades terrenas desaparecerão e nós conseguiremos ver de forma mais clara. Não fique com medo, Ruby.

– Não posso evitar – contestou, tristemente. – Mesmo que esteja certa sobre o que me diz do céu, não se pode comprovar isso, talvez seja só a sua imaginação e não seja assim exatamente igual. Não pode ser! Eu quero mesmo é continuar vivendo aqui! Sou tão jovem, Anne. Ainda tenho tantas coisas para viver. Lutei tanto para chegar até aqui, mas, ao final, foi tudo em vão... Tenho que morrer... E deixar tudo que me é querido.

Anne foi condolente à amiga num pesar quase impossível de suportar. Não podia dizer mentiras reconfortantes, pois todo o desabafo de Ruby era uma terrível verdade. Ela estava abandonando tudo o que amava.

Seus tesouros estavam todos guardados na Terra, pois vivera apenas para os pequenos prazeres mundanos, as coisas efêmeras, e esqueceu-se das grandes coisas que seguem junto da alma até a eternidade e que constroem uma ponte sobre o hiato que há entre as duas vidas, fazendo da morte uma mera passagem entre tempos e lugares, como do anoitecer ao dia pleno.

Deus tomaria conta dela lá, assim Anne acreditava, e Ruby aprenderia. Porém, agora, não era de se admirar que sua alma se aferrasse num grande vazio, em cego desamparo, agarrada aos únicos tesouros que ela conhecia e amava.

Naquele momento, Ruby, como em suplício ao divino, apoiou-se num braço e ergueu ao céu enluarado seus belos e brilhantes olhos azuis.

– Eu quero viver – disse, com embargo na voz. – Quero viver como as outras garotas. E... Me casar... Ter filhos... Você sabe, Anne, o quanto eu sempre adorei bebês. Eu não poderia dizer isso a mais ninguém, mas sei que você entende. E o meu pobre e querido Herb... Ele... Ele me ama, e eu a ele, Anne! Ele significa tanto para mim... Como nenhum outro significou... E, se eu pudesse viver, eu me casaria com ele e seria esposa dele. Eu seria tão feliz! Ah, Anne, como dói, como é difícil...

Afundando-se no travesseiro, Ruby chorou convulsivamente. Foi então que Anne apertou sua mão com agoniada e silenciosa compaixão e condolência, o que pareceu tê-la ajudado mais do que qualquer palavra antes dita, porque, aos poucos, ela foi se acalmando e cessaram os soluços.

– Estou muito aliviada por ter dito isso a você, Anne – sussurrou. – Colocar isso para fora, em voz alta, já me ajudou muito. Durante todo o verão, eu quis conversar sobre esse assunto com você. Todas as vezes que você vinha, eu tentava, mas não conseguia. Pensava que iria tornar a morte mais certa se eu falasse sobre ela, ou ainda que qualquer outra pessoa falasse ou desse a entender. Durante o dia, não ousava falar e nem sequer pensar nisso. Enquanto havia pessoas à minha volta, tudo estava alegre, não era tão difícil evitar pensar, mas na solidão da noite, quando eu não conseguia dormir, tudo ficava tão assustador, Anne! Não havia escapatória nesses momentos, pois a morte vinha e me encarava, olhando-me direto nos meus olhos. Eu ficava tão apavorada que poderia até gritar de medo.

– Mas agora o medo já passou, não é, Ruby? De agora em diante, você será corajosa e vai acreditar que tudo ficará bem...?

– Vou tentar, eu prometo. Vou pensar em tudo o que você me disse e tentarei acreditar. E você não deixará de me ver sempre que puder, não é, Anne?

– É claro que não, querida.

– Sinto que agora não vai demorar muito, Anne. Estou certa disso. E é você quem eu gostaria de te ter ao meu lado nesse momento. Você é a amiga de quem eu sempre mais gostei, mais do que qualquer outra colega da escola, pois nunca foi invejosa nem cruel como algumas outras. A pobre Emma White veio me ver ontem, se lembra de que ela foi a minha melhor amiga durante três anos, quando estudávamos juntas? E, então, tivemos uma briga na época do concerto na escola, e desde então nunca mais nos falamos. Foi uma grande tolice! Tudo agora me parece tão tolo e trivial, mas Em e eu resolvemos a velha disputa ontem. Ela me disse que teria voltado a falar comigo há anos, mas imaginava que eu não voltaria a falar com ela. E eu, a mesma coisa, pois nunca mais falei com ela, pois estava certa de que ela não falaria mais comigo. Não é estranha essa falta de compreensão que existe entre as pessoas, Anne?

– Você tem razão, Ruby. Eu acho que grande parte das confusões na vida advém da incompreensão. Preciso ir agora. Está ficando tarde e você também não deveria ficar exposta a essa umidade.

– Você voltará logo para me ver, não é?

– Sim, voltarei em breve. E caso haja qualquer coisa que eu puder fazer para ajudá-la, farei com muito gosto.

– Eu sei. Você já me ajudou muito. Nada me parece tão assustador agora. Boa noite, Anne.

– Boa noite, querida.

Sob a luz do luar, Anne foi caminhando lentamente para casa. Algo nela havia mudado naquele anoitecer. Encontrara outra razão de viver, um motivo mais profundo. Na superfície tudo podia parecer igual, mas seu interior foi remexido. As coisas com ela deveriam acontecer diferentemente de como foram com a pobre borboleta Ruby. Quando sua hora chegasse, não contemplaria o porvir com um medo paralisante de algo completamente diferente ou algo para o qual seus pensamentos, ideais e aspirações cotidianos não a houvessem preparado. Os pequenos prazeres da vida mundana, doces e excelentes em seu momento, não deveriam ser a finalidade de toda sua existência. Ao contrário disso, os mandamentos divinos deveriam ser buscados e seguidos e então a vida celestial deveria começar aqui na Terra.

Aquele adeus no jardim foi o último. Anne nunca mais viu Ruby em vida. Na noite seguinte, a Sociedade Beneficente de Avonlea se reuniu numa celebração de despedida para Jane Andrews, que partiria para o Oeste. E, enquanto pés ágeis dançavam, olhos brilhantes riam e línguas alegres conversavam, uma alma foi chamada em Avonlea, um chamado que não pode ser ignorado e do qual não se pode escapar. Na manhã seguinte, espalhou-se de casa em casa a notícia da morte de Ruby Gillis. Faleceu dormindo, serena e sem dor, e em seu rosto havia um sorriso, como se a morte, afinal, tivesse vindo como uma boa amiga para guiá-la pelos portões, e não como um terrível e apavorante fantasma que ela tanto temera.

Após o funeral da jovem, a sra. Lynde declarou enfaticamente que Ruby Gillis era a defunta mais bonita que ela já havia contemplado. Sua beleza, enquanto jazia vestida de branco entre as delicadas flores que

Anne dispusera contornando o cadáver da menina, fora por muitos anos lembrada e comentada em Avonlea. Ruby sempre fora bela, mas sua beleza era terrena, mundana e possuíra uma qualidade arrogante, como se a ostentasse diante dos olhos que a observavam. O espírito ofuscava-se atrás de todo o brilho de sua formosura, nem mesmo o intelecto a havia refinado, porém a morte havia tocado e consagrado sua beleza, destacando os delicados matizes e a pureza dos contornos nunca antes percebidos, fazendo o que a vida, o amor, as profundas tristezas e as grandes alegrias da feminilidade poderiam ter feito por ela. Anne, contemplando em prantos a amiga de infância, pensou ter visto em seu rosto o semblante que Deus lhe destinara, e assim se lembrou de Ruby para todo o sempre.

A sra. Gillis chamou Anne à parte para um quarto vazio, antes que o cortejo fúnebre deixasse a casa e entregou-lhe um pequeno pacote.

– Quero que fique com isto. – Anne soluçou. – Ruby gostaria que isso ficasse com você. É o centro de mesa que ela estava bordando. Não está terminado... E a agulha está cravada exatamente onde seus pobres dedinhos a enfiaram pela última vez em que teceu, na tarde anterior à sua morte.

– Sempre fica algo inacabado – comentou a sra. Lynde, com lágrimas nos olhos. – Mas suponho que sempre haja alguém que o termine.

– É tão difícil compreender que alguém que você sempre conheceu possa estar morto de verdade – disse Anne, enquanto caminhava para casa com Diana. – Ruby é a primeira de nossas amigas a partir. Uma a uma, cedo ou tarde, todas nós também partiremos.

– Sim, creio que sim – assentiu Diana, inquieta. Não queria falar sobre isso. Teria preferido discutir os detalhes do funeral: o esplêndido caixão forrado de veludo branco que o sr. Gillis comprara para a filha; "os Gillis têm que ostentar sempre, até mesmo nos funerais", disse a sra. Lynde, o triste semblante de Herb Spencer; o pranto histérico e incontrolável de uma das irmãs de Ruby. Anne não queria falar nessas coisas, parecia envolta num devaneio, o qual dava a Diana a solitária sensação de nada ter a ver com isso.

– Ruby Gillis era uma moça muito risonha! – exclamou Davy, de repente. – Ela vai rir tanto no céu quanto ria aqui em Avonlea, Anne? Quero saber.

– Eu creio que sim, Davy – respondeu Anne.

– Ah, Anne! – protestou Diana, um pouco chocada.

– Ora, e por que não, Diana? Você acha que nunca iremos sorrir no céu? – perguntou Anne, seriamente.

– Ah... Eu... Eu não sei – balbuciou, atrapalhada. – É que, de alguma maneira, não me parece correto. Ora, você sabe que é muito feio rir na igreja, não é?

– Mas o céu não será como a igreja. Não o tempo inteiro – replicou Anne.

– Espero mesmo que não seja! – disse Davy, com muita ênfase. – Se for, eu é que não quero ir para lá. A igreja é chatíssima. De qualquer maneira, eu não quero ir para lá tão cedo. Quero chegar aos cem anos, como o sr. Thomas Blewett de White Sands. Ele disse que vive tanto assim porque sempre fumou e que o tabaco mata todos os germes. Posso fumar tabaco logo, Anne?

– Não, Davy, e eu espero que você nunca fume tabaco – respondeu, distraída.

– Então, o que você vai sentir se os germes me matarem? – exigiu o garoto.

UM SONHO DISTORCIDO

– Só mais uma semana e estaremos de volta a Redmond – disse Anne.

A ideia de retornar aos estudos, às aulas e aos amigos de Redmond a deixava feliz, assim como a Casa da Patty também era motivo de sonhos agradáveis. Esse pensamento trazia consigo uma calorosa e prazerosa sensação de lar, ainda que nunca houvesse vivido ali.

O verão em Avonlea, contudo, também havia sido uma época feliz ou um bom período para se viver, devido aos dias quentes e ensolarados, um tempo de imenso deleite das coisas que lhe davam vida, tempo esse de renovação e aprofundamento das antigas amizades, em que Anne aprendeu a viver com mais nobreza, a trabalhar com mais paciência e a se divertir com mais alegria.

"Nem tudo se aprende na faculdade" – pensou. "A vida é professora em todos os lugares."

Porém, para a infelicidade de Anne, a última semana de suas maravilhosas férias foram arruinadas por acontecimentos que certamente gostaria de esquecer, pois mais parecia um pesadelo.

– Você ainda tem escrito histórias? – inquiriu o sr. Harrison, cordialmente, numa tarde em que Anne fora tomar chá na companhia dele e de sua esposa.

– Não – respondeu, ligeiramente ríspida.

– Ah, Anne, eu não quis ofendê-la. É que a sra. Hiram Sloane me contou, outro dia, que um grande envelope, endereçado à Companhia de Fermentos Rollings Reliable, de Montreal, havia sido entregue no posto dos correios. Então, ela suspeitou que alguém de Avonlea estivesse concorrendo ao prêmio oferecido pela empresa para a melhor história que citasse o nome do produto. Ela disse que não estava endereçado com a sua caligrafia, mas pensei que você pudesse ter enviado.

– É claro que não! Vi o anúncio do prêmio, mas nem me passou pela cabeça competir, pois seria uma completa desgraça escrever uma história para fazer propaganda de um fermento em pó. Seria quase tão estúpido quanto o anúncio da companhia farmacêutica que Judson Parker queria pôr na cerca de sua fazenda.

Assim, soberbamente, Anne falou, sem imaginar a grande humilhação que a esperava naquela mesma tarde, que foi quando Diana apareceu em seu quartinho do lado leste do sótão, carregando uma carta, cheia de brilho nos olhos e as bochechas coradas pela empolgação.

– Ah, Anne, chegou uma carta para você! Eu estava no posto dos correios, então pensei em trazê-la até você. Abra rápido! Se for o que estou pensando, vou pular de alegria!

Anne, confusa com tudo aquilo, afinal, não esperava a chegada de nenhuma a carta, abriu-a e leu o conteúdo datilografado.

> Senhorita *Anne Shirley,*
> *Green Gables,*
> *Avonlea, Ilha de Prince Edward.*
> *Prezada senhorita: Temos o imenso prazer de informar-lhe que sua adorável história intitulada "A Expiação de Averil" ganhou o prêmio de vinte e cinco dólares oferecido em nossa última competição. Incluímos nesta carta o cheque no referido valor. Estamos preparando a publicação em vários jornais importantes do Canadá e temos a intenção de imprimi-la em folhetins para a distribuição entre nossos clientes. Agradecemos o interesse demonstrado por nossa companhia e ficamos ao seu dispor.*
>
> *Atenciosamente,*
> *Rollings Reliable*
> *Companhia de Fermentos*

– Eu não compreendo – balbuciou Anne, atordoada. Diana aplaudiu.

– Ah, eu sabia que você ganharia o prêmio! Tinha certeza disso! Eu mesma enviei a sua história para a competição, Anne!

– Diana... Barry!

– Sim, enviei – prosseguiu, muito contente, sentando-se na cama. – Quando vi o anúncio, lembrei imediatamente do seu conto e, à princípio, pensei em sugerir que você enviasse, mas tive receio de que não quisesse mandar, pois você tinha tão pouca fé! Então, decidi enviar a cópia que você me deu, sem te dizer nada. Se não ganhasse o prêmio, você nunca ficaria sabendo e não se sentiria mal por isso, porque os contos recusados não são devolvidos e, se ganhasse, ficaria feliz com essa maravilhosa surpresa!

Diana não era muito perspicaz. No entanto, sentiu que Anne não parecia estar exatamente feliz com a notícia. A surpresa estava ali, sem dúvida, mas onde estaria a maravilha?

– Ora, Anne, você não me parece nem um pouco alegre!

Anne, para não decepcionar a amiga, logo produziu um sorriso e o estampou no rosto.

– É claro que estou! O que mais eu poderia estar sentindo nesse momento, senão alegria pelo seu generoso gesto para me agradar? – respondeu, lentamente. – Mas, sabe... estou tão confusa... não faço ideia... e não entendo. Não escrevi uma só palavra na minha história sobre... sobre – Anne se engasgou um pouco nesta palavra – sobre fermento em pó.

– Ah, fique tranquila, eu escrevi essa parte! – explicou Diana. – Foi tão fácil quanto um piscar de olhos, e é claro que contei com a minha experiência de nosso velho Clube de Contos. Você se lembra daquela cena em que a Averil faz o bolo? Pois bem... só afirmei que ela usou o fermento Rollings Reliable no preparo e que por isso havia ficado tão gostoso. E também, no último parágrafo, quando Perceval toma Averil nos braços e diz: "Querida, os maravilhosos anos vindouros nos trarão a concretização de nossa casa dos sonhos", eu acrescentei: "na qual só usaremos o fermento em pó Rollings Reliable."

– Ah! – perdera o ar a pobre Anne, como se alguém lhe houvesse jogado um balde de água fria.

– E você ganhou os vinte e cinco dólares! Não é ótimo? – continuou Diana, em regozijo. – Ora, ouvi, certa vez, a Priscilla dizer que a revista *Mulher Canadense* paga somente cinco dólares por história!

Anne segurava o odioso cheque nos dedos trêmulos.

– Não posso ficar com isto. É seu por direito, Diana. Você enviou o conto e fez as alterações. Eu... eu certamente nunca teria enviado. Então você deve ficar com o cheque.

– Ora, o que fiz não foi nada! – exclamou Diana, com desdém. – É uma honra para mim ser amiga da vencedora, e isso é o suficiente. Bem, tenho que ir. Devia ter ido direto do correio para casa, pois estamos com visitas, mas eu não podia deixar de vir aqui antes para saber das novidades. Estou tão feliz por você, Anne.

Anne deu um passo à frente e repentinamente abraçou Diana, beijando-a no rosto.

– Você é a amiga mais doce e verdadeira que existe, Diana – ela disse, com um leve tremor na voz –, e estou certa de suas boas intenções ao fazer o que fez.

Sentindo uma mistura de satisfação e constrangimento, Diana foi embora e a pobre Anne, depois de largar o inocente cheque na gaveta da escrivaninha como se fosse um dinheiro maldito, atirou-se na cama a chorar lágrimas de vergonha e sensibilidade ultrajada. Ah, como ela conseguiria sobreviver a isto?

Ao entardecer, Gilbert chegou com a intenção de felicitá-la, pois soube das novidades ao passar por Orchard Slope, porém sua empolgação logo desvaneceu ao ver o rosto de Anne.

– Ora, Anne, o que houve? Esperava encontrá-la radiante por ter conquistado o prêmio do Rollings Reliable. Não foi bom para você?

– Oh, Gilbert, você não! – implorou Anne, num tom de "até tu, Brutus?". – Pensei que você entenderia! Não percebe o quanto isso é terrível?

– Não entendo. O que há de tão errado nisso?

– Tudo! – lamentou Anne. – Sinto como se estivesse eternamente desgraçada! O que você acha que uma mãe sentiria se descobrisse que um filho seu havia tatuado um anúncio de fermento em pó no corpo? Pois é exatamente assim que me sinto agora. Eu amava minha pobre historinha, que escrevi com tudo o que havia de melhor em mim. É simplesmente um sacrilégio degradá-la ao nível de uma propaganda de fermento! Não se lembra de quando o professor Hamilton nos dizia, nas aulas de literatura na Queen's, que jamais deveríamos escrever uma só palavra com um propósito baixo ou um motivo desprezível, e que sempre precisávamos nos aferrar aos mais altos ideais? O que ele vai pensar quando souber que eu escrevi um conto para fazer propaganda do Rollings Reliable? E pior! Quando souberem disso em Redmond, imagine o quanto vão zombar de mim!

– Isso não – respondeu Gilbert, incomodado, questionando-se se o que tanto preocupava Anne seria a opinião de um maldito aluno do terceiro ano. – Os Reds pensarão exatamente o que eu pensei: que você, como nove em cada dez de nós, não está nadando em dinheiro e escolheu esse meio para ganhar um dinheiro honesto que vai ajudá-la durante o ano. Não há nada degradante ou indigno nisso, nem nada ridículo também. Certamente todos gostariam de escrever obras-primas da literatura, mas enquanto isso, a hospedagem e as mensalidades devem ser pagas.

Anne ficou um pouco mais conformada com esta visão sensata e pragmática de Gilbert, que a animou um pouco. Ao menos, afastara o temor de ser considerada uma piada, embora seus ultrajados ideais tenham permanecido tremendamente feridos.

RELAÇÕES AFINADAS

– É o lugar mais aconchegante em que já estive! Mais até do que a minha própria casa – declarou Philippa Gordon, olhando ao redor com satisfação.

Naquele fim de tarde, estavam todas reunidas na espaçosa sala de estar da Casa da Patty: Anne e Priscilla, Phil e Stella, tia Jamesina, Rusty, Joseph, a Gata-Sarah, e Gog e Magog. Nas paredes, sombras oriundas do fogo da lareira dançavam. Os gatos ronronavam e um enorme vaso com crisântemos de estufa, enviados por uma das vítimas de Phil, se destacava na penumbra dourada, parecendo luas cor de creme.

Haviam se passado três semanas desde que se consideraram bem acomodadas e todas já acreditavam que havia sido uma excelente ideia. Os primeiros quinze dias após o retorno a Kingsport foram de grande entusiasmo. Estiveram bastante atarefadas, dando conta de arrumar seus pertences no lugar, organizar a casa e ajustar opiniões distintas.

Dada a hora de voltar à faculdade, Anne não lamentou por deixar Avonlea. Os últimos dias de férias foram bastante desagradáveis. Para seu descontentamento, sua história premiada fora publicada nos jornais da Ilha, de modo que sobre o balcão do armazém do sr. William Blair havia uma enorme pilha de folhetins cor-de-rosa, verdes e amarelos, os quais continham o conto e que ele entregava a cada um de seus fregueses. Por cortesia, enviou um fardo para Anne, o qual ela ateou fogo logo que recebera. Sua humilhação era mera consequência de seus ideais, visto que toda Avonlea concordava que era esplêndido ela ter sido a vencedora do prêmio.

Os inúmeros amigos a olhavam com sincera admiração, e alguns poucos inimigos, com desdenhosa inveja. Josie Pye, por exemplo, alegou acreditar que Anne havia copiado a história, pois tinha certeza de já tê-la lido num jornal, alguns anos antes. A família Sloane, que havia descoberto ou desconfiava que Charlie fora rejeitado, considerava que não havia nada demais para Avonlea se orgulhar, porque praticamente qualquer um que tentasse poderia escrever um conto. Tia Atossa, por sua vez, disse a Anne que lamentava muito saber que ela se dedicava a escrever romances, porque ninguém nascido e criado em Avonlea faria algo assim e que "era nisso que dava adotar órfãos de sabe lá Deus onde, com genitores do tipo que só Deus sabe onde, com só Deus sabe que tipo de genitores". Até mesmo a sra. Rachel Lynde tinha sérias dúvidas sobre a decência de escrever histórias, ainda que ponderasse que era boa atividade ao ver o cheque de vinte e cinco dólares.

– É surpreendente o preço que pagam por tais fábulas, isto é que é – disse ela, num misto de orgulho e severidade.

Consideradas todas essas coisas, Anne ficou muito aliviada quando foi chegada a hora de partir. Para ela, era muito bom estar de volta a Redmond, agora convertida em uma aluna do segundo ano, sábia e experiente, junto com seus amigos para saudar o alegre primeiro dia de aula. Prissy, Stella e Gilbert estavam lá; Charlie Sloane, com ares de importância maiores do que o de qualquer outro aluno veterano; Phil, com a questão sobre Alec e Alonzo ainda não resolvida; e Moody Spurgeon MacPherson, que estivera lecionando numa escola desde que saíra da Queen's Academy, porém sua mãe decidiu que seria melhor para ele voltar sua atenção para aprender a ser ministro. O pobre rapaz tivera grande azar no início de sua vida universitária, pois meia dúzia de impiedosos veteranos, que eram seus colegas de quarto na hospedaria, certa noite se lançaram sobre ele e lhe rasparam a metade da cabeça. Então, o infeliz Moody teve de esperar até que seus cabelos crescessem novamente. Contou, com amargura, à Anne que havia momentos em que duvidava de ter realmente recebido o chamado para ser pastor.

Tia Jamesina só veio à Casa da Patty quando as meninas arrumaram tudo para sua chegada. Senhorita Patty enviara a chave para Anne com uma carta na qual dizia que Gog e Magog estavam embalados numa caixa embaixo da cama do quarto de hóspedes, mas que poderiam ser retirados quando elas quisessem. Agregou um pós-escrito, o qual dizia esperar que as moças tomassem cuidado ao pendurar quadros, uma vez que fazia apenas cinco anos que o papel de parede fora trocado, e ela e senhorita Maria não queriam mais furos no novo papel além dos que fossem absolutamente necessários. Para todo o resto, confiavam em Anne.

Como as meninas se divertiram colocando a casa em ordem! Foi quase tão bom quanto se casar, como disse Phil, mas com a vantagem de poderem desfrutar de toda a alegria de preparar o lar sem um marido para se aborrecerem. As moças levaram consigo coisas para enfeitar a casinha ou ao menos torná-la mais confortável. Prisy, Phil e Stella possuíam bibelôs e quadros em abundância, os quais penduraram posteriormente de acordo com o gosto de cada uma, em total incúria com o novo papel de parede da senhorita Patty.

– Quando formos embora, cobriremos os furos, querida! Ela nunca saberá – elas diziam, diante das advertências de Anne.

Anne havia recebido de Diana um alfineteiro cuja base era toda talhada em madeira de pinheiro; a senhorita Ada presenteou a ela e Priscilla com outro alfineteiro maravilhosamente bordado; Marilla lhe enviou uma enorme caixa de compotas, dando a entender misteriosamente sobre outra cesta que enviaria para o dia de Ação de Graças; e a sra. Lynde deu a Anne de presente uma colcha de *patchwork*, além de emprestar outras cinco.

– Você deve levá-las – disse, de forma autoritária. – Melhor que as use do que ficarem empacotadas dentro do baú e serem comidas por traças.

Nenhuma praga dessas jamais ousaria aproximar-se das colchas, pois estas exalavam um odor tão forte de naftalina que precisaram ficar penduradas no pomar da Casa da Patty por, no mínimo, quinze dias antes que pudessem ser usadas. Para falar a verdade, a aristocrática Avenida Spofford raramente contemplara uma exposição como aquela. O velho e rabugento milionário que morava na propriedade ao lado, ao aproximar-se da casa, propôs que Anne vendesse a ele a belíssima colcha amarela e vermelha estampada com tulipas, a qual a sra. Lynde havia lhe dado de presente. Contou-lhe que sua mãe costumava tecer colchas como aquela e, por Deus, desejava tanto adquirir uma daquela para que pudesse se lembrar dela. Anne, porém, não a venderia, para o desapontamento do vizinho, mas relatou, em carta, o episódio para a sra. Lynde, que satisfeitíssima em saber, enviou-lhe uma resposta que dizia possuir outra colcha igual àquela, de modo que o rei do tabaco enfim conseguiu sua colcha e fez enorme questão de colocá-la sobre a cama, para o desprazer de sua requintada esposa.

As colchas da sra. Lynde vieram bem a calhar naquele inverno. A Casa da Patty, apesar de ser um bom lugar, também tinha seus defeitos. A casa era bastante fria e ao chegarem as noites gélidas, as moças ficaram muito contentes com o aconchego que as colchas proporcionavam, e esperavam que a sra. Lynde fosse agraciada com um passe garantido ao reino dos céus por conta desse empréstimo. Anne ficou com o quarto azul, o qual cobiçara desde a primeira visita. Priscilla e Stella ficaram com o maior. Phil ficou contentíssima com o seu pequeno quarto acima da cozinha e tia Jamesina ficou com o outro do andar térreo, que ficava ao lado da sala de visitas. Rusty, a princípio, dormia na soleira da porta.

Alguns dias após sua chegada, enquanto Anne voltava de Redmond para a Casa da Patty, percebeu que as pessoas que passavam por ela na rua, a olhavam com um sorriso dissimulado e indulgente. Incomodada, questionou-se o que poderia haver de errado consigo. Será que o chapéu estava mal posto? O cinto estava solto? Quando olhou para trás para investigar, viu que Rusty a seguia.

Caminhando logo atrás dela, quase esfregando-se em seus calcanhares, ali estava o mais lastimável tipo de felino, o qual ela jamais havia visto. O gato já não era jovem e estava fraco, magro e tinha um aspecto horrível. Suas orelhas tinham pedaços faltando, um dos olhos estava em péssimo estado e um lado da face estava terrivelmente inchado. Com relação à cor, se alguma vez aquele gato tivera sido preto, teve a pelagem queimada, tendo como resultado uma tonalidade desbotada, com pelo ralo, sem graça e imundo.

Anne tentou espantá-lo, mas o gato ignorou os seus gritos de "xô!". Enquanto estava parada, o animal se sentou encarando-a com reprovação do seu único olho bom, mas quando ela retomou o passo, ele a seguiu. Anne resignou-se com sua companhia até chegar ao portão da Casa da Patty, o qual fechou friamente na cara do felino, esperando ingenuamente não ter mais notícias dele. Porém, quinze minutos depois, quando Phil abriu a porta, lá estava o gato enferrujado no degrau! E mais: ele entrou depressa na casa e saltou para o colo de Anne, miando suplicante e triunfantemente.

– Anne, esse animal é seu? – indagou Stella, severamente.

– Não, não é! – protestou, indignada. – Seguiu-me até aqui, vindo só Deus sabe de onde! Não consegui me livrar dele. Ugh, saia de cima de mim! Gosto muito de gatinhos decentes, mas detesto bestas com a sua aparência.

O bichano, entretanto, nem fazia menção de descer. Acomodou-se tranquilamente no colo de Anne e começou a ronronar.

– Ele adotou você, Anne – sorriu Priscilla.

– Mas eu me recuso a ser adotada por esse bicho – respondeu, obstinada.

– A pobre criaturinha está faminta – observou Phil, cheia de compaixão. – Ora, veja como está magro, praticamente pele e osso!

– Bem, eu darei um pote de comida reforçado e depois ele que se vire. Que volte para o lugar de onde veio – disse Anne, resoluta.

Uma vez alimentado, o bichano foi posto para fora. Pela manhã, porém, ele ainda estava no degrau da porta. E lá ele continuava, saltando para dentro da casa sempre que via uma brecha. Nenhuma fria recepção abalava o animal, nem ele dava importância a ninguém, exceto a Anne. Com pena dele, as jovens o alimentaram durante uma semana, mas ao final desta, decidiram que deveriam tomar uma providência. O aspecto do gato havia melhorado. Já não estava mais caolho e a face voltara ao normal. Já não estava mais tão magro e elas o viram lavando o focinho.

– Mas, ainda assim, não podemos ficar com ele – afirmou Stella. – Tia Jamesina chegará na próxima semana e a Gata-Sarah virá com ela. Não podemos ter dois gatos, pois esse Rusty brigaria o tempo todo com a pobre e delicada gatinha. Vê-se que é um brigão por natureza! Ontem mesmo, durante a noite, ele travou uma terrível batalha contra o gato do rei do tabaco e venceu, cavalaria, infantaria e artilharia!

– A senhora tem razão. Precisamos nos livrar dele – concordou Anne, enquanto olhava severamente para o objeto da discussão, que, como se fosse um manso cordeirinho, ronronava sobre o tapete diante da lareira. – Mas como faremos isso? Como quatro indefesas donzelas podem se livrar de um gato que não quer ir embora?

– Poderíamos fazê-lo dormir com clorofórmio – sugeriu Phil, bruscamente. – É, ao menos, a maneira mais humana.

– Quem de nós sabe alguma coisa sobre dar clorofórmio para fazer dormir um gato de maneira humana? – perguntou Anne, tristemente.

– Eu sei, querida. É uma das minhas poucas, mas tristes, habilidades úteis. Já me desfiz de alguns dessa forma em minha casa e garanto que não há dor nem luta.

E Phil explicou-lhes o procedimento detalhadamente.

– Parece fácil – disse Anne, um pouco em dúvida.

– É fácil! Deixe comigo que eu darei um jeito – assegurou Phil.

Conforme o combinado, fizeram os preparativos e, na manhã seguinte, Rusty foi atraído para o seu destino. O animal comeu seu desjejum, lambeu os beiços e subiu no colo de Anne. O coração de Anne ficou apreensivo. A pobre criaturinha a amava e confiava nela. Como poderia ela traí-lo dessa forma?

– Aqui, leve-o – disse, rapidamente e com o coração partido. – Estou me sentindo uma assassina.

– Ele não vai sofrer, você sabe – confortou Phil, porém Anne já não estava mais ali.

O ato fatal foi realizado na varanda dos fundos. Naquele dia, ninguém se aproximou dali. Mas, ao entardecer, Phil declarou que Rusty deveria ser enterrado.

– Prissy e Stella devem cavar o túmulo no pomar e Anne e eu ergueremos a caixa. Eu odeio esta parte.

Aproximaram-se as duas conspiradoras na ponta dos pés. No chão, havia uma caixa de madeira e em cima desta uma pedra. Phil, então, levantou a pedra com muito cuidado. De súbito, fraco, mas claramente, ouviu-se um inconfundível miado que vinha debaixo da caixa.

– Ele... Ele está vivo – gaguejou Anne, sentando-se estupidamente nos degraus da porta da cozinha.

– Não é possível, Anne. Tem que estar morto! – exclamou Phil, incrédula.

Mas outro miadinho provou que Phil estava errada. As duas moças, então, se entreolharam.

– O que faremos agora? – questionou Anne.

– Por que, em nome de Deus, vocês não vieram? O que vocês estão esperando? – reclamou Stella, aparecendo na soleira. – O túmulo já está pronto. "O quê? Ainda calados? Todos calados?" – citou, zombando.

– "Ah, não, as vozes dos mortos soam como longínqua queda d'água" – contra-atacou Anne, prontamente, apontando para a caixa com seriedade.

A gargalhada geral quebrou a tensão.

– Temos que deixá-lo aqui até amanhã de manhã – disse Phil, recolocando a pedra. – Faz cinco minutos que ele não mia. Talvez estivesse agonizando, ou talvez só estejamos imaginando os miados porque estamos sentindo a culpa em nossa consciência pesada.

Todavia, quando a caixa foi erguida pela manhã, o inocente animal saltou alegremente no ombro de Anne e lambeu-lhe afetuosamente o rosto. Nunca houve um gato tão decidido a viver como este.

– Há um buraco na caixa – murmurou Phil. – Não havia visto. Foi por isso que ele não morreu. Agora teremos que fazer tudo novamente.

– Não vamos, não! – declarou Anne, de repente. – Rusty não vai ser assassinado outra vez! Ele é meu gato... E vocês que aceitem isso.

– Oh, meu bem, então você deverá se acertar com Tia Jamesina e a Gata-Sarah – disse Stella, com um ar de quem lavara as mãos sobre a questão.

Daquele momento em diante, Rusty tornou-se parte da família. À noite, dormia no tapete da porta da varanda dos fundos e comia tudo do bom e do melhor. Quando tia Jamesina chegou, ele estava gordo, com o pelo lustroso e parecia respeitável.

Entretanto, assim como o gato de Kipling, Rusty "andava sozinho" e suas garras afiadas estavam contra todos os outros gatos, e as de todos os outros gatos estavam contra ele. Um a um, ele massacrou todos os aristocratas felinos da Avenida Spofford. Quanto aos humanos, ele amava Anne e somente Anne, isso quer dizer que ninguém além dela se atrevia a acariciá-lo, pois, quem o tentasse fazer, era recebido com ferozes arranhões que mais pareciam insultos.

– Não tolero a empáfia desse gato – comentou Stella.

– Ele é só um velho bichano bonzinho, não fale assim dele – disse Anne, protegendo seu gatinho de estimação.

– Bem, não imagino como ele e a Gata-Sarah vão conviver – prosseguiu Stella, com pessimismo. – Brigas de gatos no jardim, a noite inteira, já são bem ruins, mas aqui dentro, bem na sala de estar, será um horror.

Em determinado momento, tia Jamesina chegou. Anne, Priscilla e Phil esperavam sua chegada com algumas reservas, e quando ela chegou, sentou-se na cadeira de balanço diante do fogo da lareira, de modo que as jovens se inclinaram e a adoraram.

Tia Jamesina era uma pequena velhinha, que tinha um rosto em formato levemente triangular e grandes e suaves olhos azuis, os quais guardavam o brilho de uma inextinguível juventude, tão cheios de esperança quanto os de uma menina. Tinha bochechas coradas e seus cabelos eram brancos como a neve, de modo que ficavam presos num curioso penteado em que seus cachinhos desciam pelas orelhas.

– É um penteado de antigamente – disse ela, enquanto tricotava cuidadosamente algo tão delicado e rosado quanto uma nuvem no ocaso. – Mas eu sou antiquada mesmo, meninas. Não só eu, como também minhas roupas e opiniões. Não digo que sejam melhores por isso, me entendam bem. Na verdade, ouso dizer que são até piores, mas são bem suportados. Sapatos novos certamente são mais elegantes, mas os velhos é que são os mais confortáveis – e continuou, sabiamente – Sou velha o bastante para fazer o que tenho vontade com meus sapatos e opiniões. Venho aqui para relaxar, imagino que vocês estivessem esperando que eu viesse aqui para cuidar e mantê-las no bom caminho. Ledo engano, pois eu não farei isso. Considero que vocês já são bem grandinhas para terem juízo, se é que terão algum dia. Portanto, até onde me diz respeito, vocês podem se prejudicar à vontade – concluiu tia Jamesina, com uma piscadela de olho.

– Oh, alguém pode, por Deus, separar esses gatos? – implorou Stella, estremecendo.

Dessa vez, Tia Jamesina trouxera consigo não só a Gata-Sarah, mas também Joseph. Este, explicava ela, fora de uma querida amiga que se mudou para Vancouver.

– Infelizmente, ela não pôde levá-lo, então implorou para que eu ficasse com ele e não pude recusar. Ele é um belo gato, quero dizer, em temperamento. Segundo ela, chamou-lhe de Joseph por conta de sua pelagem que tem várias cores.

E isso era verdade. Joseph, como dizia a desagradável Stella, parecia-se com uma bolsa de retalhos ambulante. Não era possível dizer qual cor predominava: as pernas eram brancas com pintas pretas; o dorso era cinza, com uma grande mancha amarela de um lado e preta do outro; a cauda era amarela com a ponta cinzenta; uma orelha era preta e a outra amarela. Tinha uma mancha preta sobre um dos olhos, que lhe conferia um semblante libertino. No entanto, o gato era manso, inofensivo e sociável. Sobre isto, diferentemente dos outros gatos, Joseph era como um lírio do campo: não se esforçava nem corria ou caçava ratos. Ainda assim, nem mesmo Salomão em toda sua glória dormira em almofadas tão macias ou desfrutara de manjares tão saborosos.

Joseph e a Gata-Sarah vieram de trem, em duas caixas separadas. Após terem sido soltos e alimentados, Joseph escolheu a almofada e o canto de que mais gostou, e a Gata-Sarah sentou-se diante da lareira e começou a lamber o focinho. Era uma gata grande, elegante, de pelagem cinza e branca, digna da nobreza real que não era, de modo algum, prejudicada pela consciência de sua origem plebeia. Fora dada de presente a tia Jamesina por sua lavadeira.

– O nome dela era Sarah, então meu marido sempre chamou a felina de Gata-Sarah – explicou tia Jamesina. – Ela tem oito anos e é uma excelente caçadora de ratos. Não se preocupe, Stella. A Gata-Sarah nunca brigou e Joseph o fez poucas vezes.

– Para se defenderem aqui, serão obrigados a brigar – avisou Stella.

Neste momento, Rusty entrou em cena. Vinha ele pulando animadamente pela sala, até que pôs os olhos nos intrusos. Então, parou repentinamente; sua cauda se eriçou até ficar tão larga como se fossem três caudas juntas e o pelo arrepiado no dorso se transformou num arco desafiador. Rusty baixou a cabeça, soltou um medonho guincho de ódio e logo atacou a Gata-Sarah.

A majestosa felina cessara de lavar o focinho e o encarou com curiosidade. Sem se amedrontar, Gata-Sarah recebeu sua investida com um depreciativo golpe de sua forte patada. Rusty rodopiou desconcertado pelo tapete e se levantou, desnorteado. Que tipo de gato era aquele que conseguira golpear suas orelhas? Curioso, olhou novamente para a Gata-Sarah, em dúvida. Atacaria outra vez? Então, deliberadamente, ela virou-lhe as costas e retomou sua tarefa de lamber o focinho. Rusty achou melhor não mais atacá-la, nunca mais o fez. Daquele dia em diante, soube que quem mandava era a Gata-Sarah, que por sua vez dominou a casa. Rusty jamais tornou a cruzar seu caminho.

Joseph, porém, sentou-se levianamente e bocejou. Rusty, no ardor para vingar sua desgraça, foi para cima dele. Joseph, pacífico por natureza, sabia lutar se precisasse e lutava bem. O resultado foi uma série de batalhas diárias entre os dois, sempre que se cruzavam pela casa. Anne tomava o partido de Rusty, é claro, e detestava Joseph. Stella estava desesperada e tia Jamesina apenas ria daquilo tudo.

– Deixem que briguem – disse, com tolerância. – Depois que essa disputa passar, certamente serão amigos. Joseph precisa mesmo se exercitar um pouco, pois está ficando muito gordo e Rusty deverá aprender a valiosa lição de que não é o único gato no mundo.

Até que chegou o dia que Joseph e Rusty entraram num consenso e, de inimigos mortais, tornaram-se amigos inseparáveis. Passaram a dormir na mesma almofada com as patas de um sobre o outro, e lambiam o focinho um do outro com afinco.

– Todos nós nos adaptamos uns aos outros – disse Phil. – Eu, por exemplo, tenho aprendido a lavar a louça e a varrer o chão.

– Mas não tente nos fazer acreditar que sabe "apagar" gatos – brincou Anne.

– Não foi culpa minha. Foi tudo culpa do buraco na caixa – protestou Phil.

– Ainda bem que a caixa tinha um buraco – disse tia Jamesina, com certa severidade. – Admito que, às vezes, os gatinhos recém-nascidos precisam ser afogados, pois, do contrário, o mundo seria invadido por eles. Mas creio que nenhum gato crescido e decente deva ser sacrificado... a menos que coma ovos.

–Tenho certeza de que se a senhora visse como o Rusty apareceu por aqui, não diria que ele era um gato decente. Ele se parecia mais era com o diabo – comentou Stella.

– Não creio que o diabo seja feio – respondeu tia Jamesina, meditativa. – Caso contrário, não conseguiria fazer tanto mal. Na verdade, sempre o imagino como um elegante cavalheiro.

UMA CARTA DE DAVY

– Está começando a nevar, meninas – anunciou Phil, ao chegar em casa num anoitecer de novembro –, e o jardim está repleto de adoráveis estrelinhas e cruzes. Nunca havia reparado no quão delicados e lindos são os flocos de neve. Viver com simplicidade nos faz ter tempo de perceber essas pequenas coisas. Que Deus abençoe vocês por me possibilitarem viver isso! É tão fascinante se preocupar porque o preço da manteiga subiu cinco centavos.

– Subiu? – perguntou Stella suspresa, que era quem cuidava das contas da casa.

– Subiu, mas acalme-se, aqui está a manteiga. Estou ficando ótima na arte de barganhar. É mais divertido até do que flertar – concluiu, muito séria.

– O preço das coisas está aumentando escandalosamente – suspirou Stella.

– Não se importe com isso, Stella. Graças a Deus, o ar e a salvação ainda são gratuitos – comentou tia Jamesina.

– E rir também é de graça! – completou Anne. – Por sorte ainda não incidem impostos sobre as risadas, porque agora vocês vão rolar de tanto rir, pois eu vou ler uma carta de Davy. Do ano passado para cá, a ortografia dele melhorou muitíssimo e, apesar de ainda lutar com os acentos, ele certamente possui um grande talento para escrever cartas. Ouçam e riam, antes de nos sepultarmos em intensos estudos noturnos.

Querida Anne, escreveu Davy, *peguei o meu lápis para contar a você que estamos todos muito bem, e que eu espero que esta carta a encontre bem "tambem". Está nevando um pouco hoje, e a Marilla me disse que a Senhora do Céu está sacudindo os colchões de penas. A Senhora do Céu que é a esposa de Deus, Anne? Quero saber.*

A sra. Lynde estava muito doente, mas agora ela já está bem. Na semana passada, ela caiu na escada do porão e se agarrou logo na prateleira onde estavam todos os tarros de leite e as "cassarolas" *que se quebraram e 'cairam' em cima dela e isso fez um barulhão. A primeira coisa que a Marilla pensou é que estava tendo um terremoto.*

Uma das "cassarolas" ficou toda amassada e a sra. Lynde machucou as costelas. O médico veio aqui e deu um remédio para ela esfregar nas costelas, mas ela entendeu errado e bebeu o remédio. O doutor falou que ficou muito surpreso que ela não tenha morrido, mas não morreu não e ela ficou curada das costelas, então a sra. Lynde falou que os doutores não sabem de nada. Mas nós não conseguimos consertar a "cassarola" e Marilla teve até que jogar fora. Foi Dia de Ação de Graças na semana passada, não teve aula e tivemos um grande banquete. Comi torta de carne, peru assado, bolo de fruta, rosquinhas, queijo com geleia e bolo de "xocolate". Marilla me disse que eu ia morrer de tanto comer, mas eu não morri. Dora teve dor de "ovído", só que não era no "ovído" era no "istomago". Eu não tive dor em nenhum lugar.

Nosso novo professor é um homem e tudo para ele é piada. Na semana passada ele fez com que os meninos do terceiro ano escrevessem uma "redassão" sobre que tipo de esposa a gente gostaria de ter, e as meninas sobre que tipo de marido elas gostariam. Ele quase morreu de rir quando leu as "redassões'. Esta foi a minha. Acho que você vai gostar de ler.

"Que tipo de esposa eu gostaria de ter.

Ela tem que ter boas maneiras e preparar as minhas 'refeissões' na hora certa, e tem que fazer o que eu mandar, e ser muito educada comigo. Ela tem que ter quinze anos. Ela tem que ser boa para os pobres, e manter a casa arrumada, e ter bom temperamento, e ir para a igreja regularmente. Ela tem que ser muito bonita, e ter cabelos cacheados. Se eu conseguir uma esposa que for do jeito que eu quero, eu vou ser um marido muito bom para ela. Eu acho que uma mulher vai ser muito boa pro marido. Algumas pobres mulheres não tem marido.

Fim"

Fui no funeral da sra. Isaac Wrights, em White Sands na semana passada. O marido da defunta estava muito triste de verdade. A sra. Lynde falou que o avô da sra. Wrights roubou uma ovelha, mas a Marilla falou que não devemos falar mal dos mortos. Por que não devemos, Anne? Quero saber. Não tem perigo em fazer isso, né?

A sra. Lynde ficou furiosa comigo outro dia porque eu perguntei se ela estava viva no tempo de Noé. Eu não queria magoar os sentimentos dela. Eu "so" queria saber. Ela estava, Anne?

O sr. Harrison queria se livrar do cachorro dele. Então ele enforcou o cachorro, que "ressuscitou" e saiu correndo para o celeiro quando o sr. Harrison estava cavando o buraco. "Dai", ele enforcou cachorro de novo, mas dessa vez ele ficou morto mesmo. O sr. Harrison tem outro homem trabalhando para ele. Ele é muito estranho. O sr. Harrison falou que ele é canhoto dos dois pés. O ajudante do sr. Barry é preguiçoso. Foi a sra. Barry que falou isso, mas o sr. Barry falou que ele não é exatamente preguiçoso, mas que ele pensa que é melhor rezar pelas coisas do que trabalhar por elas.

O porco premiado da sra. Harmon Andrews, aquele que ela se orgulhava tanto, teve um ataque e morreu. A sra. Lynde falou que isso foi um castigo de Deus por causa do orgulho dela. Mas eu acho que foi o porco quem foi castigado. Milty Boulter estava doente e o doutor deu um remédio para ele que tinha o gosto horrível. "Me" ofereci para tomar o remédio no lugar dele por um centavo, mas os Boulters são tão mesquinhos. Milty disse que preferia tomar ele mesmo, para economizar o dinheiro. Perguntei para a sra. Boulter como é que uma mulher faz para pescar um homem, e ela ficou vermelha e furiosa comigo e disse que não sabia, porque ela nunca havia pescado homens.

A SMA vai pintar o salão de Avonlea de novo. "Se" cansaram de ver o salão sempre azul.

O novo pastor veio aqui para o chá ontem de noite. Ele comeu "tres" pedaços de torta. Se fosse eu que tivesse feito isso, a sra. Lynde ia dizer que sou um esganado. E ele comeu rápido, e engolia pedaços enormes, mas a Marilla sempre me fala para não fazer isso. Por que os pastores podem fazer aquilo que os meninos não podem? Quero saber.

Não tenho mais novidades. Mando aqui seis beijos para você.

Dora manda um. Seu amoroso amigo David Keith

P.S. Anne, quem era o pai do diabo? Quero saber.

A SRA. JOSEPHINE RECORDA-SE DA PEQUENA ANNE

Quando o feriado de Natal chegou, as meninas da Casa da Patty partiram cada uma para seu lar, mas tia Jamesina preferiu continuar lá.

– Não posso ir a nenhum dos lugares que me convidaram e levar os três gatos comigo – disse ela. – E não posso deixar as pobres criaturinhas aqui, sozinhas, por quase três semanas. Se tivéssemos algum vizinho decente que os alimentasse, eu até poderia ir, mas nesta rua só vivem milionários esnobes. Então, ficarei aqui e manterei a Casa da Patty aquecida para quando vocês voltarem.

Anne voltou para casa com as alegres e costumeiras esperanças, que não foram plenamente satisfeitas. Quando chegou, encontrou Avonlea açoitada por um antecipado inverno, frio e tempestuoso, como nem mesmo os habitantes mais antigos conseguiam se lembrar. Green Gables estava totalmente cercada por fortes nevascas, em quase todos os dias de suas desafortunadas férias, o temporal estava pleno, e mesmo nos dias bons o vento não parava de soprar. Tão logo as estradas secavam, as chuvas voltavam a enchê-las novamente e era quase impossível sair de casa. A SMA tentou, em três noites diferentes, organizar uma celebração em honra aos estudantes, contudo, em todas essas noites a tempestade foi tão intensa que ninguém conseguiu sair de suas casas, e assim os desanimados Melhoradores desistiram de tentar. Anne, apesar de amar e ser leal a Green Gables, sentiu uma intensa saudade da Casa da Patty, com sua acolhedora lareira, o doce e jovial olhar de tia Jamesina, os três gatos, o alegre falatório das meninas e as maravilhosas noites de sexta-feira, quando recebiam a visita dos amigos da faculdade para conversar sobre assuntos triviais ou divertidos.

Em Avonlea, Anne se sentia solitária, pois Diana estivera presa em casa durante toda a época das festas por conta de uma severa crise de bronquite e, portanto não poderia ir até Green Gables, ao passo que Anne raramente conseguia chegar até Orchard Slope, pois a antiga trilha pela Floresta Assombrada estava intransitável devido à nevasca, e o caminho mais longo, sobre o congelado Lago das Águas Reluzentes, também. Ruby Gillis repousava no cemitério de lápides brancas e Jane Andrews estava lecionando numa escola, nas pradarias ocidentais. Gilbert, na verdade, permanecia fiel em suas visitas, mesmo chegando a Green Gables com dificuldade, em todas as tardes que podia, porém tais visitas não eram mais como antes e Anne praticamente as temia, pois era muito desconcertante erguer os olhos num silêncio repentino e encontrar os olhos castanhos de Gilbert fixados nela, com uma inequívoca e profunda expressividade. E era ainda mais desconcertante perceber-se a si mesma enrubescendo intensamente e ficando desconfortável diante do seu olhar contemplativo, como se... como se... bem, era tudo bastante embaraçoso.

Anne, pois, desejava retornar à Casa da Patty, onde sempre alguma das meninas abrandaria uma situação delicada como essa. Em Green Gables, Marilla corria prontamente para os domínios da sra. Lynde quando Gilbert chegava e insistia em levar os gêmeos consigo. Tal atitude tinha um inconfundível significado, o que provocava uma furiosa sensação de impotência em Anne.

Davy, porém, estava felicíssimo. Divertia-se muito saindo pela manhã para limpar com a pá o caminho até o poço e o galinheiro. Experimentava com muito gosto os quitutes natalinos feitos por Marilla e a sra. Lynde, que rivalizavam em preparar coisas para Anne. O menino estava lendo um livro fascinante, o qual pegara emprestado da biblioteca da escola, sobre um maravilhoso herói que possuía o incrível poder de se envolver em confusões catastróficas, das quais sempre conseguia sair em meio a terremotos e explosões vulcânicas, que o lançavam para longe de seus problemas, conduzindo-lhe até a fortuna, e a história terminava com um *grand finale*.

– Vou te dizer, Anne, esta sim é uma história boa – disse, empolgado. – Gosto muito mais de ler este livro do que a Bíblia.

– Não me diga... – brincou Anne, sorrindo para o garoto.

Davy a encarou com curiosidade.

– Você não parece surpresa com isso, Anne. Quando disse isso para a sra. Lynde, ela ficou irritadíssima e muito chocada.

– Pois eu não fico chocada, Davy. Creio que é bastante natural que um menino da sua idade prefira um livro de aventuras à Bíblia. Entretanto, quando for mais velho, você vai compreender que a Bíblia também é um livro maravilhoso.

– Ah, mas eu sei que é! Tem algumas partes que são ótimas! – concordou Davy. – Eu adoro aquela história sobre o Joseph, mas se eu fosse ele, não teria perdoado meus irmãos. De jeito nenhum, Anne! Eu teria mandado cortar a cabeça de cada um! A sra. Lynde não gostou nadinha quando eu falei isso para ela e fechou a Bíblia, dizendo que nunca mais ia ler para mim se eu continuasse falando daquele jeito. Então, agora eu não falo mais quando ela lê para mim nos domingos à tarde, fico só imaginando as coisas na minha cabeça e depois conto para o Milty Boulter no dia seguinte, na escola. Outro dia, contei para ele a história sobre Elias e os ursos e ele ficou tão apavorado que nunca mais implicou com a careca do sr. Harrison. Existem ursos na Ilha de Prince Edward, Anne? Quero saber.

– Hoje em dia não existem mais – respondeu Anne, ausente, enquanto o vento soprava a neve contra a janela. – Ah, Deus, quando essa tempestade vai terminar?

– Só Deus sabe – redarguiu Davy, alegremente, enquanto retomava sua leitura.

Dessa vez Anne ficou irritada com ele.

– Davy! – exclamou, em tom de reprovação.

– Mas eu vi a sra. Lynde falando isso outro dia! – protestou Davy. – Foi numa noite da semana passada, quando a Marilla falou: "Será que

Ludovic Speed e Theodora Dix vão se casar algum dia?" e a sra. Lynde respondeu: "Só Deus sabe". Foi assim mesmo.

– Bem, mas não foi correto da parte dela em falar dessa maneira – replicou Anne, decidindo que deveria tomar partido nesse dilema. – Ninguém deve tomar o nome de Deus em vão, ou mencioná-Lo tão rapidamente, Davy, nem a sra. Lynde! Nunca mais faça isso.

– Mas nem se eu falar lentamente com um tom solene, como um pastor? – questionou, com seriedade.

– Não, nem assim.

– Está bem, não vou mais fazer isso. Anne, Ludovic Speed e Theodora Dix vivem em Middle Grafton e a sra. Lynde disse que faz uns cem anos que ele está cortejando a moça. Será que eles não vão estar muito velhos para se casar? Espero que o Gilbert não corteje você por tanto tempo. Quando é que você vai se casar com ele, Anne? A sra. Lynde disse que isso é a coisa certa a fazer.

– A sra. Lynde é uma... – Anne começou a dizer, irritada, mas não continuou.

– Uma terrível velha fofoqueira – completou Davy, com tranquilidade. – É disso que todos a chamam, mas o seu casamento é uma coisa certa, não é, Anne? Quero saber.

– Você é um menininho muito bobo, Davy! – exclamou, saindo indignada do quarto.

Naquele frio entardecer, a cozinha estava vazia e ela se sentou junto à janela, cuja luz se dissipava com rapidez. O sol já havia se posto e o vento cessou. Uma pálida Lua de inverno se erguia por trás das púrpuras nuvens a Oeste. O céu diurno já se despedia, mas uma faixa amarela que se estendia por todo o horizonte brilhou com mais intensidade, como se todos os raios de luz remanescentes tivessem se encontrado e se tornado um único nas colinas distantes, em cujas margens havia escuros pinheiros que traçavam silhuetas que se assemelhavam às batinas dos padres, de modo a se destacar nitidamente contra o céu. Anne contemplou os alvos e inertes campos, os quais eram frios e mortos diante da desagradável luminosidade daquele crepúsculo nefasto, e suspirou.

Anne sentia-se muito sozinha em Avonlea e estava profundamente triste, perguntando-se como poderia retornar a Redmond no ano seguinte, já que era pouco provável que conseguisse, uma vez que a única bolsa possível de obter no segundo ano não a ajudaria muito. De modo algum, usaria o dinheiro de Marilla e também havia poucas esperanças de que conseguisse ganhar dinheiro suficiente durante as férias de verão.

"Imagino que terei de trancar a matrícula no ano que vem"–, pensou tristemente, "e voltar a lecionar em uma escola municipal até economizar o bastante para finalizar meu curso. E, até lá, toda a minha turma já terá se formado e a Casa da Patty estará fora do meu alcance. Mas tudo bem! Não serei covarde. Ficarei grata por poder ganhar dinheiro para pagar meus estudos, se assim for necessário."

– Olhe lá o sr. Harrison vindo pela alameda – anunciou Davy, antes de sair correndo. – Tomara que ele tenha trazido a correspondência. Já faz três dias que as cartas não chegam e eu quero saber o que aqueles irritantes liberais estão fazendo. Eu sou conservador, Anne! E você me escute: temos que ficar de olho nesses liberais!

O sr. Harrison havia trazido a correspondência e as alegres cartas de Stella, Priscilla e Phil logo fizeram com que a tristeza de Anne passasse. Tia Jamesina também lhe escreveu dizendo que estava mantendo a lareira acesa, que todos os gatos estavam bem e que as plantas da casa estavam bem cuidadas.

O clima tem estado bem frio, então deixo que os gatos durmam dentro de casa, Rusty e Joseph no sofá da sala e a Gata-Sarah ao pé da minha cama. É um consolo ouvi-la ronronar quando desperto à noite e penso na minha pobre filha que está no exterior. Não me preocuparia tanto se ela não estivesse na Índia, mas dizem que lá as cobras são terríveis. Preciso de todo o ronronar da Gata-Sarah para afugentar estes maus pensamentos. Confio em tudo, exceto nas serpentes. Não entendo por que Deus as criou, pois não parecem obra divina. Creio que sejam obra de Satanás.

Anne deixou para o final uma carta breve, datilografada, supondo ser de pouca importância. Entretanto, quando leu a missiva, permaneceu imóvel e as lágrimas escorreram-lhe pelos olhos.

– O que houve, Anne? – perguntou Marilla.

– Senhorita Josephine Barry morreu – ela respondeu, com a voz embargada.

– Então, enfim, ela se foi... Bem, ela já estava doente havia mais de um ano e os Barrys esperavam receber a qualquer momento a notícia de sua morte. Graças aos céus que ela descansou, Anne, pois ela já havia sofrido demais. Ela sempre gostou muito de você.

– E parece que ela gostou de mim até o final de sua vida, Marilla. Esta carta é do advogado dela, informando-me que ela deixou mil dólares para mim em seu testamento.

– Por Deus, quanto dinheiro! – exclamou Davy. – Essa era aquela velha senhora que estava na cama do quarto de hóspedes quando você e Diana pularam em cima, não é? Uma vez, Diana me contou essa história. Foi por isso que ela deixou tanto dinheiro para você, Anne?

– Não fale bobagens, Davy – pediu Anne, suavemente. Ela subiu para o quarto com o coração apertado e deixou Marilla e a sra. Lynde conversarem à vontade sobre o assunto.

– Vocês acham que depois disso a Anne ainda vai querer se casar algum dia? – especulou Davy, avidamente. – Quando a Dorcas Sloane se casou no verão passado, ela falou que não se incomodaria com um marido caso tivesse dinheiro suficiente para se sustentar, mas viver com um viúvo e os oito filhos dele era ainda melhor que morar com uma cunhada.

– Davy Keith, segure essa sua língua! – ralhou a sra. Lynde, com severidade. – Você fala de uma maneira escandalosa para um menininho, isto é que é!

UM INTERLÚDIO

– E pensar que este é meu vigésimo aniversário e que nunca vou ser adolescente novamente – comentou Anne para tia Jamesina. Estava ela encolhida no tapete em frente à lareira com Rusty no colo, enquanto a meiga senhora lia em sua cadeira favorita. Estavam as duas sozinhas na sala. Stella e Priscilla haviam ido a uma reunião do comitê e Phil estava em seu quarto, arrumando-se para um baile.

– Suponho que você esteja um pouco triste – disse tia Jamesina. – Com a chegada dos vinte anos, encerra-se uma fase encantadora da vida. De minha parte, estou contente por não ter nunca saído totalmente dessa idade.

Anne sorriu.

– E a senhora nunca sairá, tia. Mesmo quando completar cem, ainda terá dezoito. Sim, é verdade que me sinto triste e um tanto insatisfeita também. Senhorita Stacy me disse, há muito tempo, que aos vinte anos o meu caráter já estaria definido, para o bem ou para o mal, mas sinto que isso ainda não aconteceu comigo, pelo contrário, sinto que meu caráter está incompleto e cheio de falhas.

– Assim como o de todos, Anne – replicou tia Jamesina, animadamente. – O meu, por exemplo, está partido em uma centena de lugares. Essa senhorita Stacy provavelmente quis dizer que, aos vinte anos, o seu caráter já teria se inclinado permanentemente para uma ou outra direção, e que assim seguiria desenvolvendo-se nessa linha. Não se preocupe com isso, nem tenha pressa, Anne. Cumpra o seu dever para com Deus, com seu vizinho, consigo mesma e divirta-se! Esta minha filosofia de vida sempre funcionou muito bem. Aonde Phil vai nesta noite?

– Ela vai a um baile e vai usar um lindo vestido de seda amarelo creme, com rendas finíssimas. Combinará muito bem com os tons acastanhados de sua pele, olhos e cabelos.

– Existe magia nas palavras seda e renda, não existe? Até a sonoridade dessas palavras me faz sentir como se estivesse eu mesma me aprontando para um baile. E seda amarela. Parece até que estamos falando de um vestido feito com os raios de sol. Sempre sonhei em ter um vestido de seda amarela, mas minha mãe e depois meu marido não queriam me ouvir falando nisso. A primeiríssima coisa que vou fazer assim que eu chegar ao céu será arranjar um vestido de seda amarelo.

Entre as risadas de Anne, Phil desceu as escadas a caminhar sobre nuvens de glória e a contemplar sua bela imagem no grande espelho oval na parede.

– Um espelho lisonjeiro é o promotor do amor-próprio – ela disse. – Aquele do meu quarto me faz parecer esverdeada. Estou bem, Anne?

– Você sabe o quanto é linda, não é, Phil? – perguntou Anne, com honesta admiração.

– É claro que sei. Que outra serventia teriam os espelhos e os homens se não essa? Porém, não é bem isso que quero saber agora, e sim se meus cachos estão bem penteados? Minha saia está com bom caimento? Esta rosa ficaria melhor mais para baixo? Acho que ela está muito para cima, e eu vou parecer assimétrica. Detesto quando alguma coisa me causa coceira nas orelhas.

– Está perfeita, e essa sua covinha é tão bonita.

– Anne, há algo em particular que eu gosto muito em você: sua generosidade. Não há sequer uma partícula de inveja em você.

– E por que ela deveria sentir inveja de você? – questionou a tia Jamesina. – Pode ser que Anne não seja tão elegante, mas com certeza ela tem um nariz muito mais bonito.

– Sei disso, tia Jamesina! A senhora tem toda razão – concordou Phil.

– Confesso que meu nariz sempre foi um grande consolo para mim – afirmou Anne.

– E eu gosto também da maneira como o seu cabelo cai sobre a testa, Anne. E esse pequeno cachinho rebelde é adorável, pois parece estar sempre a ponto de cair, mas nunca cai e é uma graça. Porém, quanto ao nariz, o meu será sempre um incômodo para mim. Sei que, quando eu chegar aos quarenta anos, ele terá se tornado um nariz dos Byrne. Como você acha que serei aos quarenta, Anne?

– Com certeza como uma velha matrona casada – provocou Anne.

– Não serei! – discordou, sentando-se confortavelmente para esperar até que seu acompanhante chegasse. – Joseph, sua besta malhada, não ouse subir no meu colo! Não quero chegar no baile cheia de pelos de gato! Não me provoque, Anne, eu não vou parecer uma matrona. Mas sem dúvida estarei casada.

– Com Alec ou Alonzo?

– Com algum dos dois, eu acho, se um dia conseguir me decidir com qual – suspirou Phil.

– Não deveria ser difícil de decidir – censurou tia Jamesina.

– Nasci como uma gangorra, tia, e nada pode me impedir de balançar.

– Deveria ser mais sensata, Philippa – retrucou a tia.

– É melhor ser sensata, é óbvio – concordou Phil –, mas os sensatos perdem toda a diversão. Com relação a Alec ou Alonzo, se a senhora os conhecesse entenderia a razão de ser tão difícil escolher entre eles. Os dois são igualmente adoráveis.

– Então encontre alguém que seja ainda mais adorável do que eles – sugeriu tia Jamesina. – E aquele estudante do terceiro ano que é completamente devotado a você, o Will Leslie? Ele tem belos olhos grandes e doces.

– De fato, são muito grandes e muito doces, mas como os de uma vaca – disse Phil, com crueldade.

– O que acha de George Parker?

– Não há nada que eu possa dizer a respeito dele, somente que ele sempre parece ter sido recém-passado e engomado.

– E Marr Holworthy? Não há como você apontar um defeito nele.

– Não mesmo... Ele serviria se não fosse pobre. Tenho que me casar com um homem rico, tia Jamesina. O dinheiro e uma boa aparência são essenciais. Eu me casaria com Gilbert Blythe se ele fosse rico.

– Ah, sim... Você se casaria com ele? – perguntou Anne, com certa raiva na voz.

– Não gostamos nem um pouco dessa ideia, apesar de nós mesmas não querermos Gilbert, ah não, não! – tripudiou Phil. – Mas não vamos falar de assuntos desagradáveis. Presumo que terei de me casar algum dia, mas adiarei esse dia fatal ao máximo.

– Quando chegar o momento, Phil, não se case com alguém que você não ama – aconselhou tia Jamesina.

– *Ah, os corações que amam à maneira antiga estão, hoje em dia, fora de moda.* – cantarolou Phil, em tom debochado. – Aí está o coche. Agora já vou. Adeus, minhas queridas antiquadas!

Quando Phil partiu, tia Jamesina olhou solenemente para Anne.

– Esta menina é linda, doce e tem ótimo coração, mas parece, às vezes, que ela não é lá muito boa da cabeça, sabe, Anne?

– Ah, eu creio que não, tia Jamesina. É só mesmo o seu modo de falar – respondeu, escondendo uma risada.

Tia Jamesina balançou a cabeça.

– Bem, espero que esteja certa, Anne. Realmente espero, pois eu a adoro! Mas não a compreendo muito bem... Ela vai além. Não se parece com nenhuma mocinha que eu tenha conhecido na vida, ou mesmo nenhuma das moças que eu mesma fui.

– Quantas moças a senhora já foi, tia Jamesina?

– Pelo menos meia dúzia, minha querida.

COM A PALAVRA, GILBERT

– Ai! Como o dia hoje está monótono e tedioso – bocejou Phil, espreguiçando-se prostrada no sofá, depois de ter expulsado dali dois gatos indignados.

Anne deixou de lado *As Aventuras do sr. Pickwick*. Agora que já havia concluído as avaliações do semestre de primavera de Redmond, a jovem voltava a poder se dedicar à leitura de Dickens.

– Somente para nós, mas para outras pessoas pode estar sendo um dia maravilhoso – disse Anne, pensativa. – Alguns podem estar extremamente felizes. Talvez uma façanha magnífica tenha acontecido em sua vida, em algum lugar; ou algum grande poema tenha sido escrito; ou um grande homem tenha nascido; ou quem sabe, algum coração tenha se partido.

– Por que você estragou essa bela reflexão com essa antagônica frase final, querida? – resmungou Phil. – Detesto pensar em corações partidos ou em qualquer coisa desagradável.

– E você pensa que pode ignorar todas as coisas desagradáveis da vida, Phil?

– Meu Deus, é claro que não! E não estou agora mesmo encarando duas delas? Ou você considera Alec e Alonzo agradáveis? A única coisa que eles fazem é complicar a minha vida!

– Você não leva nada a sério, Phil.

– E eu deveria? Já existem muitas pessoas que fazem isso muito bem.

O mundo precisa, afinal, de pessoas como eu, Anne, para animá-lo. Se não houvesse pessoas como eu, o mundo seria um lugar medonho, somente de intelectuais e sérios, vivendo num profundo mal-estar. Tenho a missão, como diz Josiah Allen, de "encantar e fascinar". Confesse agora: a vida na Casa da Patty não tem sido muito mais radiante e agradável neste último inverno só porque eu estive aqui para animar vocês?

– Sim, tem sido, sim – admitiu Anne.

– E vocês todas me amam, até mesmo tia Jamesina, que me acha completamente louca. Então, por que eu deveria tentar ser diferente? Ah, querida, estou com tanto sono! Fiquei acordada até uma da madrugada lendo uma aterrorizante história de fantasmas. Li na cama e, quando terminei, você acha que eu consegui me levantar para apagar a luz? Por sorte, Stella chegou mais tarde e a apagou, caso contrário, a lamparina teria queimado firme e forte até de manhã. Quando ouvi os passos de Stella, suspirei aliviada e expliquei minha aflição e lhe pedi que apagasse o fogo da lamparina. Se eu mesma tivesse ido apagar, tinha certeza de que um espírito iria agarrar meus pés quando eu voltasse para a cama. A propósito, Anne, a tia Jamesina já decidiu o que vai fazer neste verão?

– Sim, ela ficará aqui na Casa da Patty. Sei que ela ficará pelo bem destes abençoados gatos, embora ela afirme que é para evitar o trabalho de ter que abrir sua casa e também porque detesta fazer visitas.

– O que você está lendo?

– Pickwick.

– Eis um livro que sempre me dá fome. Fala muito sobre comidas gostosas e as personagens parecem sempre estar se deliciando com presuntos, ovos e ponche de leite. Normalmente, eu faço uma peregrinação até o armário da cozinha depois de ler Pickwick. Só de pensar na história já fico faminta. Tem algum petisco para beliscar na despensa, rainha Anne?

– Fiz uma torta de limão nessa manhã. Pode comer uma fatia.

Phil foi correndo até a despensa, enquanto Anne, acompanhada por Rusty, foi até o pomar. O anoitecer daquele dia estava úmido e agradavelmente perfumado com aroma de flores que desabrocham no início da primavera. Ainda havia flocos de gelo no parque, uma vez que acabara de findar o inverno. Tinha um pequeno monte de neve suja debaixo dos pinheiros, que estava protegido dos raios do sol de abril, e mantinha enlameado o caminho que conduzia ao porto, esfriando o ar da noite. A relva, porém, crescia verde em lugares abrigados, e Gilbert havia encontrado alguns pálidos e doces medronhos escondidos num recanto, ele chegou do parque com as mãos cheias deles.

Anne estava sentada na grande pedra cinza do pomar e admirava uma desnuda rama de bétula que se recortava com perfeita graça contra o rosa pálido do final do pôr do sol, cujo conjunto se constituía num poema. Ela edificava um castelo no ar: uma mansão extraordinária em cujos pátios iluminados e salões majestosos permeavam aromas árabes e onde ela reinava como soberana castelã. Quando viu Gilbert se aproximar pelo pomar, teve um sobressalto e franziu o semblante. Ultimamente, havia manejado para não ser deixada a sós com ele, mas o rapaz a pegara desprevenida agora, e até mesmo Rusty a abandonara nesse momento.

Gilbert sentou-se ao lado de Anne e entregou-lhe um buquê de flores de maio.

– Estas flores fazem com que você se lembre de casa e dos nossos antigos passeios escolares, Anne?

Ela segurou o buquê e enterrou o rosto nas flores.

– Me sinto como se estivesse agora mesmo nos campos do sr. Silas Sloane! – exclamou, entusiasmada.

– Imagino que você estará lá, pessoalmente, daqui a poucos dias...?

– Não, só daqui a quinze dias. Vou visitar Bolingbroke com Phil antes de ir para casa. Você chegará em Avonlea antes de mim.

– Não, eu não irei para Avonlea neste verão, Anne. Ofereceram-me um emprego no escritório do Daily News e eu vou aceitar.

– Ah – balbuciou, vagamente. Perguntava-se como seria passar um verão inteiro em Avonlea sem Gilbert. De certa forma, tal perspectiva não lhe agradava muito. – Bem, é claro que será uma coisa muito boa para você – concluiu, brevemente.

– Sim, eu estava esperando conseguir. Vai me ajudar bastante no ano que vem.

– Você não deve trabalhar demais – disse Anne, sem ter uma ideia clara do que dizia. Desejava desesperadamente que Phil aparecesse ali. – Você estudou com muito afinco neste inverno. Não está uma noite adorável? Sabia que hoje encontrei um tapete de violetas brancas debaixo daquela velha árvore retorcida ali? Senti como se houvesse descoberto uma mina de ouro.

– Você está sempre descobrindo minas de ouro – respondeu Gilbert, com ar ausente.

– Vamos caminhar e ver se encontramos mais algumas – sugeriu ela, com ansiedade. – Vou chamar Phil e...

– Esqueça de Phil e das violetas por um instante, Anne – pediu, com a voz suave, tomando a mão dela nas suas, de modo que ela não conseguiu se soltar. – Tenho que te dizer uma coisa.

– Ah, não, não diga – suplicou Anne. – Não faça isso, Gilbert, por favor!

– Eu preciso. As coisas não podem continuar assim por mais tempo. Anne, eu te amo. E você sabe que eu te amo. Eu... eu nem consigo expressar em palavras o quanto. Você promete que, um dia, vai ser minha esposa?

– Eu... eu não posso – disse ela, com imensa tristeza. – Ah, Gilbert, você... você estragou tudo.

– Você não gosta nem um pouco de mim? – ele perguntou, após uma interminável pausa, durante a qual Anne não ousara encará-lo.

– Não... não desse jeito. Eu gosto muitíssimo de você, mas apenas como amigo. Mas eu não o amo, Gilbert.

– E você não pode me dar alguma esperança de... No futuro, talvez...?

– Não, não posso! – exclamou, desesperada. – Eu nunca, nunca poderei amá-lo desse jeito, Gilbert. Prometa que você nunca mais voltará a falar comigo sobre este assunto.

Sucedeu outra pausa, tão longa e assustadora quanto a primeira, que Anne foi compelida, enfim, a olhar para ele. O rosto de Gilbert estava totalmente pálido. E seus olhos! Anne estremeceu e desviou o olhar novamente. Não havia nada romântico nisso. Será que os pedidos de casamento deveriam ser sempre grotescos ou... horríveis? Será que um dia se esqueceria do semblante de Gilbert neste humilhante momento?

– Você ama outra pessoa? – perguntou, em voz baixa e embargada.

– Não... não – respondeu, com veemência. – Não há ninguém de quem eu goste assim, desse jeito, e eu gosto mais de você do que de qualquer outro no mundo, mas não o amo, Gilbert. E nós devemos... Devemos continuar sendo amigos.

Gilbert, então, deu uma risada amarga e recalcada.

– Amigos! Eu não quero a sua amizade, Anne. Você sabe que eu quero o seu amor... E você afirma que eu nunca o terei.

– Sinto muito, Gilbert. Perdoe-me... – Era tudo o que Anne podia dizer naquele momento. Onde se encontravam todos os graciosos e polidos discursos que, em sua imaginação, ela havia criado para dispensar os pretendentes rejeitados?

Gilbert soltou sua mão lentamente.

– Não há nada para perdoar. Cheguei a pensar alguma vez que você me amava. Foi um engano meu, e isto é tudo. Adeus, Anne.

Anne correu para seu quarto e sentou-se no assento sob a janela que se abria para os pinheiros e chorou amarga e convulsivamente. Sentia como se houvesse perdido algo de valor incalculável. Era a amizade de Gilbert, é claro. Oh, por que havia de perdê-la dessa maneira?

– O que está havendo, querida? – perguntou Phil, atravessando a escuridão em meio à tênue luz da lua.

Anne não respondeu. Naquele momento, só queria ficar sozinha, sem mais ninguém por perto.

– Aposto que você rejeitou Gilbert Blythe. Não estou certa? Você é tão tola, Anne Shirley!

– Você acha tolice recusar o pedido de casamento de um homem a quem eu não amo? – respondeu altiva e com frieza.

– Acontece que você não sabe reconhecer o amor quando está diante dele. Criou uma ideia romântica e fantasiosa em sua cabeça com essa sua imaginação, sobre alguma coisa que você pensa ser o amor, esperando que na vida real seja assim também. Aí está a primeira coisa sensata que eu disse em toda a minha vida! Não sei como consegui fazer isso.

– Phil, por favor, saia e me deixe sozinha por um momento – rogou Anne. – Meu mundo desabou, está em pedaços e agora eu preciso juntar os cacos para reconstruí-lo.

– Um mundo sem Gilbert? – questionou, enquanto saía.

"Um mundo sem Gilbert!", Anne repetiu estas palavras melancólicas. Não seria esse um lugar de vazio e desamparo? Contudo, foi tudo culpa dele, afinal, ele arruinara o belo companheirismo que os unia. E ela, agora, teria que aprender a viver sem a sua amizade.

AS ROSAS DO PASSADO

Foram bastante agradáveis as duas semanas que Anne passou em Bolingbroke, exceto nos momentos em que sentia a dor e a insatisfação vindas sempre que pensava em Gilbert. No entanto, não sobrara muito tempo para pensar nele durante a viagem. Mount Holly, a bela e antiga propriedade da família Gordon, era um lugar alegre, sempre cheio de amigos e amigas de Phil. Fizeram uma desnorteadora sucessão de passeios, festas, piqueniques e excursões de barco, todos organizados por Phil sob o pretexto de "comemorar". Alec e Alonzo sempre estavam presentes, de modo que Anne se perguntava se não tinham outra ocupação além de ficar a cortejar a esquiva Phil e acompanhá-la em alguma celebração. Ambos eram muito educados e amáveis, mas Anne ainda não conseguia formar uma opinião concreta sobre qual deles seria o melhor para sua amiga.

– E eu que dependia tanto da sua ajuda para decidir com qual deles eu deveria me comprometer! – resmungou Phil.

– Mas é você quem deve decidir por conta própria. Não é você a *expert* em decidir com quem as pessoas devem se casar? – retorquiu Anne, com certo sarcasmo.

– Ah, mas isso é completamente diferente – respondeu, com muita sinceridade.

Contudo, para Anne, o acontecimento mais doce em sua estadia em Bolingbroke foi a visita até o local de seu nascimento: a pobre casinha amarela localizada em uma rua no subúrbio, com a qual tantas vezes sonhara. Contemplou-a com olhar extasiado enquanto entrava pelo portão juntamente com Phil.

– É quase como eu a imaginava. Apesar de não haver madressilvas sobre as janelas, há uma árvore de lilás ao lado do portão e... sim, tem cortinas de musselina na janela! Como eu fico feliz por ainda serem amarelas!

Uma senhora muito alta e magra abriu a porta.

– Sim, a família Shirley viveu aqui, já faz vinte anos – ela disse, respondendo à pergunta de Anne. – Eles alugavam esta casa, lembro-me perfeitamente. Marido e mulher morreram de febre, praticamente ao mesmo tempo. Foi muito triste! Deixaram um bebê, que deve ter morrido também há muitos anos. Era uma criancinha fraca e doente. O velho Thomas e sua esposa ficaram com ela... como se já não tivessem bastantes filhos.

– O bebê não morreu – informou Anne, sorrindo. – Eu era o bebê.

– Ora, não me diga! Veja só como cresceu! – exclamou a mulher, como se estivesse surpresa pelo fato de Anne ter crescido e se tornado uma bela jovem. – Olhando bem para você, consigo ver a semelhança. Tem os traços de seu pai, que também era ruivo. Mas os olhos e a boca são de sua mãe. Ela era muito bonita e bondosa. Minha filha foi aluna dela, de quem gostava muito. Os dois foram enterrados na mesma sepultura e o Conselho Escolar ergueu uma lápide para eles, em reconhecimento pelos serviços prestados. Vamos entrar?

– A senhora vai mesmo me deixar ver a casa? – perguntou Anne, ansiosa.

– É claro que sim, querida, se você quiser. Não vai levar muito tempo, pois não há muito o que ver. Sempre insisto para o meu marido construir uma nova cozinha, mas ele nem se mexe. Ali fica a sala e há dois quartos no andar de cima. Podem andar pela casa, fiquem à vontade. pois tenho que olhar o bebê. Você nasceu no quarto que fica ao Leste. Lembro-me de sua mãe dizendo que amava ver o sol nascer. E também a ouvi dizer que você nasceu justo ao amanhecer e a primeira coisa que viu no seu nascimento foi a luz do sol sobre o seu rosto.

Anne subiu pela escadaria estreita e adentrou no pequeno quartinho do lado Leste com o coração palpitando. Sentia-se num lugar sagrado. Ali, sua mãe havia vivenciado os doces e alegres sonhos da prematura maternidade. A luz avermelhada dos raios de sol caiu sobre ambas no sacro instante do seu parto, e ali, sua mãe havia morrido. Anne olhou reverentemente ao redor, com os olhos repletos de lágrimas. Para ela, aquele foi um dos momentos inesquecíveis de sua vida, o qual brilharia de forma radiante em sua memória para sempre.

– Parece mentira... mas, quando nasci, minha mãe era mais jovem do que eu sou hoje – sussurrou.

Quando desceu as escadas, a moradora da casa a encontrou no corredor. Segurava um pacotinho empoeirado, atado com um laço de fita azul desbotada.

– Aqui está um maço de cartas velhas que encontrei no roupeiro lá de cima, quando vim para cá. Não sei do que se tratam, pois nunca tive curiosidade para ler, mas foram dirigidas à senhorita Bertha Willis, e este era o nome de solteira de sua mãe. Pode ficar com elas, se quiser.

– Oh, obrigada, muito obrigada! – exclamou Anne, com grande alegria, enquanto agarrava o pacotinho.

– Isso era tudo o que havia na casa. À época, o mobiliário fora vendido para pagar os médicos. As roupas de sua mãe e o resto dos objetos menores ficaram com a sra. Thomas. Creio que não devam ter durado muito na mão daquela turba de crianças dos Thomas. Eram animaizinhos destrutivos, se bem me lembro.

– Eu não tinha uma coisa sequer que tenha pertencido à minha mãe – respondeu Anne, ofegante. – Mas... agora a senhora me proporcionou isto, e eu... eu nunca vou conseguir lhe agradecer o bastante por ter me dado estas cartas.

– Ah, isso não foi nada! Meu Deus, mas seus olhos são realmente idênticos aos de sua mãe! Ela falava muito com o olhar. Seu pai tinha a aparência mais modesta, mas era muito agradável. Lembro-me das pessoas comentando, quando eles se casaram, que nunca haviam visto um casal mais apaixonado do que eles! Pobres criaturas, não viveram muito tempo, mas foram extremamente felizes juntos e eu acho que isso basta.

Anne estava muito ansiosa para chegar logo em casa e ler as preciosas cartas, mas antes precisava fazer uma última peregrinação. Então foi sozinha até o canto esverdeado do antigo cemitério de Bolingbroke, onde os pais foram sepultados e sobre o túmulo deixou as flores brancas que carregava. Depois se dirigiu apressadamente para Mount Holly, trancou-se no quarto e leu as cartas. Algumas haviam sido escritas pelo pai e outras pela mãe. Não havia muitas, apenas uma dúzia no total, pois Walter e Bertha Shirley não ficaram separados por muito tempo durante o noivado. As cartas estavam amareladas, desbotadas e apagadas, manchadas com o toque dos anos que se passaram.

Não havia pensamentos profundos ou palavras de sabedoria naquelas páginas amareladas e amassadas, mas estavam repletas de amor e confiança. Emanavam a doçura das coisas esquecidas e traziam as longínquas e afetuosas esperanças daqueles amantes desventurados, que há tanto tempo haviam deixado este mundo. Bertha Shirley possuíra o talento de escrever cartas que refletiam a encantadora personalidade da autora em palavras e pensamentos que ainda conservavam sua beleza e fragrância, mesmo com a passagem do tempo. As cartas eram ternas, íntimas, sagradas. Para Anne, a mais doce de todas era uma que a mãe havia escrito após seu nascimento, durante uma curta ausência do pai. Nesta carta, sua mãe descrevera os "registros" de seu bebê: sua inteligência, brilhantismo, suas mil façanhas, todos narrados com enorme orgulho pela jovem mãe.

Amo nossa filha quando está adormecida e a amo ainda mais quando está acordada –, expressou Bertha Shirley no pós-escrito. Esta, provavelmente, havia sido a última frase que escrevera. Naquele momento, o fim dela se aproximava.

– Este foi o dia mais lindo da minha vida – Anne contou a Phil, naquela noite. – Encontrei meu pai e minha mãe! Aquelas cartas os tornaram reais para mim. Agora não sou mais uma órfã. Sinto como se houvesse aberto o livro de minha vida e nele eu tenha encontrado as doces e amadas rosas de outrora.

A PRIMAVERA E ANNE DE VOLTA A GREEN GABLES

Dançavam nas paredes a sombra da chama da cozinha de Green Gables, pois ainda eram bastante frias as tardes de primavera. Através da janela aberta do lado Leste, era possível escutar as doces vozes da noite que se aproximava. Marilla estava sentada ao lado do fogo, ao menos fisicamente. Em espírito, vagava por antigos e longínquos caminhos, nos tempos em que seus pés eram jovens. Nesses tempos, Marilla vinha passando muitas horas assim, embora pensasse que deveria estar dedicando essas horas a tricotar para os gêmeos.

– Acho que estou envelhecendo – disse ela.

Ainda assim, Marilla pouco mudara ao longo dos últimos nove anos. É certo que estava mais magra e seus traços, mais angulosos do que antes. Havia também maior quantidade de cabelos grisalhos, mas sempre penteados no mesmo coque firmemente afincados por dois grampos, seriam estes os mesmos grampos? Mas sua expressão mudara bastante. Suas covinhas enrugadas ao redor da boca insinuavam que o senso de humor havia se desenvolvido muito bem, seu olhar era mais gentil e brando, e seu sorriso, mais constante e terno.

Marilla recordava seu passado: sua infância rigorosa, mas não infeliz; seus sonhos cuidadosamente encobertos e suas juvenis esperanças arruinadas; os longos, cinzentos, restritos e minguados anos de uma aborrecida idade madura que se seguiram. E a chegada de Anne, criança imaginativa, cheia de ímpeto e vida, com um coração amoroso, e seu mundo fantasioso trouxe consigo a cor, o calor e o brilho, até que uma existência deserta houvesse florescido como uma rosa. Marilla sentia que, de seus sessenta anos de idade, havia vivido apenas os nove que se seguiram à vinda de Anne. E a jovem retornaria à casa na noite seguinte.

A porta da cozinha se abriu e Marilla ergueu os olhos, esperando ver a sra. Lynde. Mas, para a sua surpresa, quem estava diante dela era Anne, alta, com os olhos iluminados e as mãos cheias de violetas e flores de maio.

– Anne Shirley! – exclamou Marilla. Pela primeira vez na vida, deixou a reserva de lado diante da surpresa. Abraçou intensamente sua menina, apertando também as flores contra o peito, beijando-a com carinho os brilhantes cabelos e o doce rosto de Anne. – Não esperava sua chegada até amanhã à noite. Como veio de Carmody?

– Vim caminhando, mais querida entre todas as Marillas! Tantas vezes não fiz isso nos meus tempos da Queen's? O carteiro trará meu baú amanhã. Senti, de repente, tanta saudade de casa, que resolvi vir um dia antes. Ah! Dei um passeio tão adorável pelo crepúsculo de maio! Passei pelos campos e colhi estas flores, então cruzei o Vale das Violetas, que mais parece agora uma grande tigela florida com estas graciosas coisinhas tingidas no matiz do céu. Sinta o perfume, Marilla, absorva este aroma!

Marilla obrigou-se a atender o pedido e cheirou as flores, mas estava mais interessada em Anne do que em absorver violetas.

– Sente-se, menina. Deve estar muito cansada. Vou trazer algo para você comer.

– Erguendo-se detrás das colinas, Marilla, há uma lua graciosa, e como cantaram as rãs ao longo de minha caminhada desde que saí de Carmody! Eu amo a música que elas produzem. Me faz lembrar das minhas mais alegres recordações das noites primaveris que passei em minha vida. Sinto-me como na noite em que estive aqui pela primeira vez. Você se lembra, Marilla?

– Ora, e como eu poderia esquecer? – respondeu Marilla, de forma enfática. – Não creio que esta memória possa se apagar algum dia.

– Naquele ano, as rãs cantavam sem cessar no pântano e no riacho. Lembro-me de escutá-las da minha janela ao anoitecer e pensava como podiam soar tão contentes e tão tristes ao mesmo tempo. Ah, mas como é bom estar em casa novamente! Redmond foi esplêndida e Bolingbroke adorável, mas Green Gables é meu verdadeiro *lar*.

– Ouvi dizer que Gilbert não virá para casa neste verão – comentou Marilla, de repente.

– Não.

O tom de voz que Anne respondera fez com que Marilla a encarasse abruptamente, mas ela estava muito entretida arrumando as violetas em um jarro.

– Veja como são delicadas! – continuou, apressadamente. – O ano é como um livro, não é, Marilla? As páginas da primavera são escritas com flores de maio e violetas; o verão com rosas; o outono com folhas vermelhas de bordo; e o inverno com azevinhos e sempre-vivas.

– Gilbert se saiu bem nos exames? – persistiu Marilla.

– Extremamente bem, foi o primeiro de sua turma. Onde estão os gêmeos e a sra. Lynde?

– Rachel e Dora foram até a fazenda do sr. Harrison. Davy está na casa dos Boulter, mas já deve estar chegando.

Davy entrou, viu Anne, parou e então se atirou sobre a jovem com um grito de alegria.

– Ah, Anne, estou tão contente em ver você aqui! Veja só como eu cresci cinco centímetros desde o outono! A sra. Lynde me mediu hoje com a fita métrica, e veja, Anne, meu dente da frente caiu! A sra. Lynde amarrou uma ponta do fio no dente e a outra na porta, e então bateu a porta. Vendi ao Milty por dois centavos. Ele coleciona dentes.

– Para quê aquele menino quer os dentes? – perguntou Marilla.

– Ele disse que é para fazer um colar, para brincar de cacique – explicou Davy, subindo no colo de Anne. – Ele já tem quinze e todos os outros meninos prometeram vender os seus dentes a ele, então não vale a pena para nenhum de nós começar a colecionar agora. É o que eu digo, os Boulters são grandes negociantes!

– Você se comportou na casa da sra. Boulter? – indagou Marilla, severamente.

– Sim. Mas veja, Marilla, estou muito cansado de ser bom.

– Acredite, você se cansaria de ser mau ainda mais rápido, pequeno Davy – disse Anne.

– Bom, mas pelo menos eu ia poder me divertir um bocado primeiro... – persistiu Davy. – E depois eu ia poder me arrepender, não é?

– Não conte com isso. Arrepender-se não apaga as consequências de ser mau, Davy. Não se lembra daquele domingo, no verão passado, quando você fugiu da escola dominical? Você mesmo me disse que ser mau não valia a pena. O que você e Milty fizeram hoje?

– Ah, nós pescamos, perseguimos a gata, caçamos ovos e depois gritamos no eco. Há um ótimo eco no matagal, atrás do celeiro dos Boulters. Me diga, o que é um eco, Anne? Quero saber.

– Eco é uma bela ninfa, que vive muito longe, nos bosques, e ri do mundo por entre as colinas.

– E como ela é?

– Seus cabelos e olhos são escuros, mas o pescoço e os braços são brancos como a neve. Nenhum mortal consegue ver quão bela ela é, pois é mais veloz do que um cervo. E tudo o que se sabe sobre ela é que tem aquela voz zombeteira que imita tudo o que falamos. À noite, você consegue ouvir seu chamado e sua risada sob as estrelas, mas nunca consegue vê-la. Se você tentar segui-la, ela foge rápido para bem longe e vai até as colinas para rir de você.

– Isso é verdade, Anne? Ou é uma grande mentira? – Davy exigiu saber, encarando-a.

– Davy, você não tem sensibilidade para diferenciar uma mentira de um conto de fadas? – inquiriu Anne, sem esperanças.

– Então o que é que grita de volta no matagal dos Boulters? Quero saber! – insistiu.

– Quando você for maior, Davy, eu te explicarei.

A menção à sua idade pareceu dar um novo giro aos pensamentos do garoto, pois, após alguns instantes de reflexão, anunciou um pouco acanhado:

– Anne, eu vou me casar.

– Quando? – perguntou ela, solene.

– Ah, não até eu crescer, é claro.

– Ora, que alívio, Davy! Quem é a dama?

– Stella Fletcher. Ela é minha colega na escola, Anne, é a menina mais bonita que eu já vi. Se eu morrer antes de me tornar um homem, você promete que vai ficar de olho nela para mim?

– Davy Keith, pare de falar tanta bobagem! – exclamou Marilla, com severidade.

– Não é bobagem – ele protestou, em tom injuriado. – Ela está prometida para ser minha esposa, e se eu morrer antes, ela vai ser minha viúva prometida, não vai? E ela não tem uma alma que cuide dela, a não ser sua avozinha, que já está bem velhinha.

– Venha jantar, Anne – chamou Marilla –, e não encoraje as conversas absurdas desse garoto.

PAUL NÃO ENCONTRA OS HOMENS DE PEDRA

Naquele verão, a vida foi muito agradável em Avonlea. Anne, no entanto, apesar de todas as alegrias das férias, sentia-se perseguida pela sensação de que "faltava algo que deveria estar lá". A jovem não admitiria, nem mesmo em pensamento, que tal sentimento era causado pela ausência de Gilbert, mas quando voltava para casa sozinha das reuniões de oração e dos encontros da SMA, enquanto Diana e Fred e outros alegres casais passeavam ao crepúsculo pelos iluminados caminhos sob a luz das estrelas, sentia uma estranha e solitária dor em seu coração, a qual não conseguia explicar. Gilbert nem mesmo escrevera para ela, como Anne esperava, pois sabia, no entanto, que ele vez ou outra escrevia para Diana, mas nada lhe perguntava, então Diana, supondo que a amiga recebia notícias diretamente, não revelou nenhuma informação. A mãe de Gilbert, que era uma dama alegre, franca e jovial, mas desprovida de tato, tinha o frequente e embaraçoso hábito de perguntar-lhe, sempre com uma dolorosa distinção no tom de voz, e sempre na presença de muita gente, se ela havia recebido notícias de Gilbert ultimamente. A pobre Anne só conseguia corar profundamente, e murmurar "não muito recentemente", frase que todos encaravam, inclusive a sra. Blythe, como uma mera esquiva resposta feminina.

Apesar disso, Anne aproveitou o verão. Em julho, Priscilla fez-lhe uma breve visita, e quando foi embora, o sr. e a sra. Irving, Paul e Charlotta IV vieram para "casa", a fim de passar os meses de julho e agosto.

Echo Lodge foi novamente cenário de alegrias e risadas, e os ecos sobre o rio se mantiveram ocupados imitando as gargalhadas que soavam no velho jardim, atrás dos abetos vermelhos.

"Senhorita Lavendar" nada havia mudado, exceto por tornar-se ainda mais doce e bela. Paul a adorava e o companheirismo deles era lindo de se admirar.

– Eu não a chamo exatamente de "mãe" – explicou ele a Anne. – Pois este título pertence somente à minha mãezinha e não posso dá-lo a mais ninguém. A senhorita entende, professora. Mas eu a chamo de "mamãe Lavendar" e ela é a pessoa que eu mais amo, depois do papai. Eu... eu até a amo um pouquinho mais que a senhorita, professora.

– E é assim mesmo que deve ser – respondeu Anne.

Paul estava agora com treze anos, e era muito alto para sua idade. Seu semblante e seus olhos estavam belos como sempre, e a imaginação continuava como um prisma, convertendo em raios multicoloridos tudo que nela refletia. Anne e o rapaz desfrutaram de deliciosos passeios sem destino pelos bosques, pelos campos e pelas praias. Nunca houve duas "almas gêmeas" mais profundamente unidas.

Charlotta IV ficara mais bela na juventude. Usava os cabelos presos em um enorme penteado pomposo e abandonara os laços de fita azul dos bons tempos de outrora, mas o rosto ainda era sardento, o nariz empinado, e a boca e o sorriso tão largos quanto antes.

– A senhorita acha que tenho um sotaque ianque, senhorita Shirley? – perguntou, ansiosa.

– Não percebi, Charlotta.

– Fico contente que não. Em casa, me disseram que eu tinha, mas acho que era implicância deles. Não quero nenhum sotaque ianque. Não que eu tenha algo contra, madame senhorita Shirley. Os ianques são muito civilizados, mas sinto saudade da velha Ilha de Prince Edward todo o tempo.

Paul passou a primeira quinzena com sua avó Irving em Avonlea. Anne estava lá para recebê-lo quando chegou, e o menino a advertiu que estava ansioso para ir até a costa, onde encontraria Nora, a Dama

Dourada, e os Marinheiros Gêmeos. Mal podia esperar para terminar o jantar e já visualizava o semblante élfico de Nora que o espiava do outro lado do cabo, esperando ansiosamente sua chegada. No entanto, Paul, naquele anoitecer, voltou diferente e muito sóbrio.

– Não encontrou seus homens de pedra? – perguntou Anne. Paul balançou seus cachos castanhos com tristeza.

– Os Marinheiros Gêmeos e a Dama Dourada não apareceram – respondeu. – Nora estava lá, mas não é mais a mesma, professora, mas ela parece muito mudada.

– Ah, Paul, perceba que foi você quem mudou – disse Anne. – Já está muito crescido para os homens de pedra. Eles gostam apenas das crianças como companheiras de brincadeiras. Receio que os Marinheiros nunca mais virão buscá-lo no barco encantado de madrepérola, com a vela de luz do luar e a Dama Dourada não mais tocará a harpa de ouro para você. Nem mesmo Nora continuará a aparecer por muito mais tempo. Você deve pagar o preço por crescer, Paul e abandonar o mundo da fantasia.

– Vocês dois estão falando mais bobagens do que de costume – disse a velha sra. Irving, de forma indulgente, mas severa.

– Ah, não, não estamos – retorquiu Anne, balançando a cabeça gravemente. – Estamos ficando muito, muito sensatos... o que é uma lástima. Quando aprendemos que a linguagem nos foi dada para que possamos esconder nossos pensamentos, nos tornamos menos interessantes.

– Mas não é nada disso. Você está equivocada, Anne. A linguagem nos é dada exatamente para que possamos expressar nossos pensamentos – replicou a sra. Irving, com seriedade. Ela nunca havia ouvido falar de Talleyrand e não entendia epigramas.

Anne passou quinze pacíficos e agradáveis dias em Echo Lodge, no dourado auge de agosto. Enquanto esteve lá, contribuiu propositalmente para apressar Ludovic Speed em seu preguiçoso noivado com Theodora Dix, como devidamente relatado em outra de suas histórias. Arnold Sherman, um velho amigo dos Irvings, também se hospedou na casinha de pedra, o que contribuiu muito para tornar a estadia ainda mais prazerosa.

– Que excelente tempo de folguedos foi este! – comemorou Anne. – Sinto-me nova agora! E dentro de quinze dias estarei de volta a Kingsport, a Redmond e à Casa da Patty. É o lugar mais delicioso que existe, senhorita Lavendar. Sinto como se tivesse dois lares: Green Gables e Casa da Patty. Mas onde foi parar o verão? Parece que foi ontem que cheguei em casa naquela noite primaveril, carregando flores nos braços. Quando eu era menor, não conseguia ver de um extremo ao outro do verão. Estendia-se diante de mim como se não tivesse fim. Agora, no entanto, "é como a medida de um palmo ou como uma fábula."

– Anne, você e Gilbert Blythe ainda continuam amigos como antigamente? – Perguntou senhorita Lavendar, em tom suave.

– Sim, senhorita Lavendar, nossa amizade continua a mesma.

A senhorita Lavendar balançou a cabeça.

– Percebo que algo está errado com você, Anne. Vou ser impertinente e perguntar novamente o que aconteceu. Vocês brigaram?

– Não... É que, na verdade, Gilbert quer mais do que a minha amizade, e eu não posso oferecer a ele mais do que isso.

– Você tem certeza, Anne?

– Sim. Absoluta certeza.

– Eu lamento muito, muito mesmo.

– Fico me perguntando o motivo de todos pensarem que devo me casar com Gilbert! – exclamou, petulante e irritadiça.

– Simplesmente porque vocês foram feitos um para o outro, Anne, eis o motivo! E não adianta negar. Isso é um fato.

JONAS ENTRA EM CENA

Prospect Point, 20 de agosto.

Estimada Anne com E, escreveu Phil, *preciso manter minhas pálpebras abertas por tempo suficiente para lhe escrever. Fui vergonhosamente relapsa com você neste verão, minha querida amiga, assim como todos os meus outros correspondentes. Saiba que eu tenho uma enorme pilha de cartas para responder, de modo que eu preciso estar com a mente preparada para este árduo trabalho. Perdoe-me por minhas metáforas misturadas. Estou extremamente cansada e sonolenta.*

Ontem à noite, minha prima Emily e eu fomos visitar alguns vizinhos. Lá havia vários outros visitantes, e assim que os pobres partiram, nossa anfitriã e suas três filhas as criticaram até se cansarem e sei que fariam o mesmo comigo e com a prima Emily assim que a porta se fechasse atrás de nós. Quando voltamos para casa, fomos informadas pela sra. Lilly que o empregado desta vizinha antes mencionada parecia estar acamado com febre escarlatina. Sempre se pode contar com a sra. Lilly para noticiar fatos animadores como esse, e tenho verdadeiro pavor de febre escarlatina! Quando me deitei, fiquei pensando nisso e não consegui dormir, me mexendo a noite inteira e tive pesadelos horríveis nos poucos momentos em que preguei os olhos e, às três da madrugada, despertei com febre alta, dor de garganta e uma persistente enxaqueca. Sabia que havia contraído essa maldita febre! Levantei em pânico e fui correndo buscar o livro de medicina caseira da prima Emily para ler os sintomas. Então, comprovei que eu tinha todos! Voltei para a cama já sabendo do pior e dormi como uma pedra pelo restante da noite (apesar de nunca ter entendido a metáfora do porquê uma pedra deveria dormir mais profundamente do que qualquer ser vivo). Esta manhã, no entanto, acordei me sentindo perfeitamente bem, então não creio ter contraído febre escarlatina. Suponho que, caso houvesse sido contagiada na noite passada, não poderia estar curada da doença com tamanha rapidez. É claro que só pude pensar nisso à luz do dia, pois é impossível raciocinar logicamente às três da manhã.

Imagino que você deva estar se perguntando o que estou fazendo em Prospect Point. Bem, eu sempre gostei de passar um mês do verão na praia, e papai insistiu que eu viesse para a "seleta hospedaria" de Emily, sua prima em segundo grau, em Prospect Point. Então, quinze dias atrás eu vim para cá, como de costume. Como sempre, o velho tio Mark Miller me buscou na estação em sua velha charrete puxada por seu cavalo "polivalente", como ele o chama. Ele é um ótimo velhinho e me deu um punhado de balas de hortelã, que são para mim um tipo sagrado de doce, creio que seja porque minha avó Gordon sempre me dava algumas na igreja, quando eu era pequenina. Certa vez, referindo-me ao aroma da hortelã, perguntei à vovó: "É este o cheiro da santidade?". Fiquei com um pouco de nojo de comer as balas do tio Mark porque ele as carregava soltas dentro do bolso e separou-as de alguns pregos enferrujados e outras coisas, antes de me dar, mas eu não seria grosseira com ele, correndo o risco de magoar seus delicados sentimentos por nada neste mundo, de modo que fui deixando-as caírem pouco a pouco durante o caminho. Quando joguei fora a última, tio Mark disse, em tom levemente reprovador: "A siorita num divia tê cumido as bala tudo duma veiz, siorita Phil. É capaiz da siorita tê é uma dor de barriga"!

A prima Emily só tinha cinco hóspedes além de mim, quatro senhoras idosas e um rapaz. Minha vizinha à direita na mesa é a sra. Lilly, ela é uma daquelas pessoas que têm o estranho prazer de contar detalhadamente todas as suas incontáveis dores, os males e as enfermidades. Você não pode mencionar sequer uma indisposição que ela logo balança a cabeça e diz: "Ah, eu sei muito bem o que é isso", e dispara a enumerar todos os pormenores. Jonas contou que, uma vez, ele comentou sobre ataxia locomotora no ouvido e ela falou que sabia muito bem o que era, que havia padecido desse mal durante dez anos e que um médico itinerante finalmente a havia curado.

Quem é Jonas? Não tenha pressa, Anne Shirley. Você já saberá tudo sobre ele nos devidos tempo e lugar. Não vou misturá-lo com estas estimáveis senhoras.

Minha vizinha à esquerda é a sra. Phinney. Sempre fala com uma dolorosa e pesarosa voz, de modo que ficamos constantemente nervosos esperando que ela chore a qualquer momento. Com ela, tenho a impressão de que a vida é, de fato, um vale de lágrimas e que um sorriso, ou pior, uma gargalhada, são frivolidades verdadeiramente repreensíveis. Sua opinião a meu respeito é ainda pior do que a de tia Jamesina, e ela não tem nem um pingo de afeto por mim que a compense por isso, diferentemente da tia Jamesina.

A senhorita Maria Grimsby senta-se à minha diagonal, e no dia em que cheguei, comentei com ela que me parecia que iria chover e ela riu. Disse-lhe que a estrada desde a estação estava muito bonita e ela riu. Disse-lhe que parecia que ainda havia alguns mosquitos e ela riu. Disse que Prospect Point estava bela como sempre e ela riu. Se dissesse: "Meu pai se enforcou, minha mãe tomou veneno, meu irmão está na penitenciária e eu estou nos últimos estágios da tuberculose", a senhorita Maria iria rir também. Parece-me que não consegue evitar, pois nasceu assim, mas é algo terrivelmente esquisito.

A quarta senhora é a sra. Grant. Ela é uma velhinha encantadora, mas como só fala coisas boas sobre todo mundo, os diálogos com ela não têm nada de interessante para se contar.

E agora sobre Jonas, Anne.

No dia em que cheguei, vi um rapaz sentado à mesa na minha frente, e sorria para mim como se me conhecesse desde o berço. Eu sabia de sua existência apenas porque o tio Mark havia me contado que seu nome era Jonas Blake, que era um estudante de teologia de St. Columbia, e que fora encarregado pela igreja missionária de Prospect Point durante o verão.

É um rapaz muito feio, de verdade, acho que o mais feio que já vi. Tem uma silhueta desproporcional, com pernas absurdamente longas. Seu cabelo é loiro platinado e liso, os olhos são verdes, a boca é grande e as orelhas... bem, é melhor não pensar em suas orelhas, se puder evitar.

Ele tem uma voz adorável, se você fechar os olhos, ele é adorável e tenho certeza de que possui uma boa alma e um bom caráter também.

Tornamo-nos amigos rapidamente, certamente pelo fato de também ter se formado em Redmond. Fomos pescar, passeamos de barco e caminhamos juntos pela areia sob o luar. Ele já não parecia tão feio sob a luz da lua, e ah, era tão gentil! Ele exala gentileza. Com exceção da sra. Grant, as senhoras não gostaram dele, porque ele ri, conta piadas e, evidentemente, porque ele prefere estar na companhia de uma moça frívola como eu do que na delas.

Por alguma razão, Anne, não quero que ele pense que sou frívola. E isso não faz sentido, afinal, por que eu deveria me importar com o que pensa de mim um rapaz loiro chamado Jonas, a quem eu acabei de conhecer? No domingo passado, ele pregou na igreja do vilarejo. Fui ao culto, é claro, mas não conseguia convencer-me de que ele era o pregador. O fato de ele ser um pastor, ou de que logo se tornaria um, parecia ainda uma grande piada para mim.

Bem, Jonas pregou. E, após dez minutos de sermão, senti-me tão pequena e insignificante, que pensei que ninguém conseguiria me ver nem se eu estivesse a um palmo diante dos olhos. Jonas não proferiu uma só palavra sobre mulheres e também não olhou uma única vez para mim, enfim compreendi, naquele instante e naquele local, que sou uma borboletinha frívola e patética, de alma vazia, digna de pena, e quão terrivelmente diferente eu devo ser do ideal de mulher daquele rapaz, que deve ser sublime, forte e nobre. Ele é tão honesto, terno e genuíno! Todas as qualidades que um pastor deveria ter. Perguntei-me como pude um dia considerá-lo feio, apesar de realmente sê-lo! Com aquele olhar inspirado, e a fronte intelectual, que ficava oculta durante a semana pelo cabelo revolto.

Foi um sermão esplêndido, o qual eu gostaria de continuar escutando pela eternidade, e isso me fez sentir absolutamente miserável. Ah, Anne, como eu queria ser como você!

Ele me alcançou no caminho de volta para a hospedaria e sorriu tão verdadeira e alegremente quanto de costume, porém seu sorriso não me enganaria novamente, pois eu já havia visto o verdadeiro Jonas. Pensei se um dia ele também veria a verdadeira Phil, aquela a quem ninguém, nem mesmo você, Anne, conseguiu ver até hoje.

"Jonas", eu disse, esquecendo-me de chamá-lo de sr. Blake. Não foi terrível? Mas há momentos em que essas formalidades não importam. "Jonas, você nasceu para ser pastor e não poderia ser qualquer outra coisa".

"É verdade... eu não poderia", ele respondeu, em tom solene. "Tentei ser outra coisa durante muito tempo, pois não queria ser um pastor, mas finalmente me convenci de que esta é a vocação que recebi na vida e, com a ajuda de Deus, tentarei cumpri-la".

A voz dele era grave e reverente. Sei que ele fará seu trabalho bem feito e com muita nobreza, e feliz da mulher capacitada por natureza e treino para estar ao seu lado. Ela não seria nenhuma pluma levada por qualquer caprichoso vento de fantasia e sempre saberia que chapéu colocar. Provavelmente possuiria apenas um, pois pastores nunca têm muito dinheiro, porém ela não se importaria de ter somente um chapéu, ou mesmo que não tivesse nenhum, ela teria Jonas.

Anne Shirley, não se atreva nem por um momento a dizer, insinuar ou sequer pensar que estou apaixonada pelo sr. Blake. Poderia eu me importar com um teólogo magro, pobre e feio chamado Jonas? Como diz o tio Mark: "É impossível! E, mais que isso, é improvável!"

Boa noite. Phil.

P.S. É impossível, mas tenho verdadeiro pavor de que isso seja verdade. Estou feliz, desolada e temerosa ao mesmo tempo. Ele nunca se apaixonaria por mim, eu sei, mas você acha que algum dia eu poderia me converter numa aceitável esposa de pastor, Anne? E eles esperariam que eu dirigisse as orações? P.G.

O PRÍNCIPE ENCANTADO ENTRA EM CENA

– Estou ponderando se saio ou se fico em casa – disse Anne, fitando os distantes pinheiros do parque por uma das janelas da Casa da Patty. – Tenho uma tarde inteira disponível para o delicioso prazer de não fazer absolutamente nada, tia Jimsie. Será que passo aqui, onde há uma acolhedora lareira, um prato cheio de maçãs, três gatos ronronantes e harmoniosos e dois impecáveis cachorros de porcelana de nariz verde? Ou será que vou ao parque, onde existe a atração dos arvoredos cinzentos e da água prateada que bate sobre as rochas do porto?

– Se eu fosse jovem como você, iria ao parque – respondeu tia Jamesina, cutucando a orelha amarela de Joseph com a agulha de tricô.

– Mas a senhora não alega que é tão jovem quanto qualquer uma de nós, titia? – provocou Anne.

– Sim, de espírito. Mas admito que minhas pernas não são jovens como as de vocês. Vá e tome um pouco de ar fresco, Anne. Você tem estado um pouco pálida ultimamente.

– Acho que seguirei seu conselho então – concordou, inquieta. – Não estou animada para os dóceis prazeres do lar hoje. Quero sentir-me sozinha, livre e indomável. Certamente o parque estará vazio, pois todos foram assistir à partida de futebol.

– Ora, e por que você não foi?

– "Ninguém me convidou, senhor, ela disse". Bem, ninguém além daquele desagradável Dan Ranger, e é claro que eu não iria a lugar algum com ele, mas, para não ferir seus pobres sentimentos, aleguei que não queria assistir ao jogo. Eu não me importo. De qualquer modo, não quero saber de futebol hoje.

– Ande! Saia e tome um pouco de ar fresco – repetiu tia Jamesina –, mas leve o guarda-chuva, pois creio que vai chover, já posso ouvir meu joelho ranger. Estou atacada do reumatismo na minha perna.

– Somente as pessoas idosas deveriam ter reumatismo, tia.

– Qualquer um pode ter reumatismo nas pernas, Anne. Porém, só os idosos sofrem de reumatismo no espírito. Graças a Deus, deste eu nunca sofri! Quando você tiver reumatismo no espírito, é melhor que saia para escolher seu caixão.

Era novembro, mês dos crepúsculos cor de carmesim, do voo de despedida dos pássaros, dos tristes e profundos hinos do mar, das canções apaixonadas do vento entre os pinheiros. Vagueando pelas alamedas margeadas de pinheiros no parque, conforme havia dito, Anne deixou que os impetuosos ventos levassem as nuvens escuras de sua alma. Ela não estava habituada a se preocupar com isto, mas, de alguma maneira, desde que retornara à Redmond para o terceiro ano, a vida não havia refletido aquela antiga, perfeita e cintilante clareza em seu espírito.

Externamente, a vida na Casa da Patty seguia o ciclo normal: trabalho, estudo e recreação aos finais de semana, como sempre. Nas noites de sexta-feira, a sala ampla e iluminada pela lareira ficava repleta de visitantes, e nela ecoavam as risadas e os gracejos, enquanto tia Jamesina sorria radiante para todos eles. O tal Jonas das cartas de Phil as visitava com frequência, chegando de St. Columbia no primeiro trem e partindo no último. Era o favorito de todas na Casa da Patty, apesar de tia Jamesina, desconfiada, afirmar que os estudantes de teologia não eram mais como antigamente.

– Ele é agradável até demais, minha querida – disse a tia à Phil –, os pastores deveriam ser mais sérios e dignos.

– Um homem não pode rir e brincar e ainda ser um cristão? – questionou Phil.

– Ah, os homens certamente podem, mas eu me referia aos pastores, minha querida – explicou, com ar de censura. – E você não deveria flertar desse jeito com o sr. Blake... realmente não deveria.

– Mas eu não estou flertando com ele – protestou, encabulada.

Ninguém acreditava nela, exceto Anne. As outras pensavam que Phil só estava se divertindo às custas do rapaz, como de costume, e afirmavam categoricamente que ela agia muito mal fazendo isso.

– O sr. Blake não é como Alec e Alonzo, Phil – disse Stella, com severidade. – Ele é respeitador e leva as coisas a sério e você pode partir o coração dele assim.

– Você acha mesmo que eu poderia? Gostaria de acreditar que sim.

– Philippa Gordon! Nunca pensei que você fosse tão insensível assim! É terrível te escutar dizendo que gostaria de partir o coração desse homem!

– Eu não disse isso, Stella. Ouça-me corretamente. Eu disse que gostaria de acreditar que poderia partir. Adoraria saber que eu tenho o poder de fazer isso.

– Não a compreendo, Phil. Você encoraja esse homem deliberadamente... mesmo não querendo nada sério com ele.

– Aí é que você se engana. Pretendo fazer com que ele me peça em casamento, se eu puder – admitiu, calmamente.

– Desisto de tentar entendê-la – finalizou Stella, sem esperanças.

Gilbert as visitava ocasionalmente nas noites de sexta. Parecia sempre bem-humorado, tomava parte nos gracejos e respondia espirituosamente na conversação geral. Não procurava nem evitava Anne. Quando as circunstâncias os reuniam, falava agradavelmente com ela e era cortês, como se houvessem sido apresentados recentemente e a velha amizade havia desaparecido completamente. Anne lamentava profundamente o fato, mas dizia a si mesma que estava muito satisfeita e grata por Gilbert ter superado inteiramente seu desapontamento em relação ao que houve entre eles. Preocupara-se de que aquela tarde de abril no pomar tivesse deixado nele feridas terríveis, que demorariam a sarar e agora via que sua preocupação fora em vão. Muitos homens haviam morrido por inúmeras causas e sido devorados por vermes, mas nunca por amor. Gilbert evidentemente não estava em perigo de imediata desintegração. Estava, ao contrário disto, desfrutando de sua vida, cheio de ambição e entusiasmo. Para ele, não valia a pena desesperar-se em razão de uma mulher ter sido honesta e fria. Enquanto ouvia as incessantes piadas de Gilbert e Phil, Anne até se perguntava se realmente havia algum dia visto aquela expressão em seu olhar, quando disse a ele que nunca poderia amá-lo, ou se aquilo seria tudo fruto de sua imaginação.

Não faltavam rapazes que teriam ocupado alegremente o lugar que Gilbert deixara vago. Entretanto, Anne os desprezava completamente, sem medo nem arrependimento e se o verdadeiro príncipe encantado nunca viesse, ela não se conformaria com qualquer um que a consolasse. Reafirmou essa decisão para si com firmeza naquele dia cinzento no parque, enquanto o vento soprava para longe a densa neblina em sua alma.

Repentinamente, a chuva predita por tia Jamesina começou a cair com extraordinária força. Anne abriu o guarda-chuva e correu colina abaixo. Ao virar na rua do porto, uma violenta ventania seguiu junto com ela, virando instantaneamente seu guarda-chuva do avesso, e Anne agarrou-o com desespero. E então... ouviu uma voz ao seu lado.

– Perdoe-me... permita-me oferecer-lhe abrigo no meu guarda-chuva?

Anne ergueu o olhar. O estranho era alto, elegante, de porte distinto; seus olhos eram escuros, melancólicos e misteriosos; sua voz era terna, musical e complacente. Sim, o autêntico herói de seus sonhos estava parado bem diante dela, em carne e osso! Não poderia ser mais idêntico ao seu ideal, nem se fosse feito por encomenda.

– Obrigada – aceitou ela, um pouco desnorteada.

– É melhor corrermos até aquele pequeno gazebo ali adiante – sugeriu o desconhecido. – Podemos esperar por lá até que a tempestade passe. É improvável que continue chovendo forte assim por tanto tempo.

As palavras eram bem triviais, mas ah, o tom! E o sorriso que as acompanhava! Anne sentiu seu coração palpitar freneticamente.

Juntos, dirigiram-se apressados até o gazebo e sentaram-se ofegantes sob o teto acolhedor. Anne empunhou seu guarda-chuva quebrado enquanto sorria.

– Quando meu guarda-chuva virou do avesso, fiquei convencida de que há uma espécie de perseguição das coisas inanimadas a mim – disse, alegremente.

As gotas de chuva cintilavam no cabelo brilhante de Anne e os cachos soltos caíam sobre seu rosto e pescoço. As bochechas estavam coradas e seus grandes olhos brilhavam intensamente. O companheiro a observou com admiração e diante de seu olhar, Anne sentiu-se ruborizar. Quem era aquele homem? Ora, o distintivo branco e vermelho de Redmond estava preso em sua lapela. Pensava que conhecia, pelo menos de vista, todos os estudantes de Redmond, exceto os calouros. E este jovem cortês certamente não era um calouro.

– Vejo que somos colegas de faculdade – disse ele, observando com um sorriso o distintivo de Anne. – Isso deve ser suficiente para que eu me apresente. Meu nome é Royal Gardner e você é a senhorita Shirley, que leu o ensaio sobre Tennyson na Philomathic Society na outra tarde, não é mesmo?

– Sim, mas não estou conseguindo lembrar-me de você – admitiu ela, com franqueza. – A qual turma você pertence?

– Sinto que ainda não pertenço a nenhuma. Cursei meu primeiro e segundo ano em Redmond, há dois anos, mas passei uma temporada na Europa desde então. Agora voltei para finalizar meu curso de Artes.

– Este também é o meu terceiro ano – disse Anne.

– Então somos colegas de aula, além de colegas de turma. Agora estou conformado com a perda dos anos devorados pelos gafanhotos – respondeu o acompanhante, expressando um universo de significados com seu esplêndido olhar.

A chuva não parou por quase uma hora. Mas o tempo pareceu passar voando. Quando as nuvens se abriram para dar brecha a um pálido raio de sol de novembro, que incidiu transversalmente sobre o porto e os pinheiros, Anne e seu companheiro partiram juntos para casa. Quando chegaram ao portão da Casa da Patty, Roy já havia pedido permissão para visitá-la e a havia recebido. Anne entrou com as bochechas incendiadas e o coração palpitando forte até a ponta dos dedos, Rusty, que subiu no seu colo e tentou beijá-la, encontrou uma recepção muito distraída. Repleta de emoções românticas na alma, Anne não tinha condições de dar atenção naquele momento ao bichano de orelhas rasgadas.

Na mesma noite, um pacote foi deixado na Casa da Patty endereçado à senhorita Shirley. Era uma caixa que continha uma dúzia de magníficas rosas. Fuxiqueira e impertinente, Phil agarrou o cartão que caiu da caixa, leu o nome e a citação poética escrita na parte de trás.

– Royal Gardner! – exclamou. – Ora, Anne, não sabia que você conhecia Roy Gardner!

– Eu o conheci hoje à tarde no parque, em meio ao temporal – explicou, apressadamente. – Meu guarda-chuva virou com o vento e ele me resgatou com o dele.

– Ah! – Phil encarou Anne com curiosidade. – E esse incidente totalmente trivial justifica o envio de uma dúzia de rosas de cabos longos e uns versos tão românticos? E é razão pela qual sua face se avermelha como a de uma cândida donzela ao ler o cartão? Anne, vosso semblante a trai, totalmente.

– Pare de falar bobagem, Phil. Você conhece o sr. Gardner?

– Sim. Conheço suas duas irmãs e sei um pouco sobre ele, assim como qualquer pessoa que pertença à sociedade de Kingsport. Os Gardners estão entre os mais ricos e nobres dentre os chamados de blue nose. Roy é adoravelmente belo e inteligente. Há dois anos, a saúde de sua mãe enfraqueceu e ele precisou trancar a matrícula e viajar com ela para o exterior... o pai já faleceu. Deve ter ficado extremamente desapontado ao ter que desistir de seus estudos, mas disseram que ele estava perfeitamente tranquilo. *Fee-fi-fo-fum*, Anne! Sinto cheiro de romance no ar. Eu quase a invejo, mas nem tanto assim. Afinal, Royal Gardner não é o Jonas.

– Sua boba! – disse Anne, altiva. Porém, naquela noite, ela permaneceu sonhando acordada por muitas horas e nem quis dormir. Suas fantasias despertas eram mais fascinantes do que qualquer visão da terra dos sonhos. Será que, enfim, havia chegado o príncipe encantado? Relembrando aqueles gloriosos olhos escuros que fitaram os seus tão profundamente, Anne sentia-se fortemente inclinada a acreditar que sim.

CHRISTINE ENTRA EM CENA

As moças da Casa da Patty se preparavam para uma recepção que os alunos do terceiro ano ofereciam aos do quarto, em fevereiro. Contemplando-se no reflexo no espelho do quarto azul, Anne sentia uma inigualável satisfação feminina. Usava nesse dia um vestido particularmente bonito que, originalmente, fora um reles pedaço de seda cor de creme com *chiffon* por cima. Phil, no entanto, insistira em levá-lo consigo para casa no feriado de Natal, com a finalidade de bordar pequenos botões de rosa em todo o *chiffon*. Ela era muito habilidosa com os dedos e o resultado foi nada menos do que um vestido para causar inveja a todas as jovens de Redmond. Até mesmo Allie Boone, cujos trajes vinham todos de Paris, olhava cobiçosa para aquela original confecção de botões de rosa, enquanto Anne desfilava com ele na escadaria principal da universidade.

Anne testara o contraste que dava uma orquídea branca em seus cabelos ruivos, Roy Gardner enviara orquídeas brancas para a recepção e Anne sabia que nenhuma outra moça em Redmond iria usá-las naquela noite e ao entrar no quarto, Phil ficou totalmente estática admirando-a.

– Anne, esta certamente é sua noite de estar deslumbrante. Em nove de cada dez vezes eu consigo ofuscá-la facilmente nas noites de Redmond, mas na décima você floresce subitamente e me torna insignificante diante de tanta beleza! Como consegue?

– É o vestido, querida. Belas penas tornam belos os pássaros.

– Não é verdade. Na última noite que esteve assim, com estonteante beleza, você usava o velho blusão de flanela feito pela sra. Lynde. Se Roy já não houvesse perdido a cabeça e o coração por você, certamente perderia nesta noite, mas se quer um conselho, não gosto desse efeito das orquídeas em seu cabelo, Anne. Saiba que não é inveja, as orquídeas não combinam com você. São exóticas demais, tropicais demais, insolentes demais. Seja como for, não as use.

– Bem, não a colocarei. Admito que eu mesma não tenho apreço por orquídeas, pois elas não se parecem comigo. Roy não as envia com frequência... ele sabe que gosto das flores que eu possa usar no dia a dia. Orquídeas, porém, são apenas para ocasiões especiais.

– Jonas me enviou alguns lindos botões de rosa para a noite de hoje... mas... ele mesmo não irá à festa. Disse-me que precisava liderar uma reunião de oração num bairro afastado! Acho que ele não queria ir. Anne, tenho tanto medo de que Jonas não goste de mim de verdade! E ainda estou decidindo se devo me consumir até morrer de desgosto ou se termino meus estudos, como uma mulher competente e sensata.

– Phil, é impossível que você se torne uma mulher competente e sensata, então é melhor que se consuma e morra logo – respondeu Anne, cruelmente.

– Anne, sua desalmada!

– Phil, sua boba! Você sabe muito bem o quanto Jonas a ama.

– Mas... ele não me diz nada. E não consigo forçá-lo a dizer! Admito, parece que ele me ama. No entanto, não confio muito nisso de ele "dizer-me com os olhos" para começar a bordar guardanapos e abainhar toalhas de mesa. Não quero começar esse trabalho até que esteja realmente comprometida. Isso seria tentar ao acaso.

– O sr. Blake tem medo de pedi-la em casamento, Phil. Ele teme porque é pobre e não pode lhe dar uma casa confortável como a que você sempre morou. Sabe muito bem que este é o único motivo pelo qual ele ainda não assumiu um compromisso com você.

– Eu imagino que seja isso mesmo – assentiu Phil, melancólica. – Bem – acrescentou, em tom mais animado –, se ele não me pedir em casamento, então eu mesma pedirei a mão dele, e resolveremos esse embargo! E tudo ficará bem. Não vou me preocupar com isso. A propósito, você sabia que Gilbert Blythe tem sido visto constantemente com Christine Stuart?

Anne tentava fechar uma delicada correntinha de ouro em seu pescoço. O fecho estava duro de prender. Qual era o problema com o fecho... ou seriam seus dedos?

– Não sabia – respondeu, fingindo não se importar. – Quem é essa Christine Stuart?

– É a irmã de Ronald Stuart. Chegou em Kingsport neste inverno e está estudando Música. Ainda não a vi, mas dizem que ela é muito bonita e que Gilbert está interessadíssimo nela. Fiquei tão brava quando você o recusou, Anne! Mas devia ser porque Roy Gardner estava predestinado para você. Posso ver isso agora claramente. No fim, você estava certa.

Dessa vez, Anne não ruborizou como sempre ocorria quando as meninas davam como certo seu eventual casamento com Roy Gardner. Sentiu-se, inclusive, imediatamente entediada com aquela trivial tagarelice de Phil. A recepção era, na verdade, um grande aborrecimento. Terminou por golpear as orelhas do pobre Rusty.

– Saia de cima dessa almofada agora mesmo, seu gato! Por que não fica lá embaixo, no seu lugar?

Anne apanhou as orquídeas e desceu para a sala, onde tia Jamesina estava cuidando de uma fileira de casacos pendurados diante da lareira para aquecê-los. Na sala, Roy Gardner esperava por Anne enquanto implicava a Gata-Sarah, esta não se agradava com a sua presença e sempre lhe dava as costas e as outras moradoras da casa, pelo contrário, gostavam muito dele. Tia Jamesina, arrebatada pelo seu infalível e respeitoso jeito cortês e pelas suplicantes notas de sua agradável voz, declarava que ele era o melhor rapaz que ela já conhecera e que Anne tinha muita sorte em havê-lo conhecido. Tais comentários deixaram Anne aborrecida. A forma como Roy a cortejava era tão romântica quanto poderia desejar um coração feminino, mas... ela não queria que tia Jamesina e as meninas considerassem as coisas como definitivas. Quando Roy murmurou um poético gracejo em seu ouvido ao ajudá-la a vestir o casaco, Anne não enrubesceu nem estremeceu como de costume, de forma que ele logo reparou que ela estava um tanto fria e silenciosa durante a breve caminhada até Redmond. Notou também que Anne saiu um pouco pálida do toalete, entretanto, ao entrar no salão da recepção, as cores e o riso voltaram todos de uma vez. Virou-se para Roy com sua expressão mais alegre e o rapaz devolveu-lhe a expressão, com o que Phil chamava "seu profundo, sombrio e aveludado sorriso". Ainda assim, Anne simplesmente não conseguia vê-lo. Tinha certeza absoluta de que Gilbert estava parado debaixo das palmeiras, no outro lado do salão, conversando com uma moça que deveria ser a tal Christine Stuart.

Ela era mesmo muito bonita. Tinha belas curvas e estava destinada a tornar-se um pouco gorda quando chegasse à meia-idade. Uma moça alta, com grandes olhos azuis-escuros, traços de marfim e um brilho escuro em seus macios cabelos. "Ela tem a aparência que eu sempre quis ter" – pensou Anne, sentindo-se a pessoa mais miserável do mundo. "Pele rosada como pétalas... olhos cor de violeta como as estrelas... cabelos negros como as penas de um corvo... sim, ela possui tudo. É incrível que, nessa barganha, seu nome não seja Cordelia Fitzgerald! Mas não acho que sua figura seja mais bonita que a minha, e certamente seu nariz não é."

Ao chegar, enfim, a essa conclusão, Anne sentiu-se um pouco mais confortável.

CONFIDÊNCIAS MÚTUAS

O invernal mês de março veio como o mais resignado e amável dos cordeirinhos, trazendo consigo dias frescos, dourados e revigorantes, os quais se dissipavam num entardecer róseo e congelante, que se perdia gradualmente num sonho encantado sob a luz da lua.

Sobre as moças de Casa da Patty, recaíam as temíveis avaliações de abril. Elas estudavam firmemente e até mesmo Phil se aquietou, imersa em textos e cadernos com uma obstinação que lhe era incomum.

– Vou concorrer à bolsa Johnson em Matemática – ela anunciou, com tranquilidade. – Se eu quisesse, concorreria à de Grego, mas escolhi a de Matemática para provar a Jonas que sou extremamente inteligente.

– Não se engane, Phil. Jonas prefere seus belos olhos castanhos e seu assimétrico sorriso a toda inteligência que você carrega dentro dessa sua cabecinha – disse Anne.

– Na minha juventude, não era nada bom que as mulheres entendessem de Matemática – comentou tia Jamesina. – Porém, os tempos de hoje são muito diferentes, e não tenho certeza se mudaram para melhor. Você sabe cozinhar, Phil?

– Não, nunca cozinhei nada em toda a minha vida, exceto quando tentei fazer um pão de gengibre que foi um completo desastre: por dentro, ficou cru e por fora, queimado. Vocês bem sabem como foi. Mas, titia, a senhora não acha que esta inteligência que vai me permitir ganhar uma bolsa de estudos em Matemática não é a mesma que me ajudará a aprender a cozinhar, quando eu estiver pronta para isso?

– Talvez – concordou tia Jamesina, com reserva. – Eu não desaprovo que mulheres cursem o ensino superior. Minha filha, por exemplo, se formou em Artes e ela também sabe cozinhar, mas antes que qualquer professor lhe ensinasse Matemática, eu a ensinei a cozinhar.

Em meados de março, as jovens receberam uma carta de senhorita Patty Spofford, a qual comunicava que ela e a senhorita Maria decidiram permanecer por mais um ano no exterior.

Deste modo, vocês podem continuar na Casa da Patty também no próximo inverno, escreveu. *Maria e eu vamos correr pelo Egito. Desejo ver a esfinge antes de morrer.*

– Imagine aquelas duas damas "correndo pelo Egito"! Pergunto-me se vão contemplar a esfinge e tricotar – riu Priscilla.

– Estou tão contente que poderemos permanecer na Casa da Patty por mais um ano! – exclamou Stella. – Tive tanto medo de que elas retornassem agora. Caso isso acontecesse, este nosso formoso ninhozinho estaria acabado e nós, pobres passarinhas, seríamos jogadas novamente no torpe mundo das pensões.

– Vou sair para perambular um pouco pelo parque – anunciou Phil, deixando de lado o livro. – Creio que, quando eu tiver meus oitenta anos, me lembrarei satisfeita que saí para caminhar na noite de hoje.

– O que quer dizer? – perguntou Anne.

– Acompanhe-me e eu lhe direi, querida.

Ao longo da caminhada, absorveram todos os mistérios e magias de um anoitecer de março. Era um crepúsculo tranquilo e suave, envolto em candura, pureza e taciturno silêncio, que tinha em si agregado diversos barulhinhos ressonantes que podiam ser percebidos tanto com a alma quanto com os ouvidos. As duas andaram ao léu em uma longa passagem por entre os pinheiros, que parecia conduzi-las diretamente ao coração de um pôr do sol avermelhado de inverno.

– Eu poderia voltar para casa agora mesmo e escrever um poema, se eu soubesse como fazê-lo – declarou Phil, detendo-se numa clareira onde a rósea luz tingia as copas verdes dos pinheiros. – Tudo aqui é tão maravilhoso... essa serenidade tão clara e profunda, e aquelas árvores escuras que parecem estar sempre meditando.

– *Os bosques foram os primeiros templos de Deus* – citou Anne, com suavidade. – Não é possível evitar a necessidade de reverenciar e adorar a Deus em lugares como esse. Sempre me sinto mais perto d'Ele quando caminho entre os pinheiros.

– Anne, sou a garota mais feliz do mundo – confessou Phil, subitamente.

– Isso significa que o sr. Blake finalmente a pediu em casamento?

– Sim. E eu espirrei três vezes enquanto ele fazia o pedido. Que gafe! Não é terrível? Mas eu logo respondi que "sim", quase sem deixar que ele terminasse a pergunta, pois tive muito medo de que ele desistisse e parasse de falar. Estou tão radiante de felicidade! Mal conseguia acreditar que Jonas poderia gostar de uma criatura frívola como eu.

– Phil, você não é verdadeiramente frívola – disse Anne, em tom muito sério. – Por trás dessa capa de frivolidade, você tem uma alminha querida, leal e feminina. Por que se esconde assim?

– É mais forte do que eu, rainha Anne! Mas você tem razão: não sou frívola de coração. Mas há uma espécie de barreira de frivolidade sobre a minha alma e não consigo me desfazer dela! Como diz a sra. Poyser, eu teria que nascer de novo e diferente para poder mudar isto em mim, mas Jonas sabe do meu verdadeiro eu e me ama com todos os meus defeitos. E eu o amo. Nunca na minha vida havia ficado tão surpresa como quando descobri que eu o amava. Nunca pensei que eu fosse me apaixonar por um homem feio. Imagine eu, com um único e solitário pretendente e que se chama Jonas! Mas acho que vou chamá-lo de Jo. É um apelido tão meigo e gracioso! Não poderia encontrar nenhum apelido para Alonzo, por exemplo.

– E como vão Alec e Alonzo?

– Ah, contei a eles no Natal que nunca poderia me casar com nenhum dos dois. É até engraçado, agora, recordar que algum dia eu tenha considerado essa possibilidade. Eles ficaram tão mal com a notícia, que eu também chorei aos berros por eles, mas eu sabia que só existia um homem no mundo com quem poderia me casar. E minha decisão já estava tomada, e dessa vez havia sido realmente fácil escolher. É maravilhoso sentir-se segura de si mesma e saber que esta certeza é a sua e de mais ninguém.

– Você acha que não se arrependerá?

– De ter tomado essa decisão? Eu não sei, mas Jo me ensinou uma esplêndida regra para seguir nesses casos. Ele disse que, quando eu não souber que decisão devo tomar, então que eu faça aquilo que me deixar contente de ter feito quando chegar aos oitenta anos. De qualquer modo, Jo é capaz de tomar decisões rápido o bastante e seria incômodo morar sob o mesmo teto se ambos fôssemos muito decididos.

– E seus pais, o que dirão sobre isso?

– Papai não dirá muita coisa, pois ele me apoia em tudo, porém mamãe certamente vai reclamar muitíssimo! Ah, a língua dela vai se tornar tão Byrne quanto seu nariz! Mas, no final das contas, tudo ficará bem.

– Você sabe que terá que abandonar várias coisas com as quais está acostumada quando se casar com o sr. Blake, não é, Phil?

– Sim, mas eu terei *Jo*! E não sentirei falta das outras coisas. Nós nos casaremos em junho do próximo ano. Ele vai se formar em St. Columbia nesta primavera, e então ele vai assumir uma igrejinha missionária na Rua Patterson, que fica num bairro pobre da periferia. Imagine eu ali! No entanto, para estar com ele, sou capaz de ir dali até as montanhas congeladas da Groenlândia.

– E esta é aquela que dizia que jamais se casaria com um homem pobre! – comentou Anne, em voz alta, como se estivesse conversando com um jovem pinheiro.

– Ah, não me jogue na cara as bobagens que eu dizia! Serei tão contente na pobreza quanto tenho sido na riqueza. Você vai ver. Aprenderei a cozinhar e costurar. Já aprendi a fazer compras e barganhar desde que vim morar na Casa da Patty e, certa vez, lecionei na escola dominical durante um verão inteiro. Tia Jamesina diz que, se eu me casar com Jo, vou arruinar a carreira dele e isso não vai acontecer. Sei que não sou muito sensata nem moderada, porém tenho algo de valor muito maior: a habilidade de fazer com que as pessoas gostem de mim. Há um homem em Bolingbroke que cerceia e que sempre testemunha nas reuniões de oração. Ele diz: *Ze não podez brilhar como uma eztrela, brilhe como um caztizal.* Eu serei o pequeno castiçal na vida de Jo.

– Phil, você não tem jeito! Bem, eu sou tão afeiçoada a você que nem conseguiria fazer um discursinho espirituoso para parabenizá-la, mas fico feliz de todo o coração por você.

– Eu sei. Esses seus grandes olhos acinzentados transmitem a verdadeira amizade, Anne. Um dia vou olhar para você com a mesma felicidade, afinal, você vai se casar com Roy, não vai, Anne?

– Minha querida Philippa, você já ouviu falar da famosa Betty Baxter, que recusou um homem antes mesmo que ele a houvesse mirado? Pois eu não serei como aquela famosa senhora, recusando ou aceitando alguém antes mesmo que ele mire em mim.

– Ora, Anne, toda Redmond sabe o quanto Roy é louco por você – prosseguiu Phil, candidamente. – E você também o ama, não ama?

– Eu... eu creio que sim – respondeu, um pouco hesitante. Tinha a sensação de que deveria enrubescer enquanto fizesse tal confissão, mas não havia enrubescido. Por outro lado, sentia o coração palpitar e as bochechas queimarem intensamente sempre que alguém mencionava o nome de Gilbert Blythe ou Christine Stuart em sua presença. Esse casal não significava nada para ela, absolutamente nada.

Anne, enfim, desistira de tentar analisar a razão de sua falta de rubor. No que se referia a Roy, estava claro que ela era apaixonada por ele... loucamente. E poderia evitar? Ele não era o homem ideal para ela? Quem poderia resistir àqueles gloriosos olhos escuros, àquela voz suplicante? Além de ser furiosamente invejada por mais da metade das moças de Redmond! O belíssimo soneto que Roy lhe enviara em seu aniversário, junto com uma caixa de violetas... o que dizer disto? Anne decorara cada verso. Era um poema muito bom em seu gênero, não chegava exatamente ao nível de Keats ou Shakespeare, nem mesmo Anne estava tão cegamente apaixonada ao ponto de pensar isso. Mas eram bons versos, ao estilo daqueles que são publicados nos periódicos. E eram dedicados a ela, e não a Laura, ou Beatrice, ou à Dama de Atenas, mas a ela, Anne Shirley, declarando-se em versos metrificados e cadências rítmicas que seus olhos eram estrelas da manhã; que seu rosto possuía as cores roubadas do amanhecer; que seus lábios eram mais vermelhos do que as rosas do Paraíso e tudo isso era profundamente romântico.

Gilbert, por outro lado, nunca escreveria um soneto destacando suas sobrancelhas, mas em compensação, ele tinha senso de humor. Certo dia, ela havia contado uma história engraçada a Roy e ele não conseguiu entender qual era a graça. Lembrou-se das amigáveis gargalhadas que partilhara com Gilbert, quando ela lhe contou a mesma história e questionou-se, inquieta, se a vida junto a um homem sem senso de humor não se tornaria muito chata a longo prazo, mas quem poderia esperar que um herói melancólico e misterioso fosse perceber o aspecto humorístico das coisas? Seria totalmente irracional.

UMA TARDE EM JUNHO

– Às vezes me pergunto como seria viver num mundo onde sempre fosse junho – disse Anne, ao subir pelos degraus da porta da frente, vindo do deflagrado e florescido pomar envolto no crepúsculo. Marilla e a sra. Lynde estavam ali sentadas, conversando sobre o funeral da sra. Samson Coates, que haviam assistido naquele dia. Dora, sentada entre elas, estudava suas lições aplicadamente, mas Davy estava sentado de pernas cruzadas na relva. Aparentava estar triste e deprimido, como se sua única covinha houvesse ido embora.

– Você ficaria cansada desse mundo – comentou Marilla, com um grande suspiro.

– É possível que sim. Mas, neste momento, sinto que levaria muito tempo para que isso acontecesse, se todos os dias fossem tão encantadores quanto o dia de hoje... Tudo à nossa volta ama o mês de junho. Pequeno Davy, por que você está com essa carinha melancólica e invernal nesta época florida?

– Estou apenas enjoado e cansado de viver – respondeu o pequeno pessimista.

– Com dez anos e já está assim? Puxa vida, que tristeza!

– Não estou brincando – redarguiu Davy, demonstrando dignidade. – Estou de-de-desanimado – prosseguiu, reproduzindo a longa palavra com grande esforço.

– Por quê? – perguntou Anne, sentando-se ao lado do garoto.

– Porque a nova professora que veio substituir o sr. Holmes, que está doente, me deu dez somas para fazer até segunda-feira. Amanhã vou ter que ficar o dia todo fazendo isso! Não é justo ter que fazer dever de casa no meu final de semana. Milty Boulter falou que não ia fazer nada, mas Marilla me obrigou a fazer. Não gosto nem um pouco dessa senhorita Carson.

– Não fale assim de sua professora, Davy Keith! – ralhou a sra. Lynde, com severidade. – A senhorita Carson é uma pessoa muito agradável. Não tem a cabeça cheia de tolices.

– Isso não parece muito atrativo – sorriu Anne. – Gosto de que as pessoas tenham ao menos um pouco de tolices, porém tenho uma opinião sobre a senhorita Carson que me parece melhor do que a sua. Ontem à noite, eu a vi na reunião de oração e ela tem um par de olhos que não me parecem tão sensatos. Agora, pequeno Davy, anime-se! O amanhã trará um novo dia e eu o ajudarei com as somas, tanto quanto eu puder. Não se deixe abater, escurecendo esta adorável luz do crepúsculo ao se preocupar com Aritmética.

– Bom, está bem então! – exclamou Davy, animando-se. – Se você me ajudar com as somas, vou conseguir terminar tudo a tempo de ir pescar com Milty. Pena que o funeral da velha tia Atossa foi hoje, em vez de amanhã! Eu teria gostado de ir, porque Milty me contou que a mãe dele garantiu que a tia Atossa ia se sentar no caixão e falar poucas e boas sobre as pessoas que aparecessem lá para vê-la ser enterrada, mas Marilla disse que ela não fez nada disso.

– A pobre Atossa jazia em paz em seu caixão – disse a sra. Lynde, de forma solene. – Nunca a havia visto com o semblante tão tranquilo, isto é que é. Bem, não foram derramadas muitas lágrimas por sua partida, pobre alma! A família de Elisha Wright estava até agradecida por se livrar dela, e não posso dizer que os culpo por isso.

– Parece-me uma coisa muito triste deixar este mundo e não ter uma única pessoa que lamente a sua partida – comentou Anne, estremecendo.

– Além dos pais, ninguém mais amou a pobre Atossa, nem mesmo o marido! Isto é certo! – afirmou a sra. Lynde. – Ela foi sua quarta esposa. Era como se o homem tivesse o hábito de se casar. Viveu só uns poucos anos após se casar com ela. O doutor disse que ele morreu de dispepsia, mas sempre pensarei que ele morreu envenenado pela língua de Atossa, isto é que é. Pobre alma, sempre sabia detalhes da vida íntima dos vizinhos, mas nunca soube muito bem sobre si mesma. Bem, de qualquer maneira, agora ela se foi e creio que o próximo grande acontecimento em Avonlea será o casamento de Diana.

– Parece, ao mesmo tempo, engraçado e horrível pensar em Diana se casando – suspirou Anne, abraçando os joelhos e olhando em direção à clareira da Floresta Assombrada para a luz que brilhava na janela do quarto de sua amiga.

– Não entendo o que há de horrível nisso, não quando ela está se casando tão bem – garantiu a sra. Lynde, com ênfase. – Fred Wright é dono de uma ótima fazenda e é um modelo de rapaz.

– Ele certamente não é como aquele rapaz selvagem, elegante e malvado com quem Diana um dia quis se casar – sorriu Anne. – Fred é extremamente bondoso.

– Ele é exatamente como deveria ser. Você preferia que Diana se casasse com um homem mau? Você se casaria com um que fosse assim?

– Ah, não! Não gostaria de me casar com ninguém que fosse malvado, mas acho que gostaria que ele pudesse ser, mas não fosse. Ora, Fred é irremediavelmente bondoso.

– Espero que um dia você seja mais sensata – disse Marilla.

Marilla soou um pouco amarga em sua declaração. Sentia-se dolorosamente desapontada com Anne. Ela ficara sabendo que Anne havia recusado Gilbert Blythe. As fofoqueiras de Avonlea cochichavam a respeito, mas ninguém sabia como o assunto chegara aos ouvidos de todos. Talvez Charlie Sloane houvesse presumido algo a respeito do assunto e espalhado suas suposições como fatos. Talvez Diana houvesse confiado em segredo a Fred e ele houvesse sido indiscreto. De qualquer forma, o fato já era conhecido por todos na ilha. A sra. Blythe não mais perguntava a Anne, em público ou em privado, se ela recebera notícias de seu filho ultimamente e a cumprimentava com frieza quando se cruzavam. Anne, que sempre tivera muito apreço pela alegre e jovial mãe de Gilbert, sofria em silêncio por essa atitude.

Marilla não disse nada, mas a sra. Lynde lançou várias ironias exaltadas sobre o assunto, até que chegaram novas fofocas aos ouvidos dela por meio da mãe de Moody Spurgeon MacPherson, dizendo que Anne havia encontrado outro pretendente na universidade, que era rico, bonito e admirável, tudo em um só rapaz. Depois disso, a sra. Lynde segurou a língua, mas no âmago de seu coração continuava a desejar que Anne houvesse aceitado Gilbert. A riqueza é muito boa, mas nem mesmo a alma prática da sra. Lynde a considerava essencial. Se Anne "gostasse mais" do Charmoso Desconhecido do que de Gilbert, não havia nada mais a ser dito, mas a sra. Lynde teve medo de que ela cometesse o terrível erro de se casar por interesse. Marilla, no entanto, conhecia Anne muito bem para ter esse tipo de visão sobre ela, mas sentia que algo haveria terminado muito mal no esquema universal das coisas.

– O que tiver que ser será – sentenciou a sra. Lynde, com tristeza –, e o que não tem que ser algumas vezes acontece. E eu não consigo deixar de acreditar que é o que vai acontecer no caso de Anne, se não houver uma providência divina para intervir, isto é que é – suspirou. Receava que a providência divina não intervisse, e ela, de sua parte, não se atreveria a fazê-lo.

Anne havia ido perambular pela Bolha da Dríade e lá estava enroscada entre as samambaias, sentada na raiz da grande bétula branca onde ela e Gilbert tantas vezes se sentaram, em outros verões. Quando o período das aulas terminou, ele tornou a ir para o escritório do Daily News e Avonlea parecia muito monótona sem a presença dele. Gilbert nunca mais escrevera a Anne, de modo que ela sentia falta das cartas que não chegavam. Roy, por outro lado, escrevia-lhe duas vezes por semana e suas missivas eram refinadas composições dignas de serem publicadas num memorial ou numa biografia. Quando lia suas palavras, Anne sentia-se ainda mais profundamente apaixonada por ele, mas seu coração jamais dera o estranho, rápido e doloroso salto ao receber suas cartas, diferentemente do dia em que a sra. Hiram Sloane lhe entregou um envelope, no qual ela logo reconheceu a caligrafia vertical de Gilbert. Ela correu para Green Gables, refugiou-se em seu quartinho e abriu ansiosamente o envelope. No entanto, encontrou apenas uma cópia datilografada de um folheto ilustrativo sobre alguma atividade da universidade. Só isso e nada mais. Frustrada, Anne atirou o inocente folheto ao chão e sentou-se para escrever uma carta especialmente carinhosa para Roy.

O casamento de Diana aconteceria dentro de cinco dias. A casa cinza em Orchard Slope encontrava-se num grande rebuliço de assados, preparações, fervuras e cozidos, pois haveria ali uma grande festa que entraria para a história de Avonlea. Anne, evidentemente, seria a dama de honra, conforme combinaram quando tinham doze anos, e Gilbert viria de Kingsport para ser o padrinho. Anne estava desfrutando da animação dos muitos preparativos, mas carregava uma aflitiva dor no fundo do coração. De certo modo, ela estava perdendo sua querida e velha companheira e a casa em que Diana iria morar ficava a cinco quilômetros de Green Gables, de maneira que o antigo e constante companheirismo que as unia nunca mais seria o mesmo. Anne olhou a luz no quarto de Diana e pensou no que aquela luz significara para ela durante tantos anos, mas em breve, a luz já não brilharia mais nos crepúsculos de verão. Duas grandes e dolorosas lágrimas rolaram de seus olhos acinzentados.

Pensou: "Como é horrível que as pessoas tenham que crescer... se casar... e se mudar!"

O CASAMENTO DE DIANA

– Afinal, as únicas e verdadeiras rosas são as rosas cor-de-rosa – disse Anne, ao atar uma delicada fita de cetim branco ao redor do buquê de Diana no quarto voltado para o Oeste em Orchard Slope. – Elas são as flores do amor e da fidelidade.

A nervosa Diana estava em pé no meio do quarto, vestida com o branco nupcial, e seus cachos negros estavam cobertos pelo véu. A própria Anne havia disposto harmoniosamente o véu da noiva, de acordo com o pacto sentimental firmado tantos anos atrás.

– Está tudo mais ou menos como imaginei no passado, quando chorava por causa da ideia do seu inevitável casamento e de nossa consequente separação – riu Anne. – Você é a noiva dos meus sonhos, Diana, com este "adorável véu enevoado", e eu, a sua dama de honra. Mas, ai de mim! As mangas do meu vestido não são bufantes... embora estas mangas curtas de renda sejam ainda mais bonitas. Meu coração não está completamente destroçado e eu nem odeio exatamente o Fred.

– Não estamos realmente nos separando, Anne – protestou Diana. – Não estou indo para muito longe. E nós vamos continuar sentindo o mesmo amor uma pela outra, como sempre foi. Nós nos mantemos fiéis àquele juramento de amizade que fizemos tantos anos atrás, não é mesmo?

– Sim. Nós o cumprimos com lealdade e vivenciamos uma linda amizade, Diana! Nunca a prejudicamos com brigas, indiferença ou palavras rudes, e espero que continuemos sempre assim. Mas as coisas não poderão seguir sendo as mesmas depois de hoje. Você terá outros interesses, e eu ficarei de fora. Mas assim é a vida, como diz a sra. Lynde. Ela lhe deu de presente uma de suas amadas colchas de tricô com listras cor de tabaco, e ela sempre diz que, quando eu me casar, me dará uma também.

– O ruim é que, quando você se casar, não poderei ser sua dama de honra – lamentou Diana.

– Serei também a dama de Phil em junho do ano que vem, quando ela se casar com o sr. Blake, e depois disso devo parar, pois você conhece o ditado: "três vezes a dama, nunca a noiva" – disse Anne, espiando pela janela o branco e rosa do pomar que florescia abaixo. – Aí vem o pastor, Diana.

– Ah, Anne – ela murmurou, empalidecendo repentinamente e começando a tremer. – Ah, Anne... estou tão nervosa... acho que não consigo suportar... Anne, sei que vou desmaiar!

– Olhe bem para mim, se você desmaiar, vou arrastá-la até o tonel de água da chuva e jogarei você lá dentro – prometeu a insensível Anne. – Anime-se, querida! Casar não deve ser tão terrível, considerando a quantidade de pessoas que sobrevivem à cerimônia. Observe quão tranquila e serena eu estou e siga meu exemplo.

– Espere até chegar sua vez, senhorita Anne! Ah, Anne, ouço os passos do meu pai subindo as escadas! Dê-me o buquê. O véu está no lugar? Estou muito pálida?

– Você está adorável. Di, querida, me dê um beijo de despedida pela última vez, pois Diana Barry nunca mais me beijará.

– Mas Diana Wright sim. Mamãe está chamando. Vamos.

Seguindo um simples e antigo costume que estava em voga à época, Anne dirigiu-se até a sala de braços dados com Gilbert. Encontraram-se no topo da escadaria pela primeira vez desde que partiram de Kingsport, pois ele só havia chegado naquele dia. Saudaram-se com um aperto de mãos muito cortês. Aparentava estar muito bem, apesar de, segundo o que Anne reparou no mesmo instante em que o viu, estava um pouco magro, não estava pálido, pois havia até um rubor em seu rosto que se intensificou quando Anne foi até ele pelo corredor, trajando um fascinante vestido branco e lírios do vale adornando as brilhantes mechas de seu cabelo. A aparição dos dois juntos na sala repleta de convidados foi recebida com um breve murmúrio de admiração.

– Que casal elegante eles formam – sussurrou a impressionável sra. Lynde para Marilla.

Conforme o protocolo, Fred fez sua entrada sozinho, com o rosto muito corado e então Diana entrou de braços dados com o pai. Ela não desmaiou e nada desagradável ocorrera para interromper a cerimônia. Em seguida, um banquete e um divertido festejo sucederam a celebração e então, ao anoitecer, Fred e Diana partiram para o novo lar, e ninho de amor, sob a luz do luar. Gilbert acompanhou Anne até Green Gables.

Alguma coisa da antiga amizade havia retornado durante a alegria informal daquela tarde. Ah, como era bom voltar a percorrer o velho trajeto na companhia de Gilbert!

Aquela noite estava tão silenciosa que era provável que se pudesse ouvir até mesmo o sussurro das rosas desabrochando... a risada das margaridas... o burburinho da relva... inúmeras vozes doces, todas interligadas. A beleza do luar nos conhecidos campos irradiava o mundo.

– Quer dar uma volta pela Travessa dos Amantes antes de entrar? – perguntou Gilbert, enquanto cruzavam a ponte sobre o Lago das Águas Reluzentes, onde o reflexo da lua mais parecia uma grande e dourada flor submersa.

Anne assentiu prontamente. A Travessa dos Amantes mais parecia um autêntico caminho para a terra das fadas naquela noite, um lugar cintilante, misterioso e cheio de magia, tecido sob o branco encantamento emanado pela luz da lua. Houve um tempo em que tal passeio com Gilbert oferecia grande risco, mas Roy e Christine haviam deixado tudo seguro agora. Enquanto conversavam amenidades, Anne pegou-se pensando em Christine por diversas vezes, encontrou-a diversas vezes antes de ir embora de Kingsport e fora muito delicada com ela. Christine também fora extremamente doce. De fato, as jovens foram bastante cordiais uma com a outra. Contudo, ainda assim, o conhecimento mútuo não se tornara uma amizade. Evidentemente, não seriam almas gêmeas.

– Vai ficar em Avonlea durante todo o verão? – perguntou Gilbert.

– Não. Na semana que vem irei para Valley Road, no Leste. Esther Haythorne pediu que eu a substitua lecionando durante os meses de julho e agosto. Eles têm um período de aulas de verão na escola e Esther não anda bem de saúde, então vou substituí-la. De certa forma, eu não me importo. Ando me sentindo um pouco como uma estranha em Avonlea agora, sabe? Isso me deixa muito triste... mas é verdade. É assustador ver como em apenas dois anos as crianças tornaram-se rapazes e mocinhas ou jovens homens e mulheres. Ao menos metade dos meus alunos já cresceu. Me sinto tão velha quando os vejo tomarem os lugares que você, eu e nossos companheiros costumávamos ocupar.

Anne riu e suspirou. Sentia-se muito velha, madura e sábia, o que demonstrava somente o quão imatura ela realmente era. Dizia a si mesma que ansiava muitíssimo por voltar para aqueles estimados dias felizes, quando a vida era vista através da rosada neblina de esperança e ilusão, e possuía esse algo indefinível que havia morrido para sempre. Onde se encontravam, agora, a glória e o sonho?

– *Assim o mundo anda para a frente* – citou Gilbert, com senso prático e um pouco distraído. Nesse momento, Anne perguntou-se se ele estava pensando em Christine. Ah, Avonlea ficaria tão solitária agora... sem a presença de Diana!

O ROMANCE DA SRA. SKINNER

Ao chegar à estação de Valley Road, Anne desceu do trem e olhou ao redor para ver se alguém havia ido recebê-la. Iria hospedar-se com uma tal de senhorita Janet Sweet, mas não avistou ninguém que correspondesse minimamente à ideia que havia feito da referida senhorita, conforme Esther a descrevera na carta. A única pessoa que viu na estação era uma senhora de mais idade que estava sentada numa charrete, rodeada por pilhas de maletas de correspondência ali amontoadas. Noventa quilos seria um caridoso palpite para o seu aparente peso e seu rosto era bem redondo e avermelhado como a lua cheia do equinócio, quase com a mesma ausência de traços. Usava um vestido apertado de lã preta, costurado no feitio de dez anos atrás, e um empoeirado chapeuzinho de palha preto, com laços de fita amarela e renda preta desbotada.

– Ei, moça! – gritou ela, agitando seu chicote na direção de Anne. – A senhorita é a nova professora de Valley Road?

– Sim.

– Bem, imaginei que fosse! Valley Road distingue-se pelas professoras bonitas, assim como Millersville pelas feias. A Janet Sweet me perguntou hoje de manhã se eu podia levar a senhorita. Eu disse: "Posso sim, se ela não se importar com as sacudidas"! Esta minha carroça é pequena para as bolsas dos correios e eu sou bem mais gorda que o Thomas! Espere um pouco, moça, para que eu possa amontoar estas bolsas e enfiar a senhorita aqui em cima do jeito que der. São apenas três quilômetros até a casa da Janet. O criado do vizinho dela virá buscar o seu baú hoje à noite. Meu nome é Skinne, Amélia Skinner.

Enfim, Anne foi enfiada na charrete do jeito que deu, sorrindo e achando aquilo tudo muito divertido.

– Vamos lá, égua preta! – comandou a sra. Skinner, segurando as rédeas nas rechonchudas mãos. – Esta é a minha primeira jornada pela rota de entrega dos correios. O Thomas me disse que queria colher os nabos hoje, então me pediu para vir no lugar dele, então eu só me sentei aqui, peguei uma merenda e saí em disparada! Até que eu gostei, sabe? Mas é claro que é um pouco chato, pois metade do tempo eu fico sentada pensando, e na outra metade eu só fico sentada mesmo. Vamos lá, égua preta! Eu quero chegar cedo em casa! O Thomas se sente muito sozinho quando não estou em casa. A gente não se casou há muito tempo, sabia?

– Hum… – murmurou Anne, educadamente.

– Faz só um mês, embora o Thomas tenha me cortejado por bastante tempo. Foi tão romântico! – e Anne até tentou imaginar a sra. Skinner falando em termos de romance, mas não conseguiu.

– Hum? – murmurou novamente.

– Sim. Veja bem, havia um outro homem que corria atrás de mim. Vamos lá, égua preta! Eu fiquei por tanto tempo viúva que as pessoas do povoado desistiram de esperar que eu me casasse de novo, porém quando a minha filha... ela é professora como a senhorita... foi lecionar no Oeste, eu me senti muito sozinha e então veio a ideia de me casar outra vez. Nesse meio tempo, o Thomas começou a me visitar, e o outro homem também... William Obadiah Seaman, esse era o nome dele. Passou muito tempo, e eu não conseguia me decidir com qual dos dois eu iria ficar, e eles continuavam vindo, e vindo, e eu comecei a ficar preocupada. Veja bem, o W.O. tinha muito dinheiro... ele também tinha uma casa boa e vivia luxuosamente. Ele era, de longe, a melhor escolha. Vamos lá, égua preta!

– Por que então a senhora não se casou com ele? – inquiriu Anne.

– Ora, veja bem, ele não me amava – respondeu a sra. Skinner, de forma solene.

Anne encarou a sra. Skinner com os olhos arregalados, mas ela não estava brincando, como se podia observar em seu semblante. Era evidente que a sra. Skinner não via nada de engraçado em suas peripécias.

– Ele era viúvo já havia três anos e era a irmã dele quem cuidava da casa, então ela se casou e ele precisava de uma mulher para ficar no lugar dela, até que valia a pena, isso eu posso garantir. Era uma casa muito bonita. Vamos lá, égua preta! Com relação ao Thomas, ele era pobre, e tudo que se podia dizer da casa dele é que não tinha goteira em tempo seco, apesar de ser bem interessante, porém eu já amava o Thomas e não tinha nenhum sentimento pelo W.O., sabia? Então eu discuti comigo mesma: "*Amélia Crowe*", eu disse, "meu primeiro marido era Crowe, você pode até se casar com o rico, mas vai ser infeliz. As pessoas não podem se dar bem neste mundo sem uma pitadinha de amor. É melhor que você se amarre com o Thomas, já que ele a ama e você o ama, e acabe logo com isso!" Vamos lá, égua preta! Então eu disse "sim" para o Thomas. Durante todo o tempo da preparação para o casório, eu nem me atrevia a passar perto da bela casa do W.O., porque fiquei com medo de que a visão daquela maravilhosa casa me colocasse em dúvida e me fizesse mudar de ideia, mas agora eu não penso mais nisso e estou feliz e confortável com o Thomas. Vamos lá, égua preta!

– E como William Obadiah ficou nessa história? – inquiriu Anne.

– Ah, ele ficou chateado um bocado! Mas agora ele está visitando uma solteirona magrela de Millersville, e eu acho que ela vai aceitar o pedido sem demora, ela vai ser uma esposa melhor que a primeira. O W.O. nunca quis se casar com ela, mas só pediu a mão dela porque o pai dele obrigou, achando que ela ia dizer "não". Mas imagine a senhorita, ela disse "sim"! Pense no dilema. Vamos lá, égua preta! Ela até que era uma boa dona de casa, mas era mesquinha que só ela e usou o mesmo chapéu por dezoito anos! Quando ela comprou um novo, o W.O. passou por ela na estrada e não reconheceu a própria esposa! Vamos lá, égua preta! Eu acho que escapei de entrar numa fria, pois se eu tivesse me casado com esse homem, teria sido muito infeliz, que nem a minha pobre prima Jane Ann. A Jane se casou com um ricaço, mas ela não o amava e agora vive uma vida de cão. Semana passada ela veio me visitar e me disse: "Amélia Skinner, como eu tenho inveja de você. Eu preferia mil vezes viver numa choupana à beira da estrada, com um homem de quem eu gostasse, a viver na minha mansão com esse marido que eu tenho". O marido da Jane Ann não é tão ruim, mas ele é tão do contra, que usa um casaco de pele mesmo quando o termômetro está marcando quarenta graus! E o único jeito de conseguir alguma coisa com ele é convencendo-o do oposto do que você quer! Mas não existe amor entre eles... é muito triste viver assim! Vamos lá, égua preta! Lá está a casa da Janet, logo ali no vale. Wayside, é como ela chama o lugar. Bem pitoresco, não é mesmo? Acho que a senhorita vai ficar contente de sair daqui, com todas essas bolsas amontoadas ao redor de você.

– Sim, mas adorei passear com a senhora – respondeu Anne, com sinceridade.

– Ah, veja o que a senhorita me disse agora! – exclamou a sra. Skinner, sentindo-se muito lisonjeada. – Espere até eu contar ao Thomas! Ele sempre fica muito feliz quando eu sou elogiada. Vamos lá, égua preta! Bem, aqui estamos. Espero que a senhorita se dê bem lá na escola. Atrás da casa da Janet existe um atalho para a escola, através do pântano. Se a senhorita decidir ir por aquele caminho, tome muitíssimo cuidado! Se você pisar no barro preto, pode ficar presa, e ele vai te sugar para baixo e nunca mais ninguém vai ver ou encontrar a senhorita até o dia do juízo final, que nem aconteceu com a vaca do Adam Palmer. Vamos lá, égua preta!

DE ANNE PARA PHILIPPA

De Anne Shirley para Philippa Gordon,

Saudações!

Bem, querida, já estava quase passando da hora de escrever para você. Aqui estou, mais uma vez trabalhando como "professora", em uma escola rural de Valley Road, hospedada em Wayside, o lar da senhorita Janet Sweet. Ela é uma pessoa encantadora e sua aparência é muito agradável: não muito alta, meio robusta, mas com um perfil que aparenta ter uma alma moderada, não sendo muito extravagante, nem mesmo na questão do sobrepeso. Tem emaranhados de cabelos crespos e castanhos com uma mecha grisalha, um alegre rosto com bochechas rosadas e grandes olhos gentis, azuis como miosótis. Além do mais, é daquelas adoráveis cozinheiras à moda antiga, que não ligam para azia, desde que possam se empanturrar de comidas gordurosas.

"Eu gosto dela, e ela de mim, principalmente porque, conforme ela me contou, teve uma irmã que também se chamava Anne, falecida ainda jovem.

"Estou muito contente em ver você", ela disse, abruptamente, assim que cheguei em seu quintal. "Meu Deus, mas a senhorita não se parece nem um pouco com o que eu imaginava! Tinha certeza de que seria morena... como era minha irmã. E aqui está a senhorita, ruivinha!"

Durante alguns minutos, simplesmente por ela ter dito que meu cabelo era ruivo, pensei que não iria gostar dela tanto quanto eu esperava. Porém, em vez de cultivar preconceitos infundados contra qualquer *pessoa, lembrei-me de que deveria ser sensata. Provavelmente as palavras "castanho avermelhado" nem faziam parte de seu vocabulário.*

Wayside é um lugarzinho bastante encantador. A casa branca e pequenina fica localizada num admirável valezinho afastado da estrada. No caminho que liga a estrada e a casa há um pomar e um jardim florido, tudo junto. A trilha que leva até a porta da frente é limitada dos dois lados por um paisagismo feito conchas de marisco arredondadas "pata de vaca", como Janet as chama. Há musgo sobre o telhado e uma trepadeira de folhagem avermelhada sobre o pórtico. Meu quarto fica num cantinho bem limpinho, ao lado da sala de visitam, onde cabem somente a cama e eu. Há um quadro acima da cabeceira da minha cama, no qual há uma pintura de Robby Burns ao lado do túmulo de Highland Mary, à sombra de um enorme salgueiro chorão. O rosto de Robby é tão macabro que não me admiro que eu tenha tido pesadelos. Ora, na primeira noite aqui, sonhei que não conseguia rir!

A sala é minúscula, mas bem-arrumada, e a única janela é tão sombreada pelos frondosos ramos de um salgueiro, cuja penumbra chega ao ponto de tingir de verde esmeralda, como uma gruta, o aposento. As cadeiras possuem maravilhosos estofados e os tapetes sobre o piso têm cores alegres e há uma mesa redonda onde livros e cartas estão metodicamente organizados. Sobre a cornija da lareira, há vasos com gramíneas secas e, entre estes, uma alegre decoração de placas de caixões preservadas... cinco ao todo, que correspondem respectivamente aos pais de Janet, seu irmão, sua irmã Anne e um empregado que morreu por aqui. Se, por acaso, algum dia desses eu enlouquecer repentinamente, "saibam todos, por este presente instrumento" que a culpa se deve àquelas placas.

Entretanto, tudo é bastante aprazível, e assim eu o disse a Janet. Ela se afeiçoou a mim por isso, assim como detestou a pobre Esther, a qual lhe disse que o excesso de sombra é uma coisa anti-higiênica e recusou-se a dormir em um colchão de penas. Ora, eu me sinto glorificada quando durmo em colchões de penas, e quanto mais anti-higiênicos e plumosos forem, mais eu os adoro! Janet disse que gosta de me ver comer. Temia que eu fosse como a senhorita Haythorne, que não ingeria nada além de frutas e água quente no café da manhã e ainda por cima tentava fazer com que Janet renunciasse às suas amadas frituras. Esther é uma jovem realmente adorável, mas tem muitas manias. O problema dela é que não possui muita imaginação e por isso tende a sofrer de azia.

Janet me disse que, se eu quisesse, poderia usar a sala para receber a visita de algum rapaz! Não me parece que existam muitos por aqui para me visitar. Ao menos eu ainda não vi nenhum em Valley Road, somente o empregado do vizinho, que se chama Sam Toliver: um jovem loiro, magro e bem alto. Recentemente, ele veio aqui ao fim do entardecer e ficou durante uma hora sentado na cerca do jardim, próximo à varanda da frente, onde Janet e eu tricotávamos. Os únicos comentários que ele fez espontaneamente foram: "Cê qué uma balinha de hortelã, sinhorinha? As balinha é boa por demais prá curá a catarreira, por causa das hortelã, sabe?" e "Que baita matagal que tá aqui, hein? Arre!"

Mas há um romance acontecendo por aqui. Parece até que o meu destino é juntar, de forma mais ou menos ativa, casais mais maduros, por exemplo: o sr. e a sra. Irving sempre afirmam que fui eu quem armei o casamento deles; a sra. Stephen Clark, de Carmody, persiste em ser absolutamente grata a mim por ter lhe dado uma sugestão que qualquer outra pessoa poderia ter dado em meu lugar. Todavia, eu realmente acredito que Ludovic Speed nunca teria avançado além de um plácido namorico se eu não houvesse dado um empurrãozinho a ele e Theodora Dix.

No romance atual, sou meramente uma espectadora passiva, pois, quando tentei ajudar as coisas a andarem, só consegui armar uma grande confusão! Então, não devo voltar a me intrometer. Contarei todos os detalhes assim que nos encontrarmos.

UM CHÁ COM A SRA. DOUGLAS

Na noite da primeira quinta-feira após a chegada de Anne a Valley Road, Janet convidou-a para acompanhá-la à reunião de oração e ela florescia como uma rosa quando participava dessas reuniões. Usava um vestido de musselina azul pálido, salpicado de amores-perfeitos bordados e com mais babados do que jamais se poderia esperar da econômica Janet, usava também um chapéu branco de palha trançada, enfeitado com rosas e três penas de avestruz. Anne surpreendeu-se muitíssimo ao vê-la vestida assim, mais tarde, descobriu o motivo que a fazia arrumar-se dessa maneira... um motivo quase tão antigo quanto o Éden.

As reuniões de oração de Valley Road pareciam ser essencialmente femininas. Além do pastor, estavam presentes trinta e duas mulheres, dois rapazes adolescentes e um homem solitário. Quando se deu conta, Anne estava analisando esse homem. Ele não era bonito nem jovem ou gracioso. Tinha pernas extremamente longas, tão longas que era preciso encolhê-las por debaixo da cadeira e seus ombros eram curvados. As mãos eram grandes e tanto o bigode quanto os cabelos precisavam ser cuidados por um barbeiro, mas Anne simpatizou com seu semblante, parecia-lhe gentil, honesto, terno e havia também algo mais, algo que Anne achou difícil de definir. Enfim, concluiu que era porque aquele homem havia sofrido e se mantido forte, de modo que a resiliência estava estampada em seu rosto. Em sua expressão, havia um tipo de resignação paciente e humorada, indicando que ele poderia chegar aos extremos da emoção se fosse necessário, mas continuaria parecendo simpático até que realmente começasse a se aborrecer.

Ao fim da reunião, este cavalheiro aproximou-se de Janet e disse:

– Permite-me acompanhá-la até sua casa, Janet?

Janet tomou-lhe o braço, "tão afetada e envergonhada quanto uma mocinha de dezesseis anos, sendo acompanhada pela primeira vez", como Anne relatou às meninas da Casa da Patty, algum tempo depois.

– Senhorita Shirley, permita-me apresentá-la ao sr. Douglas – ela disse, cerimoniosamente.

O sr. Douglas assentiu e comentou:

– Estive contemplando-a durante a reunião, senhorita, e pensando que adorável jovenzinha a senhorita é.

Noventa e nove pessoas entre cem teriam incomodado Anne amargamente se houvessem feito esse mesmo comentário. Porém, o tom usado pelo sr. Douglas ao proferir essas palavras fizeram-na sentir que havia recebido honesto e sincero elogio. Ela sorriu de forma apreciativa e seguiu-os amavelmente pela estrada iluminada pela luz do luar.

Então Janet tinha um pretendente! Anne ficara encantada. Certamente ela seria uma esposa exemplar: alegre, econômica, tolerante, além de ser uma cozinheira de mão cheia! Seria um enorme desperdício se ela terminasse a vida solteira.

– John Douglas pediu-me que te levasse para conhecer a mãe dele – ela anunciou, no dia seguinte. – Na maior parte do tempo, ela fica em cima de uma cama e nunca sai de casa; porém, adora ter companhia e sempre quer conhecer minhas pensionistas. Você pode ir comigo esta tarde?

Anne concordou, mas na tarde daquele mesmo dia, o próprio sr. Douglas veio fazer o convite à Anne em nome de sua mãe, para que ambas fossem tomar o chá com ela no sábado à tarde.

– Ah, por que não usa aquele seu belo vestido bordado, que você usou na reunião de oração? – perguntou Anne, enquanto saíam de casa. Era um dia quente e a pobre Janet, entre sua empolgação e seu pesado vestido preto de casimira, parecia estar sendo assada viva.

– Temo que a velha sra. Douglas pense que sou terrivelmente fútil e inadequada. Mas John gosta tanto daquele vestido... – considerou, pensativa.

A antiga propriedade dos Douglas ficava a menos de um quilômetro de distância de Wayside, no topo de uma colina, onde ventava muito. A casa em si era grande e confortável, e também antiga o bastante para ser digna e cercada por um bosque de bordos e pomares. Nos fundos, ficavam os celeiros, espaçosos e bem cuidados, e todo o conjunto indicava prosperidade, Anne ponderou que, quaisquer que fossem as dificuldades que marcaram aquela paciente resignação no semblante do sr. Douglas, nada tinha a ver com dívidas e credores.

John Douglas as aguardava na porta, conduzindo-as, quando chegaram, até a sala de visitas, onde sua mãe estava majestosamente sentada numa poltrona.

Anne imaginara que a velha sra. Douglas fosse magra e alta como seu filho. Em vez disso, era uma mulher pequenina de suaves bochechas rosadas, meigos olhos azuis e a boca miúda e suave como a de um bebê. Trajava um belo e elegante vestido de seda preta com um felpudo xale branco sobre os ombros, e os alvos cabelos ficavam presos num delicado gorro de renda. Ela mais parecia uma vovozinha de porcelana.

– Como vai, minha estimada Janet? – perguntou, com doçura. – Estou tão feliz por vê-la de novo, minha querida! – e inclinou o belo rosto idoso para que fosse beijada. – E esta deve ser a nossa nova professora. Estou encantada em conhecê-la! Meu filho expressou tantos louvores pela senhorita que fiquei até um pouco enciumada e estou certa de que Janet também deva estar.

A pobre Janet enrubesceu, Anne falou algo amável e convencional, e então todos sentaram-se para conversar. Esta certamente não foi uma tarefa fácil, nem mesmo para Anne, a qual todos pareciam estar um pouco constrangidos e pouco à vontade, exceto a sra. Douglas, que não possuía nenhuma dificuldade para falar. A velha senhora fez com que Janet se sentasse ao seu lado e lhe acariciasse a mão ocasionalmente. Janet sorria, parecendo estar em total desconforto com seu horroroso vestido, e John Douglas, por sua vez, permanecia sentado sem dar um sorriso.

Posta a mesa do chá, a sra. Douglas pediu graciosamente que Janet a servisse. Ela ficou ainda mais vermelha, mas o fez. Anne descreveu esta refeição em uma carta para Stella:

Comemos frango, carne fria, compotas de morango, torta de limão, torta salgada, bolo de chocolate, biscoito de passas, bolo inglês, bolo de frutas e algumas outras coisas, incluindo mais variedades de torta de caramelo, eu acho. Depois de eu ter comido o dobro do que devia, a sra. Douglas suspirou e lamentou, dizendo que não havia nada mais a me oferecer, que tentasse meu apetite.

– Temo que a comida da minha querida Janet faça com que a senhorita considere qualquer outra pouco apetitosa – concluiu, amavelmente. – É claro que ninguém em Valley Road aspira rivalizar com ela. Não vai aceitar outra fatia de torta, senhorita Shirley? A senhorita não comeu nada.

Stella, eu já havia comido uma porção de carne e uma de frango, três biscoitos, uma generosa quantidade de compota, uma fatia de torta doce, uma de torta salgada e um pedaço quadrado de bolo de chocolate!

Após tomarmos o chá, a sra. Douglas sorriu com benevolência e pediu a John que acompanhasse a "querida Janet" para colherem rosas no jardim.

– Enquanto isso, senhorita Shirley irá me fazer companhia, não é mesmo? – perguntou, retoricamente, e sentou-se em sua poltrona com um suspiro. – Sou uma velha muito frágil, senhorita Shirley. Faz mais de vinte anos que sofro muito. Estou morrendo aos poucos, há vinte longos e cansativos anos.

– Que lástima, sra. Douglas! – exclamou Anne, que tentava ser empática à sua dor, mas somente conseguindo sentir-se idiota.

– Por inúmeras noites, pensei que não chegaria a ver o dia seguinte – prosseguiu, em tom solene. – Não há ninguém que saiba o que eu tenho passado... ninguém compreende, exceto eu mesma. Bem, isso já não pode durar muito agora. Minha triste peregrinação chegará ao fim em breve, senhorita Shirley. Para mim é um grande conforto saber que John terá uma boa esposa para cuidá-lo quando eu me for e isso me deixa mais tranquila para partir em paz, senhorita.

– Janet é uma pessoa adorável – disse Anne, de forma cordial.

– Adorável! Além de possuir um caráter maravilhoso! – assentiu a sra. Douglas. – E será uma perfeita dona de casa... como eu mesma nunca fui. Minha saúde nunca me permitiu, senhorita Shirley. Estou francamente agradecida a John por ter feito uma escolha tão sábia. Espero que ele seja muito feliz e creio que será. Ele é meu único filho, senhorita, e a sua felicidade é a minha.

– É claro – concordou Anne, estupidamente. Pela primeira vez em sua vida, sentia-se completamente idiota. Sabia disso, mas não conseguia entender o porquê. Parecia não ter ao menos uma palavra para dizer a essa senhorinha doce, sorridente e angelical, que lhe acariciava a mão com tamanha afabilidade. Somente concordar.

– Volte logo para me ver, querida Janet – ela pediu, com amabilidade, enquanto partiam. – Você não vem tanto quanto eu gostaria, mas eu presumo que, um dia desses, John a trará para ficar para sempre.

Involuntariamente, Anne olhou de relance para John Douglas, enquanto sua mãe falava essas palavras, tendo ela um sobressalto ao perceber seu evidente desespero. Assemelhava-se a um homem torturado, quando os carrascos lhe infligiam a última rodada de castigos. Podia garantir que ele iria desmaiar a qualquer momento, de modo que se apressou a sair de lá com a ruborizada Janet.

– A velha sra. Douglas não é uma senhora muito amável? – perguntou Janet, enquanto desciam a colina.

– Aham – murmurou Anne, distraída. Perguntava-se a razão de John Douglas ter feito aquela expressão tão horrorizada.

– Ela sofre muitíssimo – continuou Janet, com sensibilidade. – Tem crises terríveis e John está constantemente inquieto. Ele fica muito preocupado em sair de casa, temendo que a mãe tenha um ataque nesse meio-tempo, e então não haveria ninguém, além da criada, para ajudar.

"ELE VINHA SEMPRE"

Três dias depois, após retornar da escola, Anne encontrou Janet chorando. Lágrimas e Janet pareciam ser tão incompatíveis entre si, que Anne ficou bastante alarmada.

– O que houve, Janet? – perguntou, ansiosa.

– É que... que faço quarenta anos hoje! – soluçou Janet.

– Bem, mas ontem você estava quase completando essa idade, e isso não parecia afligi-la – consolou Anne, tentando não sorrir.

– Mas... mas – ela continuou, ainda chorando muito –, John Douglas não me pediu em casamento!

– Ah, mas ele vai pedir! – disse Anne, com pouca convicção. – Ele só precisa de um tempo, Janet.

– Tempo! – exclamou, com indescritível desdém. – Ele já teve vinte anos! De quanto tempo mais ele precisa?

– Quer dizer que John Douglas está há vinte anos te visitando?

– Sim! E nunca nem sequer disse a palavra "casamento" na minha frente! E não creio que fará isso agora. Nunca mencionei uma palavra a respeito disso a ninguém, mas me parece que finalmente tenho que pôr isso para fora, ou então ficarei louca! John Douglas começou a me visitar vinte anos atrás, antes da morte da minha mãe. Bem, ele vinha sempre e, depois de um tempo, comecei a preparar meu enxoval e ele nunca dizia nada sobre nos casarmos, mas continuava vindo sempre! Não havia nada que eu pudesse fazer. Mamãe faleceu quando completamos oito anos de visitas. Vendo, então, que eu havia ficado sozinha no mundo, pensei que se sensibilizaria e pediria minha mão. Mostrou-se, no entanto, muito gentil e compassivo, e fez tudo que podia por mim, mas jamais falou em casamento e assim seguimos desde então. As pessoas me culpam por isso e ficam dizendo que sou eu quem não quero me casar com ele, para não ter que cuidar da doente sra. Douglas. Ora, eu adoraria cuidar da mãe de John! Mas eu deixo que pensem assim. Prefiro que me critiquem do que sintam pena de mim. É tão humilhante que John não me peça em casamento! E por que não pede? Tenho a impressão de que eu sofreria menos se soubesse a razão.

– Talvez a própria sra. Douglas não queira que seu filho se case – sugeriu Anne.

– Ah, ela quer! Mais de uma vez, disse-me que adoraria ver John casado antes de sua partida. Ela está sempre fazendo insinuações, você mesma ouviu naquele dia em que esteve lá. Queria que a Terra tivesse me engolido!

– Eu não posso compreender o porquê disso – disse Anne, incapaz de continuar falando. Pensou em Ludovic Speed, mas os dois casos não tinham comparação. John Douglas era um tipo de homem diferente. – Você deveria ter sido mais incisiva, Janet – continuou, resoluta. – Ou então que lhe mandasse cuidar da própria vida!

– Eu não consegui – admitiu pateticamente a pobre Janet. – Veja bem, Anne, eu sempre fui muito apaixonada pelo John. Ele podia muito bem continuar a vir ou não, que eu nunca seria apaixonada por outro rapaz como sou por ele... então, não importava.

– Mas deveria tê-lo feito agir feito homem – insistiu Anne.

Janet balançou a cabeça.

– Não, creio que não. De qualquer modo, tive medo de tentar, temendo que ele fosse embora de vez se pensasse que eu não me importava. Suponho que eu seja uma criatura fraca de espírito, pois é como eu me sinto. E não consigo mudar.

– Ah, não se engane, Janet. Você poderia mudar, Janet! Nunca é tarde demais! Tome logo uma decisão. Faça aquele homem saber que você não vai mais suportar essa indecisão. Eu vou apoiá-la.

– Não sei – respondeu, sem esperança. – Não sei se tenho coragem o suficiente para fazer isso. As coisas já foram longe demais, mas garanto a você que pensarei sobre isso.

Anne sentiu-se desapontada com John Douglas. Havia gostado tanto dele de início e não imaginava que ele fosse um homem irresponsável assim pelos sentimentos de uma moça tão boa como Janet. Ele certamente precisava de uma boa lição e Anne pensou, vingativamente, que iria adorar observar todo o processo. Por isso ficou muito contente quando Janet anunciou, enquanto se dirigiam para a reunião de oração na noite seguinte, que aceitara seu conselho e que mostraria personalidade.

– Vou mostrar a John Douglas que não permitirei que continue enrolando dessa maneira.

– Você está absolutamente certa – concordou Anne, enfaticamente.

Ao final da reunião, John Douglas aproximou-se de Janet com seu pedido habitual. Ela parecia ansiosa, mas resoluta.

– Não é necessário. Obrigada – respondeu, friamente. – Conheço muito bem o caminho de minha casa e posso muito bem ir sozinha. Não poderia ser diferente, já que faço o mesmo trajeto há quarenta anos. Portanto, o senhor não precisa se preocupar, sr. Douglas.

Anne contemplou o rosto de John Douglas e, sob a brilhante luz da lua, viu que o homem tinha sentido duramente o golpe de misericórdia de suas torturas. Então, sem dizer nada, John deu meia-volta e pôs-se a caminhar pela estrada.

– Pare! Pare, por favor! – gritou Anne, freneticamente, sem dar a mínima para o olhar confuso dos espectadores. – Sr. Douglas, pare! Volte aqui!

John Douglas deteve-se, mas não voltou. Anne correu pela estrada e pegou-o pelo braço, puxando-lhe brandamente até onde estava Janet.

– O senhor tem que voltar – implorou, Anne. – Foi tudo um grande engano, sr. Douglas... foi tudo culpa minha! Eu que aconselhei Janet a fazer isso. Ela não queria... mas agora já está tudo bem, não é, Janet?

Sem dizer uma palavra, Janet deu o braço ao cavalheiro e os dois se afastaram. Anne os seguiu até a casa e entrou discretamente pela porta dos fundos.

– Bem, você é uma excelente amiga para dar apoio – comentou Janet, ironicamente.

– Não pude evitar, Janet! – disse Anne, arrependida. – Senti como se eu estivesse inerte diante de um homicídio. Então corri atrás dele!

– Ah, mas estou feliz que tenha feito isso! Quando vi John Douglas dando as costas e indo embora pela estrada, senti uma profunda tristeza, como se cada gota de felicidade e alegria que ainda restava em minha vida tivesse partido junto com ele. Foi horrível!

– Ele perguntou por que você tomou aquela atitude?

– Não, não comentou nada sobre o assunto – respondeu ela.

COM A PALAVRA, JOHN DOUGLAS, FINALMENTE

Ainda havia em Anne uma fraca esperança de que algo iria acontecer, apesar de tudo, mas ela estava enganada. John Douglas tornou a vir, levou Janet para passear e a acompanhou até sua casa depois da reunião de oração, tal como fizera nos últimos vinte anos e parecia decidido a permanecer fazendo-o por mais vinte.

Enfim, o verão terminou. Anne dava aulas, escrevia cartas e estudava um pouco, suas caminhadas entre a escola e a casa de Janet eram muito agradáveis. Sempre ia pelo atalho do pântano, que era um lugar adorável: um terreno alagadiço e enverdecido pelo musgo, com um barulhento riacho que corria sinuoso, rodeado por eretos abetos vermelhos cujos galhos formavam uma trilha de pequenos morros cinza-esverdeados e raízes que eram encobertas por todo tipo de beleza natural.

Mesmo assim, Anne considerava a vida em Valley Road um pouco monótona. Não tanto, pois, na verdade, houve um incidente divertido.

Durante o tempo que ficou na casa de Janet, Anne não voltara a ver o magro e loiro Samuel Toliver, o empregado do vizinho que lhe ofereceu as balas de hortelã para o catarro desde a tarde de sua visita, com exceção de um ou outro encontro fortuito na estrada. Porém, numa quente noite de agosto, o rapaz apareceu e sentou-se solenemente no banco rústico da varanda, ele usava suas roupas de trabalho: uma calça cheia de remendos, uma camisa de jeans azul com buracos nos cotovelos e um esfarrapado chapéu de palha. Mascava uma palha, enquanto olhava para Anne com ar solene. Com um suspiro, ela deixou o livro de lado e tomou o guardanapo que estava bordando. Conversar com Sam estava realmente fora de questão.

Após um longo silêncio, o rapaz de repente falou:

– *"Tô"* saindo dali – disse, de forma abrupta, apontando a palha na direção da casa vizinha.

– Ah, é mesmo? – perguntou Anne, com educação.

– É.

– E para onde vai?

– Olha, eu "tava" pensando em "procurá" um lugar "pra mim morá". Tem uma casa que podia "servi pra" mim, lá "pros" lado de Millersville. "mais", se eu "alugá", vô querê uma "muié".

– Suponho que sim – concordou Anne, vagamente.

– Pois é.

Houve outro longo silêncio. Finalmente, Sam voltou a tirar a palha da boca e perguntou:

– A "sinhorinha"iria "pra lá mais eu"?

– O–o–o quê?! – ela gaguejou.

– É isso "mermo"... a "sinhorinha" ficaria comigo lá?

– Você quer dizer... me casar com você? – questionou a pobre Anne, debilmente.

– É.

– Ora, eu nem o conheço! – gritou, indignada.

– "Mais num tem pobrema". A gente vai se "conhecê" depois de "casá".

Anne reuniu toda a sua pobre dignidade.

– Eu nunca iria me casar com você – respondeu, arrogantemente.

– Arre! A "sinhorinha" podia "tá pió" – protestou Sam. – Eu "sô trabaiadô" e tenho "uns dinhêro" no banco.

– Não fale nunca mais sobre isso comigo! Quem pôs essa ideia na sua cabeça? – indagou Anne, cujo senso de humor estava começando a sobressair sobre sua ira, de tão absurda que era a situação.

– A "sinhorinha" é uma moça "linda por demais" e tem um jeitinho muito esperto de sê – elogiou Sam. – Eu "num" quero "muié" preguiçosa. "Pó pensá" no assunto. "Eu é qui num vô mudá" de ideia. Bom, tenho que "i" embora. "Tá" na hora de "ordenhá as vaca".

As ilusões de Anne com relação aos pedidos de casamento haviam se abalado de tal maneira nos últimos anos que já não lhe restava quase nenhuma. Assim, ela pôde rir com gosto desta última, sem sentir um incômodo sequer. Naquela noite, imitou o pobre Sam para Janet e as duas deram verdadeiras gargalhadas da iniciativa sentimental do rapaz.

Certa tarde, quando se aproximava o fim da permanência de Anne em Valley Road, Alec Ward chegou de charrete em Wayside e chamou Janet com muita urgência.

– Estão precisando da senhorita na casa dos Douglas agora mesmo! – ele disse. – Creio que chegou finalmente a hora de a velha sra. Douglas morrer de verdade, depois de fingir pelos últimos vinte anos.

Janet correu para pegar o chapéu. Anne perguntou se a sra. Douglas estava pior do que de costume.

– Não está tão mal – respondeu Alec –, e é por isso que preocupa. Das outras vezes, ela ficava gritando e se atirando de um lado para o outro. Mas, desta vez, ela está deitada e muda. Quando a sra. Douglas fica muda, é porque está muito mal, pode apostar!

– Você não gosta da velha sra. Douglas? – inquiriu Anne, com curiosidade.

– Gosto de gatos que são gatos. Não dos que têm formato de mulheres – foi a resposta enigmática de Alec.

Ao anoitecer, Janet retornou à casa.

– A sra. Douglas está morta – anunciou, muito cansada. – E morreu logo depois que cheguei lá. Falou comigo uma única coisa: "Creio que agora vai se casar com John". As palavras dela partiram meu coração, Anne! Até a própria mãe de John pensava que eu não me casava com ele por causa dela! Eu também não pude dizer nada, porque outras mulheres estavam lá. Fiquei agradecida por John ter saído do quarto nessa hora.

Janet começou a chorar convulsivamente e Anne preparou para confortá-la um chá quente de gengibre. De fato, algum tempo depois, Anne descobriu que na verdade havia usado pimenta branca em vez de gengibre, mas Janet nunca percebeu a diferença.

No fim de tarde seguinte ao funeral, Janet e Anne sentaram-se nos degraus da varanda da frente para ver o pôr do sol. O vento adormecera nos bosques de pinheiros e os sinistros relâmpagos tremeluziam ao riscar o céu setentrional. Janet usava seu horrendo vestido preto e seu aspecto estava pior do que nunca, com os olhos e o nariz vermelhos de tanto chorar. Elas pouco conversaram, pois Janet parecia insatisfeita pelos esforços de Anne em animá-la, e evidentemente preferia sentir-se triste.

De súbito, ouviram o trinco do portão ruir. Era John Douglas entrando no jardim. Caminhou em direção a elas em linha reta, por cima do canteiro de gerânios. Janet se levantou e Anne também. Anne, apesar de alta e usar um vestido branco, não foi vista por John Douglas.

– Janet – ele disse –, você quer se casar comigo?

Suas palavras irromperam como se estivessem ansiando por serem ditas há vinte anos e precisassem ser expressas naquele instante, antes de qualquer outra coisa.

O rosto de Janet estava tão vermelho das lágrimas que não poderia ficar ainda mais, e então transformou-se num desfavorável tom de roxo.

– Por que só agora? – perguntou ela, lentamente.

– Não pude fazer antes! Ela me fez prometer... minha mãe me obrigou a não fazer o pedido. Dezenove anos atrás ela teve uma crise terrível e pensamos que ela não aguentaria. Então, implorou-me que eu prometesse não pedir você em casamento até que ela morresse. Eu nunca quis fazer essa promessa, mas nenhum de nós imaginou que ela iria viver por muito mais tempo... o médico, na época, lhe dera apenas seis meses de vida. Mas minha mãe suplicou de joelhos, enferma e sofredora. Então tive que cumprir a promessa.

– E o que a sua mãe tinha contra mim? – gritou Janet.

– Nada... não tinha nada contra. Ela só não queria outra mulher, nenhuma mulher, em sua casa, enquanto estivesse viva. Disse-me que, se eu não prometesse, ela morreria ali mesmo e eu seria o responsável! Então não tive escolha, pois ela me obrigou a manter a promessa desde então, apesar de eu ter me ajoelhado diante dela, implorando para que me libertasse desse juramento.

– Por que você nunca me contou nada disso? – perguntou Janet, sufocada. – Se eu ao menos soubesse! Por que não me contou?

– Ela também me fez prometer que não contaria nada a ninguém – ele explicou, com voz rouca. – Tive que jurar com a mão sobre a Bíblia! Janet, eu jamais prometeria uma coisa dessas se imaginasse que seria por tanto tempo! Você nunca saberá tudo que sofri nesses dezenove anos. Sei que a fiz sofrer também, mas você vai se casar comigo apesar disso, não vai, Janet? Ah, Janet, você não vai? Vim assim que pude para pedir a sua mão.

Nesse momento, a estupefata Anne recuperou os sentidos e percebeu que estava sobrando naquela cena. Saiu dali de fininho e não tornou a vê-la até a manhã seguinte, quando ela lhe contou o restante da história.

– Aquela velha traiçoeira, cruel e impiedosa! – exclamou Anne.

– Acalme-se... ela está morta agora – disse Janet, com ar solene. – Se ela não estivesse... mas está. Então, não podemos falar mal dela, mas finalmente estou feliz, Anne! Se eu soubesse o porquê, não me importaria de ter esperado esses anos todos.

– Quando será o casamento?

– No mês que vem. É claro que faremos uma cerimônia bem íntima. Presumo que haverá um grande falatório. As pessoas dirão que me apressei em amarrar John logo que sua pobre mãezinha saiu do meu caminho. John queria contar a verdade a todos, mas eu disse: "Não faça isso, John. Apesar de tudo, ela era sua mãe, e temos que guardar o segredo entre nós para não lançarmos nenhuma sombra sobre a memória dela. Não me importa o que o povo vai falar, agora que eu sei a verdade. Não me importo nem um pouco. Deixe que tudo isso seja enterrado com os mortos". E assim o convenci a concordar comigo.

– Você é muito mais indulgente do que eu jamais poderei ser – comentou Anne, um pouco zangada.

– Você irá pensar diferente quando tiver a minha idade – redarguiu a complacente Janet. – Esta é uma das coisas que aprendemos conforme envelhecemos: como perdoar. E é muito mais fácil de aceitar aos quarenta anos do que aos vinte.

INICIA-SE O ÚLTIMO ANO EM REDMOND

– Novamente, aqui estamos nós, bronzeadas de sol pela vida ao ar livre e com o vigor de um atleta pronto para correr uma maratona! – exclamou Phil, sentando-se sobre uma maleta com um suspiro de satisfação. – Não é ótimo voltar a ver nossa velha e amada Casa da Patty... e a titia... e os gatos? Rusty perdeu outro pedaço da orelha, não é mesmo?

– Ainda que não tivesse orelha nenhuma, ele seria o melhor gato do mundo – declarou a leal Anne, sentada sobre a tampa de seu baú, enquanto Rusty se acomodava em seu colo numa agitada recepção de boas-vindas.

– A senhora não está contente de nos ter de volta, titia? – perguntou Phil, curiosa.

– Estou sim, mas quero que vocês arrumem suas coisas logo – resmungou tia Jamesina, enquanto olhava aquela infinidade de baús e maletas ao redor das quatro moças risonhas e tagarelas. – Conversem mais tarde – ordenou ela. – Primeiro a obrigação e depois a diversão, este era o meu lema na juventude.

– Ah, titia, nossa geração mudou esse lema! Nosso lema é: primeiro divirta-se bastante e depois trabalhe feito um desgraçado. Daremos conta muito melhor das nossas tarefas depois de uns bons momentos de brincadeira.

– Se a senhorita pretende se casar com um pastor, é melhor que pare de usar expressões como "feito um desgraçado" – advertiu tia Jamesina, pegando Joseph e seu tricô, e conformando-se diante do inevitável com a graça encantadora que a fazia ser a rainha das cuidadoras.

– Por quê? Ora essa! Por que esperam que a esposa do pastor só fale um vocabulário intencionalmente formal e puritano? Eu não farei assim. Inclusive, todos na Rua Patterson, onde vou morar, usam um linguajar popular... Quero dizer, linguagem metafórica... E se eu falar muito diferente deles, vão me considerar insuportavelmente orgulhosa e pedante.

– Já comunicou as novidades à sua família? – perguntou Priscilla, que estava alimentando a Gata-Sarah com o que restava em sua cesta.

Phil assentiu.

– E como eles receberam a notícia?

– Mamãe, como eu já esperava, fez o maior estardalhaço! Mas eu me mantive firme como uma rocha, justo eu, Philippa Gordon, que nunca antes havia sido capaz de me decidir por nada! Mas meu pai, não. Ele ficou mais calmo. O pai dele também era pastor, e por isso ele tem no coração um lugar especial reservado aos clérigos. Depois que minha mãe ficou mais calma, levei Jo para Mount Holly e os dois o adoraram Minha mãe, porém, fez uma série de insinuações terríveis em todas as conversas, sobre os planos que ela tinha para a minha vida. Ah, minhas férias não foram, digamos, um mar de rosas, queridas, mas eu triunfei e conquistei Jo! E nada mais importa.

– Para você – retrucou tia Jamesina, obscuramente.

– Nem para o Jo – retorquiu Phil. – A senhora continua se compadecendo dele. Ora, por quê? Acho que é muito sortudo por se casar comigo. Em mim, ele conseguiu três grandes qualidades numa só mulher: inteligente, linda e com o coração de ouro!

– O bom é que ao menos nós compreendemos seus discursos, Phil – disse tia Jamesina, pacientemente. – Espero que não fale assim na frente de estranhos. O que pensariam de você?

– Ah, eu não me importo nem um pouco com o que pensariam! Não quero me ver como os outros veem. Tenho certeza de que seria terrivelmente desconfortável na maioria das vezes. Tampouco acredito que Burns tenha sido sincero naquela oração.

– Ouso dizer que, se tivéssemos coragem o bastante de olhar para dentro de nosso coração, não pediríamos por coisas que não desejamos de verdade – reconheceu tia Jamesina, candidamente. – Acredito que esse tipo de oração não passe nem do teto de casa, quanto mais que chegue aos céus. Eu costumava pedir a Deus para que eu fosse capaz de perdoar uma certa pessoa, mas agora compreendo que eu não queria perdoá-la de verdade. Quando finalmente quis, eu a perdoei sem ter que orar pedindo por isso.

– Não consigo imaginar a senhora como uma pessoa rancorosa – comentou Stella.

– Ah, eu costumava ser! Mas, com a idade, acabei percebendo que não vale a pena guardar mágoas e rancores.

– Isso me faz lembrar de uma história que presenciei no verão e que eu queria contar a vocês! – disse Anne, e começou, então, a relatar a história de amor de John e Janet.

– E agora nos conte sobre a cena romântica que você mencionou tão misteriosamente em uma de suas cartas – pediu Phil.

Anne encenou o pedido de casamento feito por Samuel de forma bem exagerada. As meninas gargalharam bastante, e tia Jamesina apenas sorriu, advertindo-a:

– Não é correto debochar dos seus pretendentes – censurou, severa –, mas devo admitir que já fiz muito isso – agregou, com tranquilidade.

– Conte-nos sobre seus pretendentes, titia! – rogou Phil. – A senhora deve ter tido muitos.

– Eles não estão no passado – corrigiu tia Jamesina. – Ainda os tenho. Há, em minha cidade, três viúvos que sempre me encaram com olhares lânguidos como os de um carneiro. Vocês, crianças, não pensem que todo o romance do mundo lhes pertence.

– Viúvos e olhares de carneiro não parecem muito romântico, titia.

– Bem, e não são mesmo. Mas os jovens também não são sempre tão românticos, alguns dos meus pretendentes com certeza não eram e eu costumava rir deles de forma escandalosa, pobrezinhos. Havia um certo

Jim Elwood, que vivia sonhando acordado, parecia estar sempre perdido e nunca entendia o que estava acontecendo. Não compreendeu que eu havia dito "não" até um ano depois do fato ocorrido. Quando se casou, a esposa caiu do trenó numa noite, enquanto voltavam da igreja, e ele nunca se deu conta! Havia também o Dan Winston, que era um sabichão, sabia tudo sobre tudo deste mundo e do mundo porvir e podia responder a qualquer pergunta que lhe fizessem, mesmo se lhe perguntassem quando seria o dia do juízo final. Milton Edwards era muito bom e eu gostava dele, mas não nos casamos, por duas razões: primeiro, porque ele demorou uma semana para entender uma piada; e segundo, porque ele nunca pediu minha mão. Horatio Reeve foi o pretendente mais interessante que eu tive, mas, quando contava uma história, ele a enfeitava tanto, que eu nunca consegui saber se ele estava mentindo ou se estava inventando.

– E os outros, titia?

– Vamos lá, tratem de desfazer as malas – cortou tia Jamesina, jogando o pobre Joseph nas meninas quando pretendia atirar uma agulha. – Os outros eram bons demais para rirmos deles, vou respeitar suas memórias. Anne, há uma caixa de flores em seu quarto, que foram entregues há aproximadamente uma hora.

Após a primeira semana, as mocinhas da Casa da Patty estabeleceram um ritmo constante de estudos, pois este era o último ano delas em Redmond e deviam batalhar com afinco para formarem-se com honras na graduação. Anne se dedicou ao inglês, Priscilla aos clássicos e Philippa atacou a matemática. Às vezes, abatiam-se pelo cansaço; às vezes, pelo desalento; e, noutras vezes, parecia que nada valia tamanho sacrifício. Neste estado de humor, Stella entrou no quarto azul, numa chuvosa noite de novembro. Anne estava sentada no chão, em meio a um pequeno círculo de luz projetada por uma lamparina ao seu lado, rodeada por uma pilha de manuscritos amassados.

– O quê, por Deus, você está fazendo?

– Apenas relendo umas narrativas duvidosas do antigo Clube de Contos, pois queria algo para me animar e divertir. Estudei tanto, mas tanto, que o mundo me pareceu azul-escuro, então vim aqui e tirei estes contos de dentro do baú. São tão encharcados de lágrimas e tragédias que chegam a ser engraçados.

– Eu também me sinto tão triste e desencorajada – comentou Stella, jogando-se no sofá. – Parece que nada mais vale a pena, sinto que minhas próprias ideias são velhas e já pensei em todas elas antes. Afinal, Anne, vale a pena viver?

– Querida, você se sente assim porque está fatigada, e o clima também não está ajudando. Uma noite de chuva torrencial, depois de um dia cansativo como este, iria oprimir qualquer um, exceto um tipo como Mark Tapley. Você sabe muito bem que vale a pena viver.

– Creio que sim, mas não consigo me convencer disso no momento.

– Basta que você pense em todas as almas nobres e grandiosas que já viveram e trabalharam neste mundo – disse a sonhadora Anne. – Não vale a pena vir depois delas e herdar suas conquistas e ensinamentos? Não vale a pena pensar que podemos partilhar de suas inspirações? E, então, pense em todas as almas grandiosas que ainda virão no futuro... não é válido trabalhar um pouquinho, preparar-lhes a estrada para elas trilharem e facilitar-lhes um pouco as coisas, nem que seja apenas um passo em suas trajetórias?

– Ah, Anne, minha mente tende a concordar com você, mas minha alma continua sombria e sem inspiração. Sempre fico triste e desanimada em noites chuvosas como esta.

– Em algumas noites, eu gosto da chuva... fico deitada só ouvindo as gotas tamborilando no telhado e escorrendo pelos pinheiros.

– Eu também gosto da chuva quando ela não ultrapassa o telhado, mas nem sempre é assim. No último verão, passei uma noite insuportável num velho casarão de fazenda, pois o telhado tinha goteiras e a chuva começou a cair justamente em cima da minha cama! Não havia nada de poético naquilo. Precisei me levantar nas trevas da meia-noite e me apressar para arrastar a cama e afastá-la da goteira e era uma daquelas camas antigas e sólidas, que pesam uma tonelada! E, então, tive que aguentar o torturante pinga-pinga, que continuou até meus nervos estarem em frangalhos! Você não faz ideia de como é insuportável ouvir durante toda a noite o esquisitíssimo ruído de grandes gotas de chuva caindo com aquelas batidas empapadas num piso sem tapetes. Parecem pegadas de fantasmas ou coisas do estilo. Está rindo de quê, Anne?

– Dessas histórias. Como diria Phil, elas são de matar e em mais de um sentido, pois todo mundo morre! Como eram deslumbrantes e adoráveis as heroínas que nós criávamos e como as vestíamos! Sedas, cetins, veludos, joias, rendas... elas nunca usavam outras coisas. Aqui está uma das histórias de Jane Andrews, que descreve uma donzela que dorme com uma belíssima camisola de cetim branca, bordada com pérolas.

– Continue. Estou começando a sentir que a vida é válida de ser vivida, contanto que possamos dar boas risadas.

– Aqui está uma escrita por mim. Minha heroína diverte-se num baile, "coberta de brilhantes dos pés à cabeça, com enormes diamantes da melhor qualidade". Mas de que valiam a beleza e as riquezas se "os caminhos da glória a conduziam para o túmulo?". Elas deviam ser assassinadas ou morrer de coração partido. Não havia escapatória.

– Deixe-me ler uma de suas histórias.

– Bem, esta aqui é a minha obra-prima. Veja que título mais animador: "Meus Sepulcros", me debulhei em lágrimas enquanto a escrevia, e as meninas também choraram rios enquanto eu lia para elas. A mãe de Jane Andrews brigou muito com ela por ter tantos lenços para lavar naquela semana, e contou sobre a angustiante história das andanças da esposa de um pastor metodista, então fiz com que ela fosse metodista, pois era necessário que viajasse. A pobre mulher enterrou um filho em cada lugar onde viveu, eram nove crianças ao todo e as sepulturas estavam muito longe umas das outras, desde Newfoundland até Vancouver. Fiz uma minuciosa descrição de cada criança e de seus leitos de morte, detalhei suas lápides e epitáfios. Tinha a intenção de matar os nove, mas quando já havia matado o oitavo, esgotou-se minha reserva de horrores e permiti que o nono continuasse vivendo como um deficiente sem esperanças.

Enquanto Stella lia "Meus sepulcros", acompanhando com risadas os trágicos parágrafos, e Rusty dormia o sono dos gatos justos que haviam passado a noite inteira fora, enrolado em cima de um conto de Jane Andrews a respeito de uma linda enfermeira de quinze anos que partiu rumo a uma colônia de leprosos, onde, é claro, contraía a repugnante doença e morria presa ali, Anne olhou para todos os outros manuscritos e começou a relembrar dos velhos tempos de escola em Avonlea, quando as integrantes do Clube de Contos escreviam suas histórias sentadas sob os abetos ou entre as samambaias ao lado do riacho. Como se divertiam! Lendo aquelas frases, transportara-se para o tempo em que se banhava nos raios de sol e na alegria dos verões passados. Nem toda a glória grega ou a grandeza romana poderiam criar tamanha magia quanto aquelas histórias divertidas e inundadas de lágrimas do Clube de Contos. Entre os manuscritos, Anne encontrou um que fora escrito em papel de embalagem, o sorriso iluminou seus olhos acinzentados ao recordar o exato momento e lugar onde havia produzido a obra em questão. Era o esboço que havia escrito no dia em que caiu no telhado do galinheiro no quintal das irmãs Copp, na Estrada Tory.

Anne passou os olhos e então percebeu que o lia atentamente. Era um curto diálogo entre ásteres e ervilhas, canários silvestres nos arbustos de lilases e o espírito guardião do jardim. Depois de ler, sentou-se, olhando em volta e, quando Stella saiu do quarto, alisou o manuscrito amassado.

– Creio que farei isso – disse, de forma resoluta.

A VISITA DAS GARDNERS

– Há uma carta com um selo indiano para a senhora, tia Jimsie – anunciou Phil. – Chegaram três para Stella, duas para Prissy e uma gloriosamente volumosa para mim, do Jo! Anne, não há nada para você, exceto esse boletim informativo.

Ninguém percebeu que Anne havia ficado enrubescida quando pegou o fino envelope entregue por Phil de forma tão descuidada, mas, logo depois, Phil ergueu os olhos e viu uma transfigurada Anne.

– Querida, o que aconteceu de bom?

– A revista *Amiga da Juventude* aceitou um pequeno esboço que eu enviei há quinze dias – disse Anne, tentando com todas as forças parecer natural e que estivesse acostumada a ter seus rascunhos aceitos sempre que os enviava, mas falhando miseravelmente.

– Anne Shirley! Que notícia maravilhosa! Como foi? Já há data para ser publicado? Eles lhe pagaram algum valor?

– Sim, enviaram um cheque de dez dólares e o editor me escreveu informando que deseja conhecer melhor o meu trabalho. E com certeza o conhecerá! Era um velho rascunho que encontrei na minha caixa em que havia as histórias do Clube de Contos. Então eu resolvi reescrevê-lo e o enviei, mas nunca pensei que poderia ser aceito, pois não tinha um enredo consistente – explicou, recordando a amarga experiência de *A Expiação de Averil.*

– O que vai fazer com os dez dólares, Anne? O que acha da ideia de irmos todas à cidade e nos embebedarmos? – sugeriu Phil.

– Eu vou esbanjar em algum festejo louco e perverso – declarou Anne, alegremente. – Afinal, não é um dinheiro maldito como aquele que recebi por aquela terrível história do fermento Rollings Reliable. Gastei tudo comprando roupas úteis, mas as odiava todas as vezes que as vestia.

– E pensar que temos uma verdadeira escritora na Casa da Patty! – disse Priscilla.

– É uma grande responsabilidade – comentou tia Jamesina.

– De fato, é – concordou Priscilla, com ar igualmente solene. – Escritores são tão caprichosos! Você nunca sabe quando ou como vão se tornar famosos. Pode ser que Anne esteja escrevendo sobre nós.

– Eu quis dizer que a habilidade de escrever para revistas é uma enorme responsabilidade – replicou tia Jamesina, com severidade –, e espero que Anne entenda isso. Minha filha também costumava escrever contos antes de partir para o exterior, mas agora se dedica a propósitos mais elevados. Sempre dizia que seu lema era: "Nunca escreva uma linha que você se envergonhe de ler no próprio funeral". É melhor que você o tome para si, Anne, se vai mesmo embarcar na literatura. Embora, para ser sincera – acrescentou, perplexa –, Elizabeth sempre gargalhasse quando dizia isso, ela ria tanto, que não sei como decidiu ser missionária. Fico grata que ela tenha escolhido esse caminho e eu orava para que assim fosse... mas... queria que ela não tivesse ido.

Tia Jamesina ficou ainda se perguntando o que havia de tão engraçado naquele lema que provocou tantas gargalhadas naquelas levianas mocinhas.

Anne estava radiante e seus olhos brilharam durante todo o dia, pois em seu cérebro, brotavam e floresciam ambições literárias. Tal empolgação a acompanhou até a festa ao ar livre de Jennie Cooper, na qual nem mesmo a visão de Gilbert e Christine caminhando à sua frente e de Roy conseguiu conter a centelha de suas esperanças. Contudo, Anne não estava tão distanciada assim das coisas terrenas para ser incapaz de reparar que o andar de Christine era totalmente desajeitado.

"Mas suponho que Gilbert só olha para o rosto dela. Tão típico de um homem" – pensou Anne, desdenhosa.

– Você estará em casa no sábado à tarde? – perguntou Roy.

– Estarei, sim.

– Minha mãe e minhas irmãs estão planejando visitá-la – disse, em voz baixa.

Alguma coisa, que poderia ser descrita como um calafrio, passou pelo corpo de Anne, mas decididamente, aquilo não a agradava. Ela ainda não conhecia nenhum dos parentes de Roy. Compreendia o significado desse acontecimento: de certa forma, ela não poderia mais voltar atrás, o que lhe deixava um pouco tensa.

– Ficarei contente em conhecê-las – respondeu, categoricamente, perguntando-se por um instante se estaria contente de verdade. Deveria estar, é claro, mas isso não seria um tipo de provação? Anne havia escutado fofocas sobre como as Gardners viam a "inclinação" de seu filho e irmão. Roy deve tê-las pressionado para que a visita ocorresse e Anne sabia que seria avaliada. O fato de aceitarem visitá-la significava que, de bom ou mau grado, elas a consideravam um possível membro de seu clã.

"Serei eu mesma. Não tentarei causar uma boa impressão" – pensou, decidida, mas depois começou a ponderar qual vestido seria o mais adequado para usar no sábado à tarde e se o novo penteado lhe cairia melhor do que o antigo e, assim, a festa perdeu todo o encanto. À noite, já havia decidido que usaria o vestido marrom de *chiffon*, mas o cabelo ficaria preso num coque baixo e sóbrio.

Na sexta-feira à tarde, nenhuma das jovens teve aula em Redmond, de modo que Stella aproveitou a oportunidade para escrever um ensaio para a *Philomathic Society,* sentando-se à mesa no canto da sala de estar, envolta numa verdadeira bagunça de notas e manuscritos. Ela sempre afirmava que não conseguia escrever uma linha sequer, se não jogasse no chão cada folha pronta. Anne vestia seu blusão de flanela e saia de sarja, com o cabelo alvoroçado pelo vento após um passeio, estava sentada no chão, no centro da sala, provocando a Gata-Sarah com um osso dos desejos. Joseph e Rusty também estavam enroscados em seu colo. Um delicioso aroma morno permeava toda a casa, pois Priscilla estava assando algo na cozinha. Coberta por um enorme avental e com o nariz cheio de farinha, ela entrou na sala de repente, para mostrar à tia Jamesina a cobertura para um bolo de chocolate que acabara de fazer.

Naquele auspicioso momento, soou uma batida na porta. Somente Phil prestou atenção e correu para abri-la, pois esperava o rapaz que viria entregar o chapéu que comprara pela manhã. No umbral, apareceram a sra. Gardner e suas filhas.

Anne levantou-se correndo, espantando os dois indignados gatos de seu colo e trocando mecanicamente o osso da mão direita para a esquerda. Priscilla, que teria que cruzar a sala para alcançar a porta da cozinha, ficou tão desnorteada que enfiou o bolo de chocolate debaixo de uma almofada no sofá diante da lareira, e saiu correndo escada acima. Stella começou a juntar suas folhas fervorosamente. Apenas tia Jamesina e Phil permaneceram do mesmo jeito e graças a elas, todas sentaram-se bem acomodadas em poucos instantes, até mesmo Anne. Priscilla desceu sem o avental e com o rosto limpo, e Stella organizou decentemente o canto da sala. Phil salvou a situação iniciando um fluxo de conversa fiada.

A sra. Gardner era alta, magra, elegante e vestia-se com requinte, tinha uma cordialidade tão excessiva que parecia forçada. Aline Gardner era uma versão mais jovem da mãe, mas sem a cordialidade, ela tentava ser agradável, mas só conseguia parecer arrogante e prepotente. Dorothy Gardner era esguia, divertida e um tanto travessa, então Anne sabia que esta era a irmã favorita de Roy e tratou-a com especial afeto. Seria mais parecida com Roy se tivesse os olhos escuros e sonhadores, em vez de castanhos e marotos. Graças a ela e Phil, a visita transcorreu muito bem, exceto por uma leve tensão na atmosfera e dois desfavoráveis incidentes. Uma vez que Rusty e Joseph foram deixados por conta própria, iniciaram uma brincadeira de caça, saltando enlouquecidos no regaço de seda da sra. Gardner em uma das perseguições. A dama ergueu seu lorgnette e contemplou aquelas formas voadoras como se fosse a primeira vez na vida que via um gato, e Anne, tentando reprimir uma risada nervosa, desculpou-se o melhor que pôde.

– A senhorita gosta de gatos? – perguntou a sra. Gardner, com uma leve entonação de tolerante estranheza.

Apesar de seu especial afeto por Rusty, Anne não era apaixonada por gatos, mas o tom usado pela sra. Gardner a incomodou. Inconscientemente, lembrou-se da sra. Blythc, mãe de Gilbert, cuja afeição por gatos era tão grande que criava tantos quantos seu marido permitia.

– Eles não são animais adoráveis? – disse, em tom perversso.

– Eu nunca gostei de gatos – respondeu a sra. Gardner, sem emoção.

– Eu adoro gatos! – exclamou Dorothy. – São tão lindos e independentes! Cães são inocentes e generosos e me fazem sentir desconfortável, mas os gatos são gloriosamente humanos.

– Vocês têm dois antigos e encantadores cães de porcelana aqui! Posso vê-los de perto? – pediu Aline, cruzando o aposento em direção à lareira e, dessa maneira, foi a causa inconsciente de outro acidente. Tomando Magog nas mãos, ela sentou-se na almofada sob a qual Priscilla havia escondido o bolo de chocolate. Priscilla e Anne olharam-se agonizantemente, mas nada puderam fazer para evitar, então a majestosa Aline permaneceu sentada na almofada, discutindo a respeito dos cães de porcelana até o momento da partida.

Dorothy ficou para trás por um instante, para cumprimentar Anne, e sussurrou impulsivamente:

– Eu sei que nós seremos grandes amigas. Ah, Roy me contou tudo sobre você! Sou eu a única da família a quem ele confia as coisas, pobre garoto, ninguém poderia confidenciar nada para a mamãe ou Aline, você sabe. Você e as outras meninas devem se divertir tanto por aqui! Você permitiria que eu a visitasse de vez em quando, para partilhar da diversão?

– É claro, venha sempre que quiser! – Anne respondeu de coração aberto, agradecida por uma das irmãs de Roy ser amável, pois ela nunca teria gostado de Aline, isso era certo e a recíproca era verdadeira, embora a sra. Gardner pudesse ser conquistada. Em suma, Anne suspirou aliviada quando a provação finalmente terminou.

– *De todas as palavras tristes, faladas ou escritas, as mais tristes são: o que poderia ter sido?* – citou Priscilla, erguendo tragicamente a almofada. – Este bolo é, agora, o que podemos chamar de "um desastre achatado". E a almofada está igualmente arruinada! Nunca me diga que sexta-feira não é um dia de azar.

– As pessoas que avisam que virão no sábado não deveriam aparecer de surpresa na sexta – disse tia Jamesina, incomodada.

– Suspeito que tenha havido algum engano de Roy – sugeriu Phil. – Aquele rapaz nunca está em plena consciência quando fala com Anne. Aliás, onde está Anne?

Ela havia subido para o quarto. Sentia uma estranha vontade de chorar. Porém, em vez disso, riu descompensadamente. Rusty e Joseph haviam se comportado muito mal! E Dorothy era adorável!

BACHARÉIS DE FATO

– Eu queria estar morta, ou que ao menos já fosse amanhã à noite – gemeu Phil.

– Se você viver o bastante, ambos os desejos serão cumpridos – comentou Anne, calmamente.

– Para você é fácil estar tão serena. Você tem facilidade em filosofia, mas eu não... e estremeço só de pensar na terrível prova de amanhã. O que Jo vai dizer se eu fracassar em filosofia?

– Não vai fracassar. Como se saiu em grego hoje?

– Não sei. Talvez tenha sido um bom exame ou talvez tenha sido ruim o bastante para fazer Homero se revirar no caixão. Estudei e meditei tanto em cima dos cadernos, até sentir-me incapaz de formar uma opinião sobre qualquer coisa. Quão agradecida a pequena Phil vai ficar quando toda essa "examinação" acabar.

– "Examinação"? Nunca ouvi essa palavra – disse Anne.

– Bem, agora não tenho nem mais o direito de inventar palavras como qualquer outra pessoa?

– Palavras não se inventam. Elas germinam.

– Não importa. Começo a perceber, ainda que vagamente, que tudo ficará claro feito água limpa quando não houver mais a sombra ameaçadora dos exames. Meninas, vocês já se deram conta de que a nossa vida em Redmond está quase no fim?

– Eu não – respondeu Anne, queixosa. – Parece que foi ontem que Prissy e eu estávamos sozinhas naquela multidão de calouros em Redmond. E agora somos veteranas, fazendo nossas últimas avaliações.

– *Poderosas, sábias e veneráveis veteranas* – aludiu Phil. – Vocês acham que estamos saindo realmente mais sábias do que quando entramos em Redmond?

– Algumas vezes vocês agem como se não estivessem – disse tia Jamesina, com severidade.

– Ah, tia Jimsie, nós não fomos boas meninas, em geral, nestes três invernos em que a senhora cuidou de nós? – pleiteou Phil.

– Vocês foram as quatro moças mais queridas, doces e bondosas que já passaram juntas pela universidade – asseverou tia Jamesina, que nunca desperdiçava um elogio por inapropriada economia. – No entanto, desconfio que ainda não sejam muito sensatas, mas eu também não esperava que fossem, é claro. A experiência ensina a sensatez, não se pode aprender isso em um curso universitário. Vocês estudaram na universidade durante quatro anos, eu não, mas certamente eu sei muito mais da vida do que vocês, jovenzinhas.

– *Há muitas coisas que nunca seguem uma regra./ Há uma enorme pilha de conhecimento que não conseguimos adquirir da universidade./ Há uma porção de coisas que jamais aprendemos na escola.* – citou Stella.

– Vocês aprenderam em Redmond algo além de línguas mortas, geometria e bobagens desse tipo? – questionou tia Jamesina

– Ah, sim! Acho que aprendemos, titia – protestou Anne.

– Aprendemos a verdade sobre o que o Professor Woodleigh nos disse na última reunião da *Philomathic Society* – respondeu Phil. – Ele disse: *O humor é o mais picante condimento no banquete da existência. Ria de seus erros, mas aprenda com eles; alegre-se em suas aflições, mas fortaleça-se com elas; zombe de suas dificuldades, mas supere-as.* Não é válido aprender isso, tia Jimsie?

– Claro que é, querida. Quando aprender a rir das coisas que são para rir, e parar de rir das que não são, você terá ganho sabedoria e discernimento.

– O que você aprendeu em Redmond, Anne? – murmurou Priscilla.

– Acho que realmente aprendi a considerar cada pequena dificuldade como uma piada, e cada grande dificuldade como o presságio de uma vitória. Em resumo, creio que foi isso que Redmond me deu – disse Anne, lentamente.

– Vou precisar recorrer a outra citação do Professor Woodleigh para expressar o que aprendi – disse Priscilla. – Vocês se lembram do que ele falou no discurso? *Há muito no mundo para todos nós, se apenas tivermos olhos para ver, coração para amar e mãos para agarrar, tanto nos homens quanto nas mulheres, tanto na arte quanto na literatura, há tanto em tantos lugares para deleitarmo-nos e pelo que agradecer.* Acredito que, em certa medida, foi isso que aprendi em Redmond, Anne.

– A julgar por tudo que ouvi de vocês, o resumo e a essência é que, em quatro anos na universidade, você pode aprender (se tiver presença de espírito para tanto) o que levaria mais ou menos vinte anos de experiência de vida para lhe ensinar. Bem, para mim, isso justifica a educação superior. Era algo que sempre tive dúvidas a respeito anteriormente – observou tia Jamesina.

– Mas e as pessoas que não possuem presença de espírito, tia Jimsie, o que acontece com elas?

– Essas pessoas não aprendem nunca, nem na universidade, nem na vida. Ainda que vivam até os cem anos, elas sabem tanto quanto sabiam ao nascer. Elas não têm culpa por terem nascido assim, pobres almas! Porém, aquelas que têm ao menos um pouco de presença de espírito devem ser devidamente agradecidas a Deus por esta dádiva.

– A senhora pode, por favor, definir o que significa presença de espírito, tia Jimsie? – perguntou Phil.

– Não, não posso, jovenzinha. Qualquer um que tenha presença de espírito sabe o que é e quem não tem, nunca saberá. Então, não há necessidade de definir o significado.

Os dias atarefados voaram e as avaliações finalmente haviam terminado. Anne recebeu a honra ao mérito em inglês e Priscilla e Phil receberam a menção honrosa em clássicos e em matemática, respectivamente. Stella obteve boas qualificações em geral. E, então, chegou o dia da formatura.

– Isto é o que eu chamaria de "época da minha vida" – disse Anne, enquanto tirava da caixa as violetas que Roy havia lhe enviado e as contemplava, pensativa. Havia pensado em usá-las, é claro, mas seus olhos vagavam agora para outra caixa, em cima da mesa. Estava cheia de lírios do vale, tão frescos e fragrantes quanto os que desabrochavam em

Green Gables quando chegava o mês de junho em Avonlea e junto às flores havia um cartão de Gilbert Blythe.

Anne imaginava que motivo teria levado Gilbert a enviar-lhe flores para esta ocasião, pois ela o vira tão pouco durante o último inverno. Havia visitado a Casa da Patty numa única noite de sexta-feira desde o Natal e era raro encontrarem-se em outro lugar. Anne sabia que ele estava estudando bastante, focado na honra ao mérito e no prêmio Cooper e quase não participava dos eventos sociais de Redmond.

Do ponto de vista social, o inverno de Anne havia sido bastante animado. Havia passado um bom tempo na companhia das Gardners, de modo que ela e Dorothy haviam se tornado amigas íntimas agora. Os círculos estudantis esperavam o anúncio de seu noivado com Roy a qualquer momento. A própria Anne esperava por isso. Ainda assim, antes de partir da Casa da Patty para a cerimônia de formatura, deixou de lado as violetas de Roy e escolheu colocar os lírios-do-vale de Gilbert no lugar e não conseguia encontrar uma explicação para ter feito isso. Por alguma razão, os velhos tempos em Avonlea, os sonhos e as amizades de outrora lhe pareciam muito próximos naquele momento de sua vida, em que conquistava suas mais queridas e antigas ambições. Gilbert e ela haviam imaginado alegremente o dia em que estariam ambos vestidos em beca para a graduação em Artes. Chegara o maravilhoso dia e nele não havia lugar para as violetas de Roy, pois somente as flores de seu velho amigo cabiam no instante da realização daquelas velhas aspirações que um dia partilharam.

Anne havia sonhado e imaginado este dia durante anos. No entanto, quando este dia chegou, a única recordação aguda e permanente que lhe restou não foi do emocionante momento em que o magnífico reitor de Redmond lhe entregou o diploma e anunciou seu título de bacharel; tampouco o lampejo de surpresa nos olhos de Gilbert quando viu que ela usava seus lírios; ou o olhar perplexo e dolorido de Roy quando ela passou pelo palco; não foram também as felicitações condescendentes de Aline Gardner, nem as passionais e sinceras de Dorothy. Foi, entretanto, um duro golpe estranho e inexplicável que lhe estragara este tão sonhado dia, deixando-lhe um leve, mas duradouro, sabor de amargura.

Naquela noite, os formandos participaram do baile da graduação. Quando Anne vestiu-se para a ocasião, deixou de lado o colar de pérolas que costumava usar e tirou do baú uma caixinha que lhe havia sido entregue em Green Gables no Natal. Nesta, havia uma correntinha de ouro com um pequeno pingente no formato de um coraçãozinho rosado. No cartão que acompanhava o presente, estava escrito: *Com os melhores desejos, de seu velho amigo Gilbert.* Anne escrevera um bilhete agradecendo e rindo da lembrança que o pingente lhe trouxera do fatídico dia em que Gilbert a chamara de "cenoura", e em vão tentara fazer as pazes, dando-lhe uma bala cor-de-rosa em formato de coração, mas ela nunca havia usado a correntinha. Esta noite, porém, resolveu colocá-la em seu alvo pescoço com um sorriso sonhador.

Ela e Phil caminharam juntas até Redmond. Anne caminhava em silêncio, enquanto Phil tagarelava sobre diversos assuntos. De repente, ela disse:

– Hoje fiquei sabendo que o noivado de Gilbert Blythe e Christine Stuart está para ser anunciado assim que terminar a formatura. Soube de alguma coisa sobre isso?

– Não – respondeu Anne.

– Acho que deve ser verdade – disse Phil, levianamente.

Anne não falou nada. Na escuridão, sentiu seu rosto queimando, então deslizou a mão por dentro do decote do vestido e segurou com força a corrente de ouro. Com um energético puxão, a corrente se rompeu e Anne a pôs no bolso, suas mãos estavam trêmulas e seus olhos ardiam. Ao chegarem na festa, no entanto, ela foi a mais alegre dentre todos os que lá estavam naquela noite. Quando Gilbert veio tirá-la para dançar, respondeu, sem hesitação nem arrependimento, que seu cartão de dança já estava completo.

Mais tarde, sentada com as amigas diante das moribundas brasas da lareira da Casa da Patty, removendo o ar fresco de primavera das peles e cetins que vestiam, nenhuma delas falou mais alegremente sobre os acontecimentos do dia do que Anne.

– Moody Spurgeon MacPherson esteve aqui logo depois que vocês saíram – disse tia Jamesina, ao se levantar para atiçar o fogo. – Ele não sabia sobre o baile de formatura. Aquele menino deveria dormir com uma faixa de borracha na cabeça para acostumar as orelhas a não ficarem tão abertas, tive um pretendente que fez isso e melhorou bastante. Fui eu quem lhe dei a sugestão e o rapaz aceitou meu conselho, apesar de nunca ter me perdoado por isso.

– Moody Spurgeon é um rapaz muito sério – bocejou Priscilla. – Está preocupado com coisas muito mais importantes do que suas orelhas. Ele vai ser pastor, vocês sabem.

– Bem, suponho que o Senhor não se preocupe com as orelhas de um homem – comentou tia Jamesina, com gravidade, deixando de lado qualquer crítica adicional sobre Moody Spurgeon. Tia Jamesina tinha um profundo respeito pelos clérigos, mesmo quando ainda aspirantes.

FALSO ALVORECER

– Imagine só: daqui a uma semana estarei em Avonlea! Que pensamento delicioso! – exclamou Anne, curvando-se sobre a caixa na qual empacotava as colchas da sra. Lynde. – Mas imagine só: daqui a uma semana, deixarei a Casa da Patty para sempre. Que pensamento terrível!

– Pergunto-me se os fantasmas de todas as nossas risadas vão ecoar nos sonhos virginais da senhorita Patty e da senhorita Maria – especulou Phil.

A senhorita Patty e a senhorita Maria enfim voltariam para casa, depois de haverem vagado pela maior parte habitada do planeta.

Estaremos de volta na segunda semana de maio, escreveu a senhorita Patty. *Creio que a Casa da Patty vai parecer pequena depois do Salão dos Reis, em Karnak, mas eu nunca gostei de morar em lugares muito grandes e ficarei bastante satisfeita de estar em casa outra vez. Quando se começa a viajar em idade avançada, você tende a se exceder, pois sabe que não lhe resta muito tempo e essa vontade é algo que cresce em você. Receio que Maria nunca mais fique satisfeita.*

– Deixarei aqui minhas fantasias e sonhos para que alegrem as próximas ocupantes – disse Anne, olhando saudosamente em volta do quarto azul – seu lindo quartinho azul, onde havia passado três felizes anos de sua vida. Ali, ajoelhara-se diante da janela para orar e debruçara-se no parapeito para contemplar o sol poente por trás dos pinheiros. Ouvira as gotas de chuva do outono que golpeavam os vidros e saudara os tordos no peitoril na chegada a primavera. Imaginava se os antigos sonhos poderiam assombrar os aposentos e se, por algum motivo, quando alguém deixa para sempre o quarto onde se alegrou, sofreu, riu e chorou, algo dessa pessoa, intangível e invisível, mas ainda assim real, não ficava para trás como uma parte de sua própria alma.

– Penso que o quarto onde alguém sonha, sofre, se alegra e vive torna-se inseparavelmente ligado àqueles processos e adquire vida própria – disse Phil. – Tenho certeza de que se eu entrasse neste quarto daqui a cinquenta anos, ouviria uma voz a me dizer: "Anne, Anne"! Como nos divertimos aqui nesta casa, querida! Quantas conversas, gracejos e ótimas farras entre amigos! Ah, Deus! Vou me casar com Jo em junho e sei que serei arrebatadoramente feliz. Porém, agora, sinto como se quisesse que esta adorável vida em Redmond nunca terminasse.

– Sou insensata o bastante para desejar a mesma coisa neste momento – admitiu Anne. – Não importam as grandes alegrias que o futuro nos reserva, pois nunca mais voltaremos a ter esta existência irresponsável e deliciosa que tivemos aqui. Está acabado para sempre, Phil.

– O que vai fazer com o Rusty? – indagou Phil, ao ver o privilegiado animal entrar no quarto.

– Vou levá-lo comigo, junto com Joseph e a Gata-Sarah – anunciou tia Jamesina, que entrava no quarto seguindo o animal. – Seria uma pena separar esses gatos, agora que aprenderam a conviver uns com os outros. Esta é uma lição muito difícil tanto para gatos quanto para humanos aprenderem.

– Lamento por ter que me separar do Rusty – murmurou Anne, com pesar –, mas seria inútil levá-lo para Green Gables. Marilla detesta gatos e Davy acabaria com a raça dele. Além disso, não creio que eu vá ficar em casa por muito tempo, pois ofereceram-me um emprego como diretora da escola de ensino médio em Summerside.

– Você vai aceitar? – perguntou Phil.

– Eu... eu ainda não me decidi – respondeu, com um rubor confuso.

Phil assentiu, compreensiva. Naturalmente, os planos de Anne não poderiam ser definidos até que Roy a pedisse em casamento. Logo ele o faria e quanto a isso não restavam dúvidas. E também não havia dúvidas de que Anne diria "sim" no momento em que ele terminasse de perguntar "Você aceita"? A própria Anne contemplava o estado das coisas com uma complacência que raramente a inquietava, pois estava profundamente apaixonada por Roy e, na verdade, o amor não era o que ela imaginava que seria. Anne, no entanto, se perguntava, de modo exaustivo, se haveria algo na vida que alcançasse a perfeição do que fora por ela imaginado.

Repetia-se ali a velha desilusão de sua infância: o mesmo desapontamento que sentiu quando viu pela primeira vez o brilho gélido do diamante, em vez do esplendor cor de violeta que imaginara. "Essa não é a ideia que eu tinha de um diamante", ela dissera., porém Roy era um rapaz encantador e eles seriam muito felizes juntos, ainda que este entusiasmo indefinível lhe tivesse desaparecido da vida. Quando Roy apareceu naquela tarde e convidou Anne para acompanhá-lo em um passeio no parque, todas da Casa da Patty sabiam o que ele iria dizer, e todas sabiam, ou pensavam saber, qual seria a resposta de Anne.

– Anne é uma garota de muita sorte – disse tia Jamesina.

– Suponho que sim – comentou Stella, encolhendo os ombros. – Roy é um bom rapaz, mas não há realmente nada em seu íntimo.

– Esse parece um comentário muito invejoso, Stella Maynard – tia Jamesina disse em tom de reprovação.

– Parece, mas não é – respondeu Stella, com tranquilidade. – Tenho muita afeição por Anne e também gosto do Roy, todos dizem que ela está fazendo uma bela escolha, e até mesmo a sra. Gardner a considera encantadora agora. Tudo parece haver sido perfeitamente escrito nas estrelas, mas tenho minhas dúvidas. Guarde minhas palavras, tia Jamesina.

Roy pediu Anne em casamento no pequeno gazebo do porto, onde conversaram pela primeira vez naquela tarde chuvosa. Anne achou muito romântica a escolha daquele lugar e seu pedido foi perfeitamente expressado, como se o houvesse copiado de *A Conduta Durante o Noivado e o Casamento*, tal como fizera um dos pretendentes de Ruby Gillis. O resultado fora sem dúvida impecável e o rapaz certamente era sincero, não havia dúvidas de que Roy sentia exatamente aquilo que dizia e não havia nenhuma nota destoante para estragar a sinfonia. Anne, no entanto, sentiu que deveria estar estremecida da cabeça aos pés, mas não estava, pelo contrário, sentia uma frieza aterradora.

Quando Roy fez uma pausa, esperando sua resposta, ela abriu os lábios para dizer o "sim" fatal. E, então, percebeu que estava tremendo, como se estivesse prestes a cair de costas em um precipício, pois para ela, chegou um daqueles momentos em que de súbito aprendemos, como se fosse um relâmpago que nos ilumina, mais do que todos os anos anteriores haviam ensinado. Nesse momento, Anne tirou sua mão das mãos dele.

– Ah, Roy, eu não posso me casar com você... me desculpe, mas... não posso! – Anne exclamou, em profundo desatino.

Roy empalideceu e também pareceu bastante tolo. Sentia-se muito seguro de si.

– O... o que quer dizer? – gaguejou ele.

– Que eu não posso me casar com você! – repetiu Anne, desesperadamente. – Pensei que pudesse... mas não posso.

– Por que não pode? – perguntou, dessa vez, com mais calma.

– Porque... não o amo o suficiente.

As veias do rosto de Roy saltaram e tornaram-se vermelhas sob a pele.

– Então você esteve se divertindo às minhas custas nos últimos dois anos? – ele concluiu, lentamente.

– Não, não é isso! – arfou a pobre Anne. Como ela poderia explicar? Ela não poderia! Certas coisas simplesmente não possuem explicação. – Eu realmente pensei que o amasse... sinceramente, eu pensei... mas, agora, sei que não.

– Você arruinou a minha vida, Anne – disse Roy, muito amargurado.

– Perdoe-me – ela implorou, miseravelmente, com as bochechas quentes e os olhos ardendo.

Roy virou-se de costas e ficou encarando o mar por alguns minutos. Quando tornou a olhar para Anne, estava novamente muito pálido.

– Não pode me dar nenhuma esperança?

Anne balançou a cabeça negativamente, em silêncio.

– Então... adeus. Não consigo compreender... também não posso acreditar que você não é a mulher que eu pensei que fosse! Mas... palavras de reprovação serão inúteis entre nós, pois você é a única mulher que poderei amar na vida. Agradeço por ter me dado a sua amizade, ao menos. Adeus, Anne.

– A... adeus, Roy – gaguejou Anne.

Após a partida de Roy, Anne permaneceu sentada no gazebo por um longo tempo, observando a neblina branca que envolvia sutilmente o porto e dirigia-se à terra, lenta e implacavelmente. Era a sua hora de sentir as ondas de humilhação, vergonha e desprezo por si mesma, e ainda assim, no fundo, havia a estranha sensação de ter recobrado a liberdade.

Ao entardecer, deslizou para dentro da Casa da Patty e escapou para seu quarto, mas Phil estava lá, no assento sob a janela.

– Espere! – exclamou Anne, corando ao antecipar a cena. – Espere até ouvir o que tenho a dizer. Phil, Roy me pediu em casamento e eu o recusei.

– Você... como... você o recusou mesmo? – perguntou Phil, confusa.

– Sim.

– Anne Shirley, você está em seu juízo perfeito?

– Acho que sim – foi a fraca resposta. – Ah, Phil, não me censure! Você não entende.

– É claro que não te entendo, Anne! Você encorajou Roy Gardner de todas as maneiras possíveis por dois anos e agora está me dizendo que o recusou. Se é assim, então você estava só flertando escandalosamente com ele! Anne, eu não consigo imaginar isso de você!

– Eu não estava flertando! Eu honestamente pensei que o amava até o último minuto, e então... bem, eu apenas compreendi que nunca poderia me casar com Roy.

– Suponho que você pretendia casar-se com ele por causa do dinheiro, mas então, seu verdadeiro eu despertou e a impediu – sugeriu Phil, com crueldade.

– Não*!* Eu nunca pensei em me casar com ele por causa do dinheiro! Ah, não consigo te explicar mais do que consegui explicar ao Roy!

– Bem, eu penso que você o tratou de forma vergonhosa – disse Phil, bastante irritada. – Ele é bonito, inteligente, rico e bondoso. O que mais você quer?

– Quero alguém que pertença à minha vida! E ele não pertence. A princípio, fiquei fora de mim por sua boa aparência e por sua habilidade em fazer elogios românticos... e, depois, pensei que eu deveria estar apaixonada, pois ele representava meu homem ideal de olhos escuros...

– Eu sou muito má por não saber o que quero, mas você consegue ser ainda pior.

– Eu sei o que quero! – protestou Anne. – O problema é que minhas inclinações mudam, e então eu tenho que começar a compreender tudo outra vez.

– Bem, creio que seja inútil falar qualquer coisa para você.

– Não é necessário, Phil. Eu já estou suficientemente acabada, isso estragou o passado inteiro e nunca mais vou lembrar dos meus anos em Redmond sem pensar na humilhação desta tarde. Roy me despreza, você me despreza e eu desprezo a mim mesma.

– Ah, pobre querida! – disse Phil, cedendo. – Venha cá e me deixe confortá-la, não tenho o direito de censurá-la; eu teria me casado com Alec ou Alonzo se não tivesse conhecido o Jo. Ah, Anne, as coisas são mesmo confusas na vida real! Não são claras e precisas como são nos romances.

– Espero que ninguém mais me peça em casamento enquanto eu viver, nunca mais! – soluçou a pobre Anne, acreditando devotamente que era isso o que queria.

ASSUNTOS MATRIMONIAIS

Anne sentiu que a vida tinha um sabor de anticlímax durante as primeiras semanas após seu retorno a Green Gables. Sentia falta do clima de alegre camaradagem da Casa da Patty. Durante o último inverno, havia idealizado sonhos tão fabulosos, os quais agora haviam se transformado em pó ao seu redor. No atual estado desgostoso consigo mesma, Anne não conseguiu recomeçar a sonhar imediatamente e logo descobriu que, enquanto a solidão com sonhos é gloriosa, a solidão sem eles tem pouco encantamento.

A jovem não havia voltado a ver Roy após a dolorosa despedida no gazebo do parque, mas Dorothy foi vê-la antes que fosse embora de Kingsport.

– Lamento tanto por você não se casar com Roy! Queria muito tê-la como irmã, mas você está certa: ele iria entediá-la profundamente. Eu o amo, ele é um garoto doce e adorável, mas não é nem um pouco interessante. Aparentemente, ele até deveria ser, mas não é.

– Isso não vai estragar a nossa amizade, vai, Dorothy? – Anne perguntou, melancólica.

– Não, de jeito nenhum! Você é uma pessoa boa demais para perdermos o contato. Se não posso tê-la como irmã, quero tê-la como amiga. E não se aflija por Roy, ele está imensamente triste agora e tenho que ouvir suas queixas o dia inteiro, mas ele vai superar. Ele sempre supera.

– Ah... sempre? – perguntou Anne, com uma ligeira mudança na entonação da voz. – Então, ele já superou antes?

– Meu Deus, sim! – admitiu Dorothy, com franqueza. – Duas vezes. E ele se queixava igualmente nessas ocasiões, não que as outras moças tivessem, de fato, recusado seu pedido de casamento, elas simplesmente anunciaram o noivado com outros rapazes. Mas é claro que, quando ele conheceu você, jurou para mim que nunca antes havia amado de verdade e me disse que os sentimentos anteriores haviam sido meras fantasias adolescentes. Contudo, não creio que você precise se preocupar.

Anne decidiu seguir o conselho, pois sentia uma mescla de alívio e ressentimento, Roy havia afirmado convictamente que ela era a única a quem ele havia amado em toda sua vida, e sem sombra de dúvida, ele acreditava mesmo nisso, mas era um consolo saber que, muito provavelmente, ela não havia destruído a vida dele. Existiram outras deusas, e Roy, de acordo com Dorothy, decerto tinha a necessidade de estar venerando-as em algum santuário, no entanto, a vida fora despojada de muitas outras ilusões, e Anne começava a pensar, entristecida, que a existência parecia absolutamente vazia.

Na tarde de sua chegada, ela desceu do quarto com o semblante pesaroso.

– O que aconteceu com a velha Rainha da Neve, Marilla?

– Ah, eu sabia que você iria ficar triste por isso – disse Marilla. – Eu também fiquei, mas aquela árvore estava ali desde que eu era menina. A grande tempestade que tivemos em março a derrubou e seu tronco estava completamente apodrecido.

– Vou sentir tanta falta dela! – lamentou Anne. – Meu quarto já não parece o mesmo sem ela e nunca mais conseguirei olhar pela janela sem ter a sensação de perda. E, ah, nunca antes cheguei em Green Gables sem que Diana estivesse aqui para me dar as boas-vindas.

– Diana tem algo mais para pensar agora – disse a sra. Lynde, de forma significativa.

– Bem, conte-me todas as novidades de Avonlea – pediu Anne, sentando-se nos degraus da varanda, onde o sol da tarde caía sobre seus cabelos como uma fina chuva de ouro.

– Não há muitas novidades além daquelas que já lhe contamos por carta – prosseguiu a sra. Lynde. – Talvez você não saiba que Simon Fletcher quebrou a perna na semana passada. Certamente, isso é uma grande coisa para a família dele. Estão fazendo uma centena de coisas que sempre quiseram fazer antes, mas não conseguiam estando aquele velho enjoado por perto.

– Ele veio de uma família muito desagradável – comentou Marilla.

– Desagradável? Bem, de fato! A mãe dele costumava levantar-se nas reuniões de oração e proclamar os defeitos dos filhos, pedindo orações por eles. É óbvio que isso os deixava loucos e piores do que nunca.

– Você não contou a Anne as novidades sobre Jane – sugeriu Marilla.

– Ah, sim, Jane... – grunhiu a sra. Lynde. – Bem – condescendeu, com má vontade –, Jane Andrews está em casa novamente, ela chegou na semana passada e vai se casar com um milionário de Winnipeg. Pode ter certeza de que a sra. Harmon Andrews não perdeu tempo em espalhar a notícia aos quatro ventos.

– Querida Jane! Fico feliz por ela! – exclamou Anne, de coração. – Ela merece as coisas boas da vida.

– Ah, não estava falando nada contra Jane! Ela é mesmo uma moça muito boazinha, mas não é da categoria dos milionários e você logo vai ver que não há nada de atraente naquele homem além de seu dinheiro, isto é que é. A sra. Harmon contou que ele é inglês e que fez fortuna nas minas, mas eu duvido. Ele vai se revelar um ianque e certamente deve ter dinheiro, pois cobriu Jane de joias. O anel de noivado possui um agrupamento de diamantes tão grande que parece um amontoado de gesso no gorducho dedo de Jane.

A sra. Lynde não conseguia esconder certa amargura no tom de voz. Ali estava Jane Andrews, uma simples trabalhadora, comprometida com um milionário, enquanto Anne, ao que parecia até então, não havia sido pedida em casamento por ninguém, rico ou pobre. E a sra. Harmon Andrews se vangloriava de forma insuportável.

– O que Gilbert Blythe andou fazendo na faculdade? – perguntou Marilla. – Eu o vi quando voltou para casa, na semana passada. Ele estava tão pálido e magro que eu mal o reconheci.

– Ele estudou avidamente no último inverno – explicou Anne. – Recebeu, inclusive, a honra ao mérito em clássicos e também o prêmio Cooper. Já havia cinco anos que nenhum aluno o conquistava! Então, creio que ele esteja um pouco fatigado. Todos nós estamos, na verdade.

– De qualquer maneira, você é bacharel e Jane Andrews não é, nem nunca será! – afirmou a sra. Lynde, com melancólica satisfação.

Alguns dias depois, Anne foi visitar Jane, porém ela estava em Charlottetown “tirando medidas”, como a sra. Harmon Andrews orgulhosamente fez questão de informar. É claro que as modistas de Avonlea não serviriam para Jane, diante das circunstâncias.

– Ouvi ótimas notícias sobre Jane, a sra. Andrews – disse Anne.

– Sim, Jane está se saindo muito bem, mesmo sem ser graduada – respondeu a sra. Andrews, com um leve balanço na cabeça. – O sr. Inglis possui milhões e eles irão para a Europa na lua de mel. Quando voltarem, vão viver numa perfeita mansão de mármore em Winnipeg. Jane tem um único problema: ela cozinha muito bem, mas o marido não vai deixá-la fazer isso. Ele é tão rico que contratou uma cozinheira, duas criadas, um cocheiro e um mordomo. Mas vamos falar de você, Anne? Não fiquei sabendo se você vai se casar, depois de todo esse seu estudo.

– Ah, vou ser uma solteirona – riu Anne. – Eu realmente não consegui encontrar ninguém que me agradasse.

Isso foi um tanto perverso de sua parte. Anne quis, deliberadamente, lembrar a sra. Andrews de que se ela ficasse solteira, seria por opção e não por ter lhe faltado pretendentes, mas a sra. Andrews desferiu uma rápida vingança.

– Bem, percebi que as moças muito independentes geralmente ficam solteiras. Então, me conte melhor essa história que ouvi sobre Gilbert Blythe estar noivo de uma tal senhorita Stuart? Charlie Sloane me contou que ela é muito bonita. É verdade?

– Não sei se é verdade que ele está comprometido com a senhorita Stuart – respondeu Anne, com uma compostura espartana –, mas, de fato, é verdade que ela é adorável.

– Anteriormente eu cheguei a pensar que você e Gilbert formariam um belo casal. Tome cuidado, Anne, porque, caso contrário, todos os seus pretendentes vão escorrer pelos seus dedos.

Anne decidiu não persistir nesse duelo com a sra. Andrews. Não se pode lutar com um adversário que enfrenta um florete com golpes de machado.

– Bem, já que Jane não está – disse ela, erguendo-se altivamente–, acho que não posso esperar mais nesta manhã. Voltarei para vê-la quando estiver em casa.

– Venha – assentiu a sra. Andrews, efusivamente. – Jane não é nem um pouco orgulhosa e certamente vai continuar a se relacionar com suas amigas antigas como antes. Ela vai ficar muito feliz em vê-la.

O milionário de Jane chegou no final de maio e a carregou consigo num arroubo de esplendor. A sra. Lynde ficou malignamente agradecida quando descobriu que o sr. Inglis já era um homem com mais de quarenta anos, de estatura baixa, magro e grisalho. Os leitores podem ficar certos de que a boa senhora não o poupou ao enumerar seus defeitos.

– Será necessário todo o seu ouro para embelezar um tipo insípido como ele, isto é que é – disse a sra. Lynde, em tom solene.

– Ele parece ser gentil e ter bom coração – redarguiu a sempre leal Anne –, e estou certa de que gosta muitíssimo de Jane.

– Humpf! – respondeu a sra. Lynde.

Phil Gordon se casou na semana seguinte e Anne foi até Bolingbroke para ser sua dama de honra. Phil parecia uma graciosa fada como noiva e o Reverendo Jo estava tão radiante de felicidade que ninguém diria que ele era um homem feio.

– Vamos fazer um passeio de amantes pela terra de Evangeline – disse Phil –, e então vamos nos estabelecer na Rua Patterson. Mamãe acha a ideia terrível, pois ela pensa que Jo deveria ao menos assumir uma igreja num lugar decente, mas o deserto de cortiços da Rua Patterson vai florescer como uma rosa para mim, se Jo estiver lá! Ah, Anne, estou tão feliz que meu coração chega a doer!

Anne sempre ficava contente pela felicidade de suas amigas, embora às vezes fosse um pouco solitário estar constantemente rodeada por uma felicidade que não era sua. E aconteceu o mesmo quando ela voltou para Avonlea, dessa vez era Diana, que estava banhada pela maravilhosa glória que emana de uma mulher que tem junto a si seu primogênito. Anne contemplara a jovem e ingênua mãe com uma reverência que jamais registrara em seus sentimentos por Diana. Poderia esta pálida mulher, com os olhos em êxtase, ser a mesma pequena Diana de bochechas rosadas e cachos negros com quem Anne brincava nos idos dias de escola? De certo modo, aquilo lhe dava uma estranha e desolada sensação de que ela própria pertencia apenas ao passado, e de que não possuía, de fato, nenhuma relação com o presente.

– Ele não é perfeitamente lindo? – perguntou a orgulhosa Diana.

O roliço garotinho era absurdamente parecido com Fred, tão gordo quanto, e não menos corado. Anne não podia dizer com honestidade que achava a criança bonita, mas jurou sinceramente que ele era doce, adorável e muito encantador.

– Antes da chegada dele, eu queria muito que fosse uma menina para poder chamá-la de Anne – disse Diana. – Porém, agora que o pequeno Fred está aqui, eu não o trocaria nem por um milhão de meninas. Ele não poderia ser nada além de si mesmo.

– Cada bebezinho é o mais doce e o melhor – citou a sra. Allan, alegremente. – Se houvesse nascido a pequena Anne, você sentiria o mesmo por ela.

A sra. Allan visitava Avonlea pela primeira vez desde que partira. Estava alegre, amável e simpática como sempre e suas velhas amigas lhe haviam recebido com alegria e entusiasmo. A esposa do atual pastor era uma senhora realmente estimável, apesar de não ser exatamente sua alma gêmea.

– Mal posso esperar até que ele tenha idade o suficiente para falar – suspirou Diana. – Anseio por ouvi-lo dizer "mamãe". E, ah, estou determinada a fazer de tudo para que sua primeira lembrança de mim seja bem agradável! A primeira lembrança que tenho de minha mãe é dela me dando um tapa por algo errado que fiz, tenho certeza de que mereci, mas mamãe sempre foi uma boa mãe e eu a amo profundamente. Mas eu realmente gostaria que a primeira memória que tivesse dela fosse mais agradável.

– Só tenho uma única lembrança de minha mãe e é a mais doce de todas as minhas memórias – disse a sra. Allan. – Eu tinha cinco anos, e certo dia permitiram que eu fosse para a escola com minhas duas irmãs mais velhas. Na hora da saída, minhas irmãs foram para casa em grupos diferentes, e cada uma delas pensou que eu estivesse com a outra. Em vez disso, saí correndo com uma coleguinha com quem eu havia brincado no recreio. Fomos para a casa dela, que ficava perto da escola, e começamos a brincar de fazer tortinhas de lama. Estávamos no melhor da diversão quando minha irmã mais velha chegou, ofegante e furiosa. "Sua menina levada!", gritou ela, agarrando minha mão relutante e me arrastando consigo. "Venha para casa imediatamente! Ah, você vai ver só! Mamãe está muito furiosa e vai lhe dar uma boa surra!" Eu nunca havia apanhado e meu pobre coraçãozinho se encheu de terror e medo. Nunca, em toda minha vida, havia me sentido tão infeliz quanto naquela caminhada para casa. Não havia sido minha intenção ser desobediente. Phemy Cameron me convidara para ir à sua casa e eu não sabia que isso era um erro e a agora eu iria apanhar! Ao chegarmos em casa, minha irmã me arrastou para dentro da cozinha, onde mamãe estava sentada diante do fogo ao entardecer. Minhas pobres perninhas tremiam tanto, que eu mal conseguia permanecer em pé. E mamãe apenas me tomou nos braços, sem uma palavra de repreensão ou aspereza, beijou-me e segurou-me bem junto ao seu coração. "Tive tanto medo de que estivesse perdida, querida", disse, com ternura. Pude ver o amor cintilando em seus olhos, quando olhou para mim, ela nunca me repreendeu nem censurou pelo que eu havia feito e só me disse que nunca mais me afastasse de novo sem pedir permissão. Ela morreu pouco tempo depois e esta é a única memória que tenho dela. Não é linda?

Anne sentiu-se ainda mais solitária ao voltar para casa, caminhando pela Rota das Bétulas e pelo Charco do Salgueiro. Fazia muito tempo que não percorria esses caminhos, era uma noite sombria, em tons de púrpura e com um pesado ar devido à fragrância de botões de flores, talvez pesado até demais. O olfato saturado a repugnava como se fosse um copo transbordante, as bétulas da senda haviam deixado de ser encantadoras mudinhas para se tornarem árvores enormes e tudo havia mudado. Anne sentiu que ficaria contente quando o verão terminasse e ela partisse novamente para trabalhar. Talvez, assim, a vida não aparentasse ser tão vazia.

– "Provei o mundo e ele já não veste as cores do romance que costumava usar" – suspirou Anne, já se sentindo confortada pela poesia contida nesta ideia de que o mundo seja despojado de romance.

O LIVRO DA REVELAÇÃO

Os Irvings retornaram a Echo Lodge para passar o verão e Anne desfrutara de três alegres semanas de julho na companhia deles. A senhorita Lavendar não havia mudado, Charlotta IV era agora uma moça crescida, mas ainda adorava Anne com toda a sinceridade.

– Para dizer a pura verdade, madame senhorita Shirley, não conheci ninguém como a senhorita em Boston – ela disse, com franqueza.

Paul estava quase um rapaz também, ele já tinha dezesseis anos, seus cachos castanhos haviam dado lugar a madeixas bem cortadas e agora se interessava mais por futebol do que por fadas. Porém, o vínculo existente entre ele e sua antiga professora mantinha-se firme. Verdadeiras almas gêmeas não mudam com o passar dos anos.

Era um fim de tarde bastante úmido, ventoso e cruel quando Anne retornou a Green Gables. Houve uma das ferozes tempestades de verão que às vezes cruzavam o golfo e rugia devastadoramente sobre o mar. Quando Anne entrou na casa, as primeiras gotas de chuva começavam a golpear os vidros.

– Foi Paul quem a trouxe? – perguntou Marilla. – Por que não o convidou para dormir aqui? Vai ser uma noite turbulenta.

– Creio que ele vai chegar a Echo Lodge antes de a chuva ficar mais forte. De qualquer maneira, ele queria voltar hoje mesmo. Bem, foi uma ótima visita, mas estou contente por vê-los de novo, meus queridos! O lar é o melhor lugar para se estar! Davy, você andou crescendo ultimamente?

– Sim! Cresci três centímetros desde que você se foi! – ele respondeu, orgulhoso. – Agora estou tão alto quanto Milty Boulter! Estou contente. Ele vai ter que parar de me provocar por ser maior. Diga, Anne, você sabia que Gilbert Blythe está morrendo?

Anne ficou muda e imóvel, olhando para Davy. Seu rosto ficou tão pálido que Marilla pensou que ela fosse desmaiar.

– Davy, segure essa língua! – exclamou a sra. Lynde, furiosa. – Anne, não fique assim, não queríamos lhe contar tão de repente.

– É... é verdade? – perguntou Anne, com uma voz um pouco assustada e sem acreditar no que ouvira.

– Gilbert está muito mal – aquiesceu a sra. Lynde, com gravidade. – Foi acometido de febre tifoide logo que você partiu para Echo Lodge. Você não sabia de nada?

– Não – ela respondeu, com uma voz embargada.

– Foi um caso muito sério desde o princípio. O médico disse que ele estava extremamente enfraquecido. Contrataram uma enfermeira especializada e fizeram tudo que puderam. Não fique assim, Anne. Enquanto há vida, há esperança!

– O sr. Harrison veio aqui esta tarde e falou que não há esperanças para ele – reiterou Davy.

Marilla, com o semblante cansado e envelhecido, levantou-se e tirou Davy da cozinha.

– Ah, não fique assim, querida! – disse a sra. Lynde, abraçando carinhosamente a jovem pálida. – Eu ainda não perdi as esperanças, não mesmo e ele tem a constituição dos Blythe a seu favor, isto é que é!

Gentilmente, Anne afastou de si os braços da sra. Lynde e caminhou um tanto desnorteada da cozinha para o corredor, subindo as escadas rumo ao seu velho quartinho. Ajoelhou-se diante da janela, olhando para fora intensamente cegada por aquela notícia, estava tudo muito escuro agora e a chuva desabava sobre os campos trementes. Da Floresta Assombrada vinham os gemidos das árvores poderosas retorcendo-se na tempestade, e o ar vibrava com o estrondoso impacto das ondas na costa distante. E Gilbert morria!

Há um Livro da Revelação na vida de cada um, assim como há na Bíblia. Nas longas e agonizantes horas de vigília, em meio à tormenta, na escuridão dessa noite caótica, Anne leu o dela. Ela amava Gilbert, sempre o amou! Agora sabia disso. Sabia que não podia mais tirá-lo de sua vida sem agonia, assim como não podia arrancar sua mão direita. E a revelação chegara tarde demais, até mesmo para ter o doloroso consolo de poder acompanhá-lo até o fim. Se não houvesse sido tão cega e tão tola, poderia ter o direito de ir vê-lo agora, mas Gilbert nunca saberia que ela o amava e iria embora desta vida pensando que ela não se importava. Ah, os sombrios anos de solidão que se apresentavam diante de seus olhos! Não poderia suportá-lo, não conseguiria!

Pela primeira vez em sua existência alegre e juvenil, curvou-se sob a janela e desejou morrer também. Se Gilbert partisse sem uma palavra, sinal ou mensagem, ela não conseguiria sobreviver e nada mais tinha valor sem ele. Eles se pertenciam e, nessa hora de suprema agonia, Anne não tinha mais dúvidas disso. Gilbert não amava Christine Stuart, nunca havia sentido nada por ela. Ah, como ela havia sido tola ao não perceber qual era o laço que a unia a Gilbert! Que tola havia sido ao confundir com amor a lisonjeira ilusão que sentiu por Roy Gardner! E, agora, deveria pagar por sua tolice como por um crime.

Quando subiram para dormir, a sra. Lynde e Marilla detiveram-se junto à porta de Anne. Sem ouvir nenhum barulho, balançaram a cabeça duvidosamente e se afastaram. A tempestade rugiu durante toda a madrugada, mas acalmou pela manhã e Anne viu uma encantada franja luminosa nas saias da escuridão. Logo, os topos das colinas do leste estavam coroados por um incandescente aro cor de carmim. As nuvens se enrolaram numa grande massa branca no horizonte e o céu cintilava em tonalidades de azul e prata. Uma profunda calmaria desceu sobre o mundo.

Anne ergueu-se do chão e rastejou pelas escadas. O frescor do vento pós-chuva animou seu pálido rosto enquanto se dirigia ao quintal, e esfriou seus secos e ardidos olhos. Um alegre assobio galhofeiro soou na alameda. Logo em seguida, apareceu Pacifique Buote.

Anne sentiu uma súbita fraqueza de repente, se não tivesse se agarrado ao ramo de um dos salgueiros, certamente teria caído.

Pacifique era o empregado de George Fletcher e este era vizinho da família Blythe. A sra. Fletcher era tia de Gilbert. Pacifique saberia se... se... Pacifique saberia aquilo que deveria ser sabido.

O rapaz cruzava a alameda de terra vermelha a passos largos, assobiando, não viu Anne, que o chamou inutilmente três vezes. Já quase fora de seu alcance, Anne conseguiu chamá-lo, articulando seu nome com os lábios trêmulos:

– Pacifique!

Ele deu meia-volta com um sorriso aberto e um animado cumprimento.

– Pacifique, você está vindo da casa do sr. George Fletcher? – perguntou Anne, com voz fraca.

– "Tô" sim – ele respondeu, de forma amigável. – "Onti di noiti mi falaro qui" o meu pai tá acamado. "Num" pude "saí onti pur" causa do temporal, e "tô ino" pra lá agora "di" manhã. "Vô cortanu" caminho "pelos campo".

– Você sabe como estava Gilbert Blythe esta manhã?

O desespero de Anne a fez perguntar. Saber o pior era mais suportável do que esse horrendo suspense.

– Ele "tá mió" – informou Pacifique. – Deu uma "miorada noiti" passada. O "dotô falô qui" ele logo vai "ficá" bom. "Mais iscapô pur" um triz! Coitado do "rapá, quais'qui si mata na iscola". Bom, "priciso corrê". Meu "véi" deve "di tá cum" pressa "di mi vê".

Pacifique retomou sua caminhada e seu assobio. Enquanto se afastava, Anne acompanhava-o com olhar, com olhos de quem a alegria superara a angústia e a exaustão da véspera. Era um rapaz muito magro, esfarrapado e rústico, mas para Anne, ele parecia tão belo quanto os mensageiros que levam as boas novas pelas montanhas. Nunca, enquanto Anne vivesse, veria o rosto escuro, redondo e de olhos negros de Pacifique sem a cálida lembrança do momento em que suas palavras lhe trouxeram o óleo da alegria para o pranto.

Muito tempo depois do alegre assobio de Pacifique ter desvanecido e se tornado apenas um fantasma musical, e até que o silêncio voltasse a reinar entre os bordos da Travessa dos Amantes, Anne permaneceu sob os salgueiros a degustar a pungente doçura da vida, de quando nos livramos de um grande temor.

A manhã era uma taça cheia de névoa e esplendor. Perto dela, na extremidade do jardim, havia uma rica surpresa de rosas recém-nascidas, cobertas de cristalinas gotas de orvalho. O trinado dos pássaros na grande árvore acima dela parecia estar em perfeita harmonia com seu estado de ânimo. A sentença de um antigo, maravilhoso e verdadeiro Livro veio aos seus lábios:

– *O choro pode durar uma noite, mas a alegria virá pela manhã.*

O AMOR VENCE O TEMPO

– Vim te convidar para um passeio de setembro pelos bosques, e "pelas colinas, onde crescem as especiarias", como nos velhos tempos – disse Gilbert, aparecendo de repente na varanda. – Que tal visitarmos o jardim de Hester Gray?

Anne, sentada em um degrau de pedra vestindo um fino tecido verde-claro sobre a saia, olhou para cima sem expressão.

– Ah, se pudesse eu iria – respondeu, falando lentamente –, mas infelizmente não posso, Gilbert. Irei ao casamento de Alice Penhallow nesta noite. Preciso arrumar o vestido, e logo chegará a hora de partir. Lamento, eu adoraria poder passear com você.

– Bem, então podemos ir amanhã à tarde? – ele perguntou, parecendo pouco decepcionado.

– Sim, creio que sim.

– Então vou agora mesmo para casa fazer algo que seria resolvido amanhã. Alice Penhallow se casa nesta noite?! Três casamentos para você ir neste verão, Anne, o de Phil, de Alice e de Jane. Nunca perdoarei Jane por não haver me convidado para seu casamento.

– Não a culpe, pense na multidão de parentes dos Andrews que precisavam ser convidados. Todos eles mal cabiam na casa! Só me convidaram porque eu era uma das amigas mais antigas... ao menos da parte de Jane. Creio que a sra. Harmon Andrews me convidou apenas para eu ver a inatingível beleza do traje de sua filha.

– Dizem que Jane usou tantos diamantes que não foi possível determinar onde terminavam as joias e onde começava a noiva, é verdade?

Anne riu.

– Sim, com certeza ela usou muitos! Jane estava tão arrumada que quase se perdia em meio a tantos diamantes, cetim branco, tules, rendas, flores cor-de-rosa e laranja, mas o importante é que ela estava muito feliz, assim como o sr. Inglis... e, é claro, também a sra. Andrews.

– É esse o vestido que você usará hoje à noite? – perguntou Gilbert, observando os babados e ornamentos.

– Sim. É do seu agrado? E usarei flores da alegria nos cabelos. No verão, a Floresta Assombrada fica repleta dessas flores.

Gilbert logo imaginou como ficaria Anne dentro do vestido verde, com as virginais curvas de seus braços e seu pescoço brotando do traje, e o contraste do brilho das estrelas brancas com os cachos ruivos de seu cabelo. Por um momento, aquela visão o fez perder a respiração, mas virou-se ligeiramente para a moça.

– Bem, amanhã estarei de volta. Divirta-se hoje à noite.

Anne o observou até sumir de vista e suspirou. Gilbert parecia afável... muito afável... demasiadamente afável. Depois de sua recuperação, vinha a Green Gables com frequência e parte da antiga amizade de ambos se fortalecia novamente, mas Anne já não se satisfazi, não mais. O desabrochar da rosa do amor deixava o botão da amizade pálido e sem perfume e Anne agora duvidava de que Gilbert sentisse por ela algo mais do que amizade. Depois daquela manhã ardente e cheia de promessas, a luz do dia comum enfraquecia a certeza que por um momento tivera, angustiava-se com o terrível medo de jamais poder reparar seu erro. Além disso, muito provavelmente Gilbert amava Christine, e quem sabe estava até comprometido com ela.

Anne, por sua vez, tentava apagar as chamas da esperança de seu coração e empolgar-se com um futuro em que o trabalho e a ambição deveriam substituir o amor. Poderia fazer um bom trabalho como diretora da escola secundária, ou até mesmo exercer a nobre função de professora. Além disso, seus breves contos começavam a obter algum êxito junto ao editor de uma certa revista. Seus crescentes sonhos literários, portanto, tinham bons presságios de realizar-se. Mas... mas... Anne pegou o vestido verde e suspirou novamente.

Na tarde seguinte, ao chegar, Gilbert encontrou Anne esperando por ele, com o frescor do amanhecer e o brilho de uma estrela, depois de muito se divertir na noite anterior. Ela usava um vestido verde, não o mesmo da véspera, mas um antigo, o qual usara numa recepção em Redmond e que Gilbert então elogiara. O matiz de verde realçava a tonalidade dos cabelos de Anne, o cinza cintilante de seus olhos e a maciez de pêssego de sua pele.

Ao caminharem por uma alameda sombreada, Gilbert olhava de lado para Anne e pensou que nunca a havia visto tão linda e adorável. Anne, olhando-o de relance, concluiu que Gilbert aparentava bem mais idade após adoecer. Era como se a adolescência do rapaz tivesse ficado definitivamente para trás.

Fazia um dia tão lindo quanto aquele caminho, de modo que Anne quase lamentou quando chegaram ao jardim de Hester Gray e sentaram-se no velho banco. Contudo, ali também estava lindíssimo, tão lindo quanto no já longínquo dia da saudosa excursão, quando Diana, Jane, Priscilla e ela o haviam descoberto. No passado, narcisos e violetas tornavam o jardim incrivelmente belo, agora hastes douradas pareciam tochas acesas por encanto na parte de baixo do muro e os ásteres salpicavam tudo de azul. Ouvia-se nos bosques o correr do riacho, que desde sempre descia fascinante do vale de bétulas; o ar tinha um aroma doce e trazia os bramidos do mar; mais adiante, avistavam-se os campos com suas cercas outrora prateadas, agora já desbotadas pelos sóis de tantos verões; e as sombras das nuvens do outono cobriam as grandes colinas. O sopro do vento do Oeste parecia trazer de volta sonhos antigos.

– Creio que a "terra onde os sonhos se tornam realidade" fica bem ali, em meio à bruma azul acima daquele pequeno vale – disse Anne, delicadamente.

– Você tem algum sonho não realizado, Anne? – perguntou Gilbert.

Algo no tom de voz do rapaz que Anne não escutara desde a trágica noite no pomar da Casa da Patty, fez o coração da moça disparar desatinadamente, mas ela conseguiu responder com aparente tranquilidade.

– É claro que tenho. Todos nós temos. Não seria bom realizarmos todos os nossos sonhos e se não houvesse mais nada para sonharmos, melhor seria estarmos mortos. Que aroma delicioso os ásteres e as samambaias estão exalando com o sol! Queria poder ver os aromas, assim como posso senti-los. Certamente seria muito bonito.

Gilbert não se distraía facilmente e respondeu:

– Eu tenho um sonho – disse, lentamente. – Persisto em sonhá-lo, mesmo que frequentemente ele me pareça impossível de ser realizado. Sonho com um lar com uma lareira acesa, um gato e um cachorro, o som da presença de amigos e... você!

Anne quis dizer algo, mas lhe faltaram as palavras. Foi tomada de tanta felicidade como se uma onda quase a levasse.

– Há mais de dois anos eu lhe fiz uma pergunta, Anne. Se eu lhe fizer a mesma pergunta hoje, você me dará uma resposta diferente?

Anne ainda não conseguia falar, mas ergueu os olhos, repleta de um deslumbramento amoroso de inúmeras gerações, e olhou no fundo dos olhos de Gilbert por um instante. Então, ele não precisou mais buscar respostas.

Até o sol se por, doce como deve ter sido o anoitecer no Éden, o casal permaneceu no antigo jardim. Havia tanto o que falar e recordar, coisas ditas, feitas, ouvidas, pensadas, sentidas e mal compreendidas.

– Pensei que você amasse Christine Stuart – comentou Anne, contrariada, como se faltassem indícios para que ele pensasse que ela amava Roy Gardner.

Gilbert riu como um menino.

– Christine tinha compromisso com um rapaz de sua cidade. Eu sabia disso e ela sabia que eu sabia. Quando o irmão dela se formou, contou-me que ela iria para Kingsport no inverno seguinte, para estudar Música, e pediu-me que tomasse conta dela, pois Christine não conhecia ninguém e se sentiria solitária e foi o que eu fiz. Desde então, comecei a gostar da pessoa que é Christine, uma das moças mais encantadoras que já conheci, eu sabia que os fofoqueiros da universidade tinham certeza de que éramos apaixonados um pelo outro, mas eu não me importava com isso. Na verdade, nada me importava muito, desde que você disse que nunca poderia me amar, Anne. Não havia outra, nunca houve outra para mim, a não ser você. Eu sempre a amei, Anne, desde aquele dia na escola em que deu com a lousa na minha cabeça.

– Não entendo como você continuou me amando, mesmo eu sendo tão tola...

– Eu bem que tentei deixar de amá-la – respondeu, com toda a franqueza –, não por considerá-la tola, como você diz, mas pela certeza de que não havia nenhuma chance para mim depois que Roy Gardner apareceu. Mas não consegui... Nem ainda consigo explicar o que significou para mim, nesses dois anos, pensar que você iria se casar com ele, além de ouvir da boca de alguém, toda semana, que em breve seria anunciado o noivado de vocês. Acreditei nisso até o bendito dia em que eu, já melhor de saúde, passada a febre, recebi uma carta de Phil Gordon ou Phil Blake, na verdade, na qual me contou que não havia nada entre você e Roy, e me aconselhou a "tentar de novo". O médico realmente se impressionou com minha rápida recuperação depois disso.

Anne começou a rir e logo estremeceu.

– Jamais esquecerei a noite em que pensei que você estava morrendo, Gilbert. Sim, eu soube naquela noite, e então acreditei que já fosse tarde demais.

– Mas não era, minha querida. Ah, Anne, isso faz tudo valer a pena, não é mesmo? Vamos tomar uma decisão para sacramentar este dia, em nome de tanta beleza em nossa vida, pelo momento que nos foi concedido.

– Nossa felicidade nasce neste momento – ela assentiu, em voz baixa.

– Sempre amei o velho jardim de Hester Gray e agora o amarei mais do que nunca.

– Porém, preciso que você me espere por um longo tempo, Anne – ele continuou, com tristeza. – Faltam três anos para eu terminar o curso de Medicina. Além disso, não haverá diamantes nem salões de mármore.

Anne riu.

– Eu não quero diamantes nem salões de mármore. Eu só quero você! Entenda, sou igual a Phil nesse quesito: diamantes e salões de mármore podem ser muito bonitos, mas sem eles sobra mais espaço para a imaginação. Sobre ter de esperar, eu não me importo, seremos felizes da mesma maneira, esperando e lutando um pelo outro... e sonhando. Ah, como meus sonhos serão doces a partir de hoje!

Assim, Gilbert tomou Anne nos braços e a beijou. Ao cair da tarde, voltaram juntos para casa, agora coroados rei e rainha do reino do amor, passando por veredas sinuosas e repletas das flores mais perfumadas, caminhando ao vento de esperança e de nostalgia dos campos encantados.